TABLEAUX

DE LA CIVILISATION

ANCIENNE ET MODERNE,

TABLEAUX

DE LA CIVILISATION

ANCIENNE ET MODERNE,

PAR M. LE BARON DE COMEAU.

Moulins,

IMPRIMERIE DE P.-A. DESROSIERS.

M DCCC XLVII.

AVANT-PROPOS.

Je me propose dans cet ouvrage de récapituler tout ce que j'ai pu recueillir sur la civilisation des divers peuples qui ont habité ou qui habitent encore la terre, d'essayer de tirer quelques conclusions des récits et des opinions diverses sur ces sujets si importants.

Un tel travail sera probablement au-dessus des forces d'un seul homme ; chacun des nombreux sujets que j'y traiterai ne sera donc qu'effleuré et présenté seulement de manière à pouvoir faire un tout de ces diverses parties.

Avant de parler de la civilisation, il faut d'abord définir ce mot. On peut dire que ce sont les lois qui règlent les rapports des hommes entr'eux dans le but de leur procurer la plus grande somme possible de bien-être : elle règle les rapports de l'homme avec la famille, ceux des diverses familles entr'elles, d'où provient la nation, et enfin les rapports des nations, les unes avec les autres.

Ici se présente la grande question qui sépare les savants en deux écoles : l'une, l'école religieuse, croit que tous les hommes proviennent d'une même souche, des enfants de Noë, et que la civilisation a paru la première ; l'autre école, l'école philosophique, croit qu'il y a plusieurs races d'hommes, que l'état sauvage était l'état primitif, que les langues se sont formées mécaniquement, que la civilisation s'est formée par une convention de plusieurs familles qui se seraient réunies en nations.

M. de Maistre est le principal écrivain de la première école. MM. Wiseman, Paravey et plusieurs autres auteurs sont arrivés par une science profonde à prouver ce que de Maistre avait pressenti. Plusieurs de ces auteurs, partant des données anciennes et philosophiques, ont été amenés aux mêmes résultats.

L'autre a pour défenseurs et pour auteurs Voltaire, qui reconnait deux ou trois races distinctes dans le genre humain. Maltebrun, qui veut que les divers continents aient produit d'eux-mêmes des animaux, des plantes et des hommes. Pierre Leroux, qui, dans son encyclopédie nouvelle du dix-neuvième siècle, dit qu'il y a eu au moins vingt-huit Adams, c'est-à-dire, autant de races distinctes. Rousseau, Raynal et plusieurs autres écrivains partagent plus ou moins ces sentiments: Rousseau voit l'homme primitif dans le sauvage, dit que la civilisation n'est qu'une dégradation de l'état naturel. Un grand nombre d'auteurs divers croient en outre que l'homme a inventé la parole après avoir été privé de ce moyen de communication avec ses semblables pendant de longues générations.

Tel est le sujet de la discussion ; est-il vrai que l'homme, sauvage d'abord, se soit civilisé de lui-même? A-t-il formé par degrés son gouvernement, sa religion, son langage? ou bien son état naturel ne serait-il pas la société, la religion? ne serait-il pas tombé de cet état avancé dans l'état sauvage?

Avant de rien prononcer sur ces divers sujets, il convient, ce me semble, d'examiner la question.

Voici la marche que j'ai cru le plus convenable à suivre, en traitant un aussi vaste sujet.

1° J'examinerai d'abord la surface de la terre, son aspect physique, ses déserts, ses forêts et les plantes qui les composent. Je descendrai ensuite aux couches qui la forment, à leurs diverses hauteurs, aux plateaux et aux animaux qui les habitent; 2° j'examinerai ensuite la terre comme séjour de l'homme, et je rechercherai les différentes races humaines en m'aidant de leurs divers langages, ainsi que des traits physiques qui les distinguent ; 3° l'histoire générale sera ensuite envisagée d'un seul coup d'œil ; 4° cet aperçu de l'histoire m'engagera à examiner un grand nombre de questions, les divers degrés de civilisation, les divers gouvernements, les divers systèmes d'écriture, les lois, le commerce, les invasions, les colonies, les arts ; 5° les diverses religions viendront ensuite, comme nous expliquant la marche des différentes phases que la civilisation a subies, et j'y joindrai les divers systèmes philosophiques. L'histoire naturelle, la géologie, l'ethnographie, la linguistique, l'histoire, la politique, l'archéologie et les cosmogonies des peuples antiques seront donc envisagées et brièvement résumées tour-à-tour. Ces sciences ne seront qu'effleurées, car il s'agit seulement de les présenter sous un aspect général pour conclure de leur réunion les questions que j'ai posées plus haut.

En examinant le pour et le contre de cette grande question, je crois devoir dire le nom des auteurs que j'ai le plus consultés. Ce sont Maltebrun, Humboldt, Balbi pour la géographie, l'ethnographie et la linguistique ; Cuvier, Bertrand, Lyell pour la géologie ; Daniels pour les traditions Hindoues, chinoises et persannes ; Wiseman, Roselly de Lorgues et les annales de philosophie chrétienne pour l'ensemble des faits ; Paravey et les encyclopédies anciennes et modernes pour les alphabets et les écritures diverses. Loin d'avoir la prétention d'égaler ces auteurs, mon but est seulement de présenter leurs systèmes divers sous un seul point de vue, d'en faire un *tout* plus facile à saisir.

CHAPITRE PREMIER. — CLIMAT.

I.

L'aspect général de la terre nous présente deux vastes îles connues sous le nom de continents; le détroit de Behring seul les sépare au nord, et ce détroit peu large est souvent glacé. Les îles Kurilles et Aléoutiennes les rapprochent encore, et, plus au sud, de longues chaînes d'îles dans l'Océanique sont un nouveau lien entre eux.

Le continent le plus vaste et le plus anciennement connu est formé par l'Asie, à laquelle se rattachent deux vastes presqu'îles, l'Afrique et l'Europe. Nous y voyons une longue mer intérieure, d'immenses déserts de sables, de hauts plateaux, de vastes marais dans le nord, de hautes montagnes; toutes ces causes séparent ce continent en quatre grandes régions qui ont peu de rapport les unes avec les autres.

Première région. Méditerranéenne. — L'Europe entière appartient à cette région, ainsi que le nord de l'Afrique, séparée de l'Afrique nègre par le désert, ainsi que l'occident de l'Asie, séparée de la région des Indes par de hautes montagnes, et de celle de la Chine par des steppes, des déserts et des montagnes. L'Europe n'est qu'une réunion de plusieurs presqu'îles, bien séparées entre elles, surtout dans l'ouest; leur importance historique nous engage à les examiner en détail. 1° L'Espagne, qu'un isthme montueux sépare du reste de l'Europe, climat chaud par sa proximité de l'Afrique; c'est une sorte de plateau hérissé de nombreuses montagnes qui y tempèrent la chaleur; 2° la France, autrefois couverte de forêts, à présent l'un des pays les mieux cultivés du monde, avec un climat des plus tempérés; point de déserts, de marais, climat ni trop sec ni trop pluvieux. Au sud-est, les Pyrénées la séparent de l'Espagne, au sud-ouest les Alpes l'entourent et la défendent, la mer l'entoure de trois côtés, mais au nord-ouest la France se confond avec l'Allemagne et le reste de l'Europe; c'est par là que nous arrivent les vents froids et secs du plateau de l'Asie; c'est par là que sont entrés les peuples barbares; 3° les Iles Britanniques, plus humides que la France, mais guère plus froides bien que plus au nord; 4° l'Italie, séparée par les Alpes du reste de l'Europe, défendue par elles du vent du nord, est plus tempérée et plus fertile que l'Espagne; 5° la Grèce nous présente une multitude d'îles, de péninsules, de montagnes sous un ciel plus pur encore que celui d'Italie; 6° le centre de l'Europe, qui est séparé du midi par les Alpes et l'Hémus, offre dans le nord une immense plaine qui va se confondre avec l'Asie. Les diverses ramifications des monts Carpathes y forment les contrées de l'Allemagne, de la Pologne, de la Hongrie, mais les barrières naturelles y sont moins tranchées que dans celles de l'Europe occidentale. Cette Europe centrale, bien cultivée dans quelques localités, présente dans d'autres quelques restes des vastes forêts qui la couvraient jadis; 7° au nord de ces pays et de l'autre côté de la mer Baltique, petite Méditerranée remplie d'îles et d'écueils, est la grande presqu'île scandinave, divisée par une longue chaîne de montagnes, arrosée par de longs golfes aux bords escarpés qui s'avancent au milieu des terres. Les lacs y sont nombreux dans l'intérieur, le froid y est vif, moins cependant que dans d'autres pays situés plus au midi que la Suède, tels que la Russie et le nord de l'Asie; 8° la Russie, formée par l'immense plaine du nord de l'Europe; elle nous présente, à l'orient et au sud, des steppes ou déserts remplis d'herbes et d'efflorescences salines comme dans l'Asie centrale avec laquelle elle se confond. Continuant le tour de la Méditerranée et des mers qui y communiquent, nous trouvons, en Asie, la région montueuse du Caucase et de l'Arménie où le climat est froid pour sa latitude déjà méridionale, puis la Turquie d'Asie ou presqu'île d'Anatolie, boisée au nord, presque inculte partout, surtout dans la plaine élevée, le plateau qui en forme le centre, mais qui jadis était aussi bien cultivée que l'Italie, que la Grèce avec laquelle elle a de nombreux rapports. Sous un climat plus chaud la Judée serait encore une terre promise, sans le despotisme qui désole ce beau pays. Le midi de la Méditerranée nous présente, sur la côte d'Afrique, une longue lisière de terrain fertile, mais presqu'inculte, bornée au sud par les terrasses de l'Atlas, derrière lequel s'étend l'immense désert du Sahara; cette région participe à la fois de la nature des terres méditerranéennes et de la sécheresse de l'Arabie. Dans l'Egypte, un fleuve bienfaisant inonde, chaque année, ses rives abaissées et les couvre d'un limon fertilisant; sur ses bords on voit les fruits des tropiques se mêler à ceux de la région méditerranéenne, mais à droite et à gauche du Nil, ce sont toujours des déserts de sable ou des rochers arides. Tel est l'aspect du Sahara, de presque toute l'Arabie où quelques localités offrent seulement quelques cactus épineux aux chameaux créés pour ces déserts, un petit nombre d'acacias à gomme, mais point d'eau si ce n'est dans un petit nombre d'oasis, îles de culture au milieu de cet océan de sables brûlants.

La Perse nous offre aussi quelques déserts, mais ils sont moins brûlants que ceux de l'Arabie; le pays est situé plus au nord et surtout plus élevé; ce pays est un vaste plateau entre la mer Caspienne et le golfe Persique. Les montagnes y présentent quelques sources, endroits délicieux étant bien arrosés, mais l'ensemble du pays offre l'image de la stérilité. En général ce pays est froid vu sa latitude; tandis que les bords du golfe Persique, de la mer des Indes jouissent du climat des tropiques, le plateau du centre souffre les froids vifs de la Tartarie avec laquelle il se confond dans le Kharisme et dans la Bactrianne.

La Tartarie est une contrée immense qui présente à nos regards deux ou trois bassins sans communication avec l'Océan : celui du lac Aral, celui du lac Balkat, bassins qui sont même au-dessous du niveau de la mer. Au centre de ce pays, au milieu de l'Asie, est le grand plateau qui verse ses eaux dans les trois mers de l'Asie. Là, règne un froid continuel, là, sifflent sans cesse des vents violents qui empêchent la croissance des arbres : point d'agriculture si ce n'est dans quelques localités favorisées situées au pied des montagnes ou sur les bords des fleuves. Le désert de Cobi est sabloneux comme le Sahara; d'autres déserts se couvrent d'efflorescences salines, mais la plus grande partie de ce plateau est une steppe immense, désert végétal fournissant une herbe abondante aux troupeaux des peuples nomades qui l'habitent. Tel est le pays qui sépare la Chine de l'occident.

Le nord de cette vaste solitude est encore un désert, mais qui est bien différent de ceux dont nous venons de parler, c'est la froide et vaste Sibérie, immense marécage presque toujours glacé, où errent de grands fleuves dont les branches se rapprochent, et qui vont se perdre dans la mer Glaciale. Cette contrée est privée des douces influences du midi par le grand plateau central; elle est exposée en plein aux froids du pôle et de la mer Glaciale : c'est la glacière de notre hémisphère comme le Sahara en est le foyer.

Deuxième région. — La Chine, le pays des Mandchous et la presqu'île de Corée la forment. La Mandchourie est froide ainsi que la Corée; ces deux pays sont peu habités. La Chine est en général une contrée fertile, bien cultivée, bien arrosée par deux grands fleuves partis presque du même point du plateau central et qui se réunissent presqu'à leur embouchure après avoir été, l'un au midi, l'autre jusque dans les points les plus reculés du nord de ce grand pays. Une chaîne de montagnes, qui ne s'éloigne pas beaucoup de la mer, force le fleuve du midi, le Hian-tse-Kiang à reprendre sa direction du nord; sur les bords de la mer, au sud-est de ces montagnes, règne un climat tempéré chaud, qui permet à l'oranger et aux plantes méditerranéennes de prospérer. Le reste de la Chine a un climat un peu semblable à celui de l'Europe centrale, tandis que le nord se ressent déjà des froids vifs et continuels de la Tartarie.

Troisième région. — Des Indes. Deux presqu'îles forment ce pays, versant méridional du grand plateau. L'une se rapproche de la Chine, et elle est couverte de montagnes escarpées, de forêts encore incultes, arrosée par des fleuves dont on ne connaît encore que le cours inférieur. L'autre est un superbe pays arrosé par le Gange, l'Indus, la Nearbuddah et d'autres cours d'eau abondants. Les hautes montagnes de l'Hymalaya l'abritent des rigueurs du nord. Les montagnes du sud, plus basses, y attirent les pluies et y tempèrent la chaleur.

Les vents réguliers de son océan font communiquer facilement l'Inde avec l'Arabie, l'Afrique et les îles de la Sonde, tandis que la source mystérieuse de ses deux grands fleuves semble se rapprocher de celle des deux grands fleuves de la Chine.

Quatrième région. — Le reste de l'Afrique, la partie au midi du grand désert forme cette région qui, par sa végétation tropicale, nous rappelle celle de l'Inde, mais nous présente un climat plus brûlant encore; les côtes seules nous sont connues. Dans le sud, en s'éloignant de l'équateur, on trouve un pays plus tempéré; de vastes pâturages nous y rappellent un peu les steppes de la Tartarie. Le Nil prend sa source dans cette région et lui ouvre le chemin de la Méditerranée. D'autres fleuves intérieurs, mal connus encore, pourront aussi, un jour, rapprocher davantage les deux parties de l'Afrique comme ils ont, jadis, servi probablement à la peupler et à y introduire, plus tard, les peuples arabes et musulmans.

J'ai insisté sur ces quatre régions de l'ancien monde, parce qu'elles ont eu beaucoup d'influence sur la civilisation ainsi que sur l'histoire. On y peut voir la Chine pour ainsi dire parquée à une extrémité du monde, n'ayant qu'une communication fort petite avec l'Inde et avec les déserts de la Tartarie. L'Inde, plus ouverte, a une communication plus facile avec la région méditerranéenne. Chacune de ces régions a une langue, une écriture, une sorte de civilisation propre à elle seule.

On verra, par la suite, la double action de la région des Indes sur celle de la Méditerranée et réciproquement, celle des Indes sur la Chine. On y verra de plus, que l'Ethiopie, ou Abyssinie, participe tout à la fois de la région des Indes, de celle de la Méditerranée et de celle des Nègres. C'est un point de réunion géographique que nous verrons plus tard être un point de réunion de races, de langages, d'alphabets et de civilisation.

Deux parties du monde nouvellement découvertes par les Européens, nous restent encore à parcourir. La première que l'on appelle indifféremment la Polynésie ou l'Austrasie ou encore l'Australie était déjà connue en partie par l'Asie à laquelle on la rattachait; c'étaient les îles de la Sonde et des Moluques si fertiles en épiceries et en productions aromatiques. La Nouvelle-Hollande est un petit continent peu connu encore; quelques indices y font présumer un désert dans le centre; du moins, les vents brûlants qui viennent de l'intérieur, ressemblent au simoun de l'Arabie. La Nouvelle-Zélande est un pays montueux, dont le climat et la végétation rappellent l'Europe non cultivée. Puis, les îles d'Otaïti, de Tougatobou, d'Ovaïhie si connues par les voyages de Cook. Le Japon nous rappelle la Chine sous un climat plus froid. Les îles situées au nord de ce pays sont froides et stériles, elles nous conduisent dans le nouveau continent.

Ce nouveau monde nous présente des traits bien différents de l'ancien; au lieu d'être élevé dans le milieu il est élevé sur les côtes et présente de grandes plaines basses dans la partie centrale de ses deux grandes divisions. Une longue chaîne de montagnes le longe du côté de l'Océan Pacifique, et n'est interrompue que vers l'isthme de Panama. Les grands fleuves de l'Amérique se jettent tous dans l'Océan Atlantique : ce sont le Saint-Laurent, le Mississipi, l'Orénoque, l'Amazone et le Rio de la Plata. Point de vastes déserts brûlants comme dans l'Afrique et dans l'Asie occidentale, si ce n'est dans une petite partie au nord du Brésil, mais des steppes qui rappellent celles de la Haute-Asie; tel est l'ensemble de ce nouveau continent.

Passant aux détails, nous voyons au nord-est un pays froid, boisé, peu fertile et encore peu connu si ce n'est vers les côtes et le long de l'Orégon, pays que va bientôt peupler la civilisation américaine. Au nord-est, nous retrouvons le froid rigoureux de la Sibérie dans un pays plein de lacs, tourné vers la mer Glaciale. Le Groënland et ses glaces éternelles, ses mousses vertes et ses rares bouleaux qui, pendant un mois ou deux, sont déchargés du fardeau de leur givre et de leurs neiges : l'Islande et ses volcans se rattachent à cette froide contrée. Le Canada ressemble un peu plus à l'Europe septentrionale. Les Etats-Unis souffrent alternativement de grands froids et de grandes chaleurs; ce pays qui n'était autrefois qu'une vaste forêt, depuis l'Atlantique jusqu'au Mississipi, est à présent cultivé en partie; à l'ouest de ce fleuve s'étendent de vastes steppes qui conduisent jusqu'aux montagnes pierreuses. Ces steppes se confondent avec le plateau du Mexique, sur lequel se trouvent de grands lacs et quelques hautes montagnes. Son élévation y permet la culture de l'Europe jusque sous la zone torride, tandis que la végétation des tropiques ne s'éloigne pas des côtes de ses deux mers.

L'Amérique du sud nous offre le même spectacle de terres élevées, froides ou tempérées sous la zone torride. Elles s'étendent tout le long de l'Océan Pacifique et servent de bases à la longue chaîne des Andes. A l'est de ces montagnes on trouve de grandes plaines, les steppes de la Patagonie, du Paraguay, puis les forêts marécageuses du centre. Le Brésil nous rappelle les Indes et l'Afrique méridionale par le luxe de sa végétation. Le midi de la Colombie consiste en plaines élevées, les llanos, sorte de steppes; et le nord est presque partout un marais fertile, brûlant et mal sain.

L'élévation du sol, les vents de l'Océan rendent le climat des Antilles plus sain que celui de la terre ferme, mais souvent les ouragans y causent d'affreux ravages.

Enfin, à l'extrémité sud de ce continent, nous trouvons les terres magellaniques désolées par le froid humide, la neige, les vents et les brouillards épais.

II.

Ce tableau des hauteurs et le suivant, tout en se rapportant à ce que nous venons de lire, peuvent donner lieu à quelques réflexions sur la géologie.

Pourquoi, me dira-t-on, parler de géologie dans un ouvrage qui a pour but seulement l'histoire de la race humaine? pourquoi parler d'une époque antérieure à l'homme que tous les géologues s'accordent à dire nouveau sur la terre ? J'en parlerai succinctement ici, parcequ'elle se rattache par plusieurs points aux divers systèmes philosophiques, parcequ'elle se rattache aussi aux traditions universelles sur la création, et surtout à la tradition universelle du déluge.

Sans cela je n'aurais rien dit d'une science si belle, mais encore si hypothétique et où il y a autant de systèmes que d'auteurs et de savants qui ont écrit sur ce sujet.

Sans m'arrêter aux différents systèmes, aux nombreuses théories de la terre, la plupart détruites les unes par les autres, je chercherai à établir les faits les plus constants, ceux que les plus savants géologues s'accordent tous ou presque tous à reconnaître.

Nous voyons d'abord que les terres basses, celles qui, dans la carte en regard, sont colorées en jaune, sont toutes ou presque toutes des terres d'alluvions, des terres que Lyell appelle les terrains eocène, miocène et pliocène, des terres qui paraissent avoir été couvertes d'eau à une époque bien plus récente que celles où vivaient les coquillages de la craie et du calcaire jurassique et oolithique; des terres où l'on trouve de nombreux vestiges des animaux quadrupèdes, d'espèces presque semblables à celles de notre époque. Les terres hautes, au contraire, sont presque toutes ou des terres primitives, des terres cristallisées où il n'y a point de vestiges de vie, ou bien des terres de calcaire ancien. S'il s'y rencontre quelques terrains tertiaires, ils sont inclinés comme si le terrain cristallisé sur lequel ils reposent avait été soulevé; ce qui se trouve notamment dans les Andes de l'Amérique.

Arrivons aux faits certains ou à peu près et sur lesquels les géologues sont presque d'accord.

Ces faits sont : 1° que l'intérieur du centre de la terre doit être d'une grande chaleur, car il est reconnu que plus une sonde s'enfonce à l'intérieur, plus la température augmente; on a même pu calculer d'une manière certaine le degré de chaleur qu'il fait ou doit faire à une profondeur de tant de centaines de mètres. En conséquence, on pense que la plupart des roches, qui se trouvent au dessous de nous sont encore dans un état de fusion, fusion gênée par le poids de l'écorce terrestre, et peut-être cause des volcans, des tremblements de terre, des soulèvements divers.

2° Que le granit, le porphyre, les roches appelées autrefois primitives, à présent les roches plutoniques se rattachent à la partie la plus basse de l'écorce terrestre, et qu'elles n'ont rien au-dessous d'elles qui nous soit bien connu.

3° Que ces roches plutoniques sont souvent traversées par les laves, les trapps, les basaltes que l'on appelle les roches volcaniques; ces roches semblent avoir été lancées d'au-dessous des roches plutoniques et s'être étendues au-dessus non seulement des terrains granitiques, mais même souvent au-dessus des terrains déposés par la mer, suivant l'époque où ces torrents de lave ont eu lieu.

4° Que les schistes recouvrent presque partout le granit, si ce n'est en quelques montagnes, où il a percé cette sorte d'écorce. M. Lyell diffère des autres géologues; il croit que la plupart de ces schistes ont été autrefois du calcaire dénaturé par la chaleur des courants de laves, c'est pourquoi il les appelle terrains métamorphiques.

5° Que les terrains calcaires, soit jurassiques, soit oolithiques, sont le fond d'une mer très ancienne qui a été soulevée à diverses époques. Quelques géologues veulent que les terrains calcaires crayeux soient plus nouveaux que les terrains jurassiques, et cela d'après la nature des coquilles et des fossiles que l'on y trouve; d'autres, et notamment Lyell croient seulement que ces mers renfermaient d'autres sortes d'animaux, moins d'Ammonites et plus d'Oursins, de Polypiers, etc.

6° Que souvent la craie et les autres terrains sont recouverts d'une couche de terrain d'alluvion, éocène ou miocène, indiquant soit une mer, soit des dépôts lacustres (formés au fond d'un lac), renfermant des ossements d'animaux presque pareils à ceux de notre époque.

7° Enfin que tous ces terrains éocènes sont recouverts de traces certaines d'un grand cours d'eaux douces, qui y a charrié des galets, des blocs erratiques, de l'argile, qui devait dans les vallées s'étendre d'une montagne à l'autre. Pour ce septième fait, quelques géologues n'en sont pas d'accord, ils reconnaissent bien le fait, mais ils diffèrent quant aux causes : les uns croient que ces vallées étaient des courants sous-marins, que les blocs erratiques ont été charriés par les glaces du nord qui les déposaient en se fondant sous les climats plus doux.

8° Un autre fait est aussi reconnu de tous les géologues, c'est que dans les premiers temps, l'homme n'existait pas; ce n'est que dans les terrains les plus récents que l'on trouve des ossements humains, des objets travaillés; voilà ce qu'il y a de certain en géologie.

On a encore un autre point de certitude, c'est l'ordre constant que suivent les couches terrestres. Au point le plus bas, on trouve les terrains de granit, de porphyre, de schiste, les terrains cristallisés. Au-dessus, on trouve les terrains schisteux; semblables aux granits par bien des points, ils en diffèrent en ce qu'ils sont par lames, par couches, ce qui a fait croire à la plupart des géologues qu'ils avaient été déposés par l'eau. Au-dessus se trouvent encore des schistes dans lesquels on voit quelques vestiges de plantes, puis des débris de poissons. Plusieurs couches se suivent de la sorte jusqu'à la formation des charbons de terre, des anthracites et des grès rouges. Ce n'est qu'au-dessus du second groupe de grès rouge, que l'on voit commencer les terrains calcaires divisés en plusieurs classes, la craie en est le groupe supérieur, et après la craie, on trouve les terrains nouveaux, les alluvions récentes.

Cet ordre constant ne se présente pas partout uniformément; dans plusieurs localités, il manque quelques-unes des couches intermédiaires, dans d'autres, les terrains calcaires sont posés immédiatement sur le granit; on en a conclu que le granit ne s'était pas élevé partout à la même époque. On a vu de ces terrains déposés soulevés par ces masses de granit à différentes hauteurs, et M. Elie de Beaumont en a conclu son système de soulèvement des montagnes et de l'âge qu'elles pouvaient avoir.

Si certaines couches manquent dans des places, il n'en est pas moins vrai que l'on voit toujours les terrains que l'on a appelés tertiaires au-dessus de ceux que l'on a appelé secondaires, et jamais au dessous, il en est de même des terrains calcaires qui ne sont jamais sous les terrains primitifs autres que les volcaniques. Cet ordre des diverses couches est donc un fait acquis en géologie. Tous les systèmes divers le reconnaissent, il fait la base des sept époques de Buffon comme des six groupes de M. Giraudet, des groupes volcaniques, plutoniques, métamorphiques, siluriens, calcaires de différentes sortes, éocène, miocène et pliocène de Lyell. Le fait existe, il ne s'agit que de le classer et de donner des noms à ces classifications.

On peut mettre d'accord les géologues, tant qu'il ne s'agit que des faits; cela n'est pas aussi aisé pour les systèmes, pour les causes que l'on croit avoir produit telle ou telle formation. Les uns veulent que chacune de ces six grandes couches ou formations aient formé chacune une époque où toute création se trouvait anéantie par une catastrophe, et c'est le plus grand nombre; Lyell au contraire, prétend que tous ces changements se sont faits successivement et par les causes actuellement existantes. Les uns veulent qu'il n'y ait plus de fossiles actuels; Lyell, au contraire, prétend qu'il s'en fait toujours au fond des mers, et surtout aux embouchures des fleuves. Un seul fait l'embarrasse dans son système, c'est l'apparition nouvelle de l'homme, et il ne peut la nier.

Sans chercher à mettre ces savants d'accord, revenons aux faits et aux systèmes qui semblent le mieux appuyés.

M. de Beaumont a remarqué que souvent le terrain primitif avait soulevé le terrain plus récent, le calcaire, il en a conclu que le calcaire avait été déposé à plat et avant que ces montagnes n'aient été soulevées;

dans d'autres, le terrain récent est déposé à plat,

c'est qu'alors le granit est plus ancien que le calcaire. D'autres montagnes ont soulevé les couches anciennes et des couches plus récentes ont été déposées après ce soulèvement, antérieur à l'une des époques et postérieure à l'autre.

Des couches, lentement inclinées, indiquent un soulèvement lent pendant lequel le fond des mers se comblait en même temps. D'après ce système, qui semble assez bien prouvé, le soulèvement le plus récent de tous, le seul qui ait soulevé le terrain éocène est celui des Cordillières, peut-être l'Hymalaya est-il aussi de ce temps.

Son époque cadre avec celle du dernier cataclysme, avec la grande inondation dont tous les géologues conviennent, bien que quelques-uns disent qu'elle a bien existé, mais que rien ne leur prouve qu'elle ait eu lieu partout à une même époque.

Sans parler encore des traditions humaines sur cet événement, n'envisageons la question que sous le point de vue géologique, nous trouverons plusieurs faits qui nous prouvent que l'état actuel de la terre ne date que de quatre à cinq mille ans. Ecoutons un géologue célèbre (M. A. Bertrand, dans ses lettres sur la géologie pages 340 et suivantes). Il est très remarquable que tous les phénomènes naturels soient d'accord avec les traditions historiques et religieuses et se réunissent pour prouver que l'état actuel ne peut exister depuis plus de cinq à six mille ans, et il cite les alluvions des fleuves. « Les lacs d'eau douce nous présentent les mêmes « phénomènes de l'élévation de leur fond et conduisent à la même « conséquence, car on en voit qui reçoivent des cours d'eau qui « ne peuvent manquer d'exercer une influence assez grande sur « l'élévation de leur fond, et qui seraient certainement comblés si « la dernière révolution qui a déterminé la forme actuelle remon- « tait à une époque plus reculée. » Il tire la même conséquence des glaciers et de leurs muremnes. Passant aux dunes des landes de Bordeaux, il arrive aux mêmes résultats. « On sait de combien, « terme moyen, elles s'avancent par années, par siècles ; on sait « que du côté de Bordeaux leur marche est de soixante à soixante- « dix pieds par an, et que, si on ne leur opposait aucun obstacle, « il ne leur faudrait que deux mille ans pour arriver à cette ville ; « d'après leur étendue actuelle, il doit y avoir un peu plus de « quatre mille ans qu'elles ont commencé à se former. »

DES RACES DIVERSES D'ANIMAUX.

Les partisans de l'opinion qu'il y a plusieurs races d'hommes diverses, se targuent beaucoup du fait qu'il y a, dans les trois continents, des races d'animaux tout à fait différentes. On peut leur objecter que, même en admettant ce fait, il y en a aussi beaucoup de communes à tous les trois, notamment celles qui peuvent vivre dans les climats du nord, qualité que l'homme possède au plus haut degré. Nous verrons que les traditions, les usages, les langues mettent ces vérités hors de doute pour l'Amérique. Le fait même de la différence totale des races d'animaux peut paraître douteux. Buffon, dans ses deux articles sur les animaux propres au nouveau continent et sur ceux qui leur sont communs, a commis bien des erreurs, pardonnables au temps où il vivait. Il compte le bison comme particulier à l'Amérique, et on l'a retrouvé en Asie, même jusqu'en Pologne. Le kinkajou est le même que le blaireau ; le caribou est le renne, l'orignal est l'élan. Il met le chien au nombre des animaux inconnus au nouveau monde, tandis que Vancouver et Kotsebüe l'ont retrouvé sur toute la côte ouest de l'Amérique. Buffon se fâche ensuite contre les nomenclateurs qui mettent des paresseux, des sarigues aux Indes-Orientales ; à présent, il est prouvé que la souche des marsupiaux (famille qui comprend les kangouroux et les sarigues) se trouve dans l'Océanie ; que l'on a trouvé à Ceylan des squelettes (non fossiles) de paresseux. Le tapir, lui-même, vient de se retrouver dans les forêts de la presqu'île de Malacca.

Quant aux petites espèces telles que les paccas, les cabassous, les fourmiliers, etc., on peut penser que ces races sans défense, s'éteignent devant l'homme en Amérique comme elles se sont éteintes devant lui en Asie. Il ne reste plus que des espèces qui, si elles ne sont pas identiquement les mêmes que celles de l'ancien monde, sont au moins du même genre, et nos connaissances en histoire naturelle nous permettent de penser qu'il se fait des espèces nouvelles par les diverses alliances des animaux du même genre, des sortes de mulets féconds.

D'ailleurs, avant de déclarer que le froid a pu empêcher la communication des espèces du midi de l'Asie avec celles du midi de l'Amérique, sait-on assez bien le degré de froid qu'elles peuvent supporter; n'est-ce pas l'homme qui a chassé les lions de la Grèce ? Sans la Méditerranée nous aurions encore les animaux de l'Afrique. En Asie les tigres s'avancent au nord de la Chine, bien avant dans la froide Tartarie. Les climats froids des terres magellaniques, les climats tempérés du Cap ne sont remplis que des animaux des pays chauds. Les étés très chauds des climats polaires peuvent les avoir aidés dans leurs migrations, et, d'ailleurs, la température primitive de ces pays était-elle la même que de nos jours ?

Quant aux oiseaux, on sait les immenses bras de mers qu'ils traversent, on sait que les insectes ont leurs œufs et leurs larves portés par les fruits flottants sur la mer, et, par mille autres causes, on sait que ces fruits portent facilement les plantes d'un climat dans un autre ; les vents, les courants, les flots, les oiseaux même, servent à les propager.

Tous ces faits ne sont pas aussi démontrés que celui de l'identité de la race humaine, la science n'est pas encore assez avancée ; cette question d'abord est indifférente et accessoire au sujet que je cherche à traiter, mais elle est au moins probable.

IIIe TABLEAU GÉOLOGIQUE.

Soulèvements	Terrains	Groupes	Formations	Fossiles	Roches	Lyell / Climat	Époques de Buffon
	Terrain de transport.		*Formation actuelle.*	Fossiles. Ossements humains. Produits industriels. Ossements d'animaux d'espèces non existantes.	Terre végétale. Tourbières. Madrépores. Alluvions nouvelles.	Climat actuel.	**7e ÉPOQUE** de BUFFON. *Actuelle.*
			Dépôts couvrant des collines ou des plaines, dûs à des courants plus puissants que les courants actuels.				
13e soulèvem. les Andes ou Cordillères; l'Himmalaya? v. *Jacquemont*.			*Terrain clysmien ou diluvien.*	Quelques ossements humains.	Brèches osseuses. Alluvions anciennes. Blocs erratiques Sables, Cailloux roulés.		**6e ÉPOQUE** de BUFFON. *Séparation des Continents.*
12 Alpes, depuis le Valais à l'Autriche.		GROUPE supérieur ancien. *Pliocène.*	*Nymphéen.*	Ruminants. Éléphants. Rhinocéros. Mastodontes.	Galets Grands Lacs d'eau douce	1e GROUPE de Lyell *Tertiaire.*	
11. Alpes occidentales			*Marin.*		Marnes subapennines.		
	Sédiments supér.	GROUPE moyen *Miocène.*		Calcaire de Vichy. Reste des Paleotherium mêlés à des ossements d'animaux actuels. Singes, Planorbes, Limnées.	Calcaire à silex. Marne supérieure. Pierre meulière.	Climat moyen	**5e ÉPOQUE** de BUFFON. *Éléphants.*
10. Corse, Sardaigne, Auvergne, Grèce, Illyrie, Liban, Volcans. Direction sud au nord.		GROUPE inférieur *Éocène.*		Mammifères, Palæotherium. Plantes d'eau douce analogues à celles de nos étangs, Coquilles d'eau douce ou marines presque pareilles à celles de notre époque. Aucuns des fossiles de la craie.	Gypse à ossements. Calcaire siliceux. Calcaire grossier. Lignites. Argile plastique.	Climat tropical	
				Espèces éteintes.			
		4e GROUPE *Craie.*	*Étage supérieur.*	Chélonées, Crocodiles, Monosaurnes, Poissons, Belemnites.	Craie blanche. Tuffeau. Craie.	2e GROUPE. *Crétacé.*	**4e ÉPOQUE** de BUFFON. *Volcans.*
9e soulèvement. — Les Pyrénées, l'Apennin, le Balkan, l'Atlas, le Carmel, les Gattes, les Alleghans. Direction est à ouest.			*Étage moyen.*	Nombreux coquillages fossiles.	Marne verte. Grès sables verts. Argile noirâtre. Grès vert.		
			Étage infér.	Tortues Sauriens, Oiseaux échassiers Coquilles fluviatiles. — Plantes dicotylédones, conifères, Fougères.	Argiles brunes et bleues, Calcaires et Marnes alternes		
8e soulèvement. — Le mont Viso, partie des Alpes françaises.	Sédiments moyens.	3e GROUPE. *Jurassique.*	*Wealdien.*	Premiers Mammifères, Didelphes fossiles, quantité de coraux, Térébratules.	Grès vert.	3e GROUPE *Oolithique.*	
			Formati. oolithiq. (*sup.*, *moy.*, *inf.*)	Apparution des Tortues. Disparution de la Gryphée arquée. Ammonites bucklendii. Belemnites.	Sables calcaires. Argiles bleues. Marbres polypiers.		
7e soulèvement. — La Côte d'Or, le Mont Pilas, les Cévennes, l'Erzgebirge.			*Formation liassique.*	Apparution des Belemnites, des Crocodiles. Gryphée cimbium ou nautile.	Marnes bleues. Grès. Calcaire coquiller.		
6e soulèvement. — Le Morvau, le Bohmerwald, le Thuringerwald.		2e GROUPE. *Vosgien.*	*Formation keuprique.* *Formation conchylienne.*	Cinq genres de Sauriens, Crustacés, Décapodes. Continuation des Ammonites. Encrinite liliforme. Plantes cicadées.	Sel gemme. Grès. Marnes irrisées. Gypse. Marnes compactes Calcaire coquiller.	4e GROUPE.	
			Formation pacilienne.	Ammonites nodosus.	Grès bigarrés.		
		1e GROUPE. *Grès rouge.*	*Formation magnésifère.*	Apparution des Ammonites et des Sauriens (Lézards).	Schistes magnésiens, fétides, marneux.		
5e soulèvement. — Des bords du Rhin, de Mayenne à Bâle.			*Formation psammérythrique.*	Pectinites fragilis. Mytilus eduliformis.	Sables. Nouveau Grès rouge.		**3e ÉPOQUE** de BUFFON. *Eau déposant des Coquillages et des Plantes.*
4e soulèvement houiller. — D'Aix la Chapelle au pays de Galles.	Sédiments inférieurs	GROUPE supérieur.	*Formation houillère.*	Animaux comme ci-dessus: Nautiles. Végétaux phanérogames monocotyledons, Palmiers, Cryptogames.	Houille. Schistes bitumineux. Bitumes, etc.	5e GROUPE de Lyell.	
3e soulèvement. — Tarare, le nord de l'Angleterre.			*Formation carbonifère.*	Disparution des Trilobites. Débris de poissons, crustacées, mollusques, polypiers. Végétaux fossiles	Anthracites. Schistes bitumineux calcaires		
2e soulèvement. — Les Ballons des Vosges.			*Formation paléo psammérythrique.*	Spirifer bisulcatus. Productus.	Quartzites. Vieux Grès rouge. Schistes.		
1er soulèvement. — Suivant *Élie de Beaumont*, le Westmorland, le Hundsrück, la Finlande, la Suède, le Hartz.		GROUPE moyen.	*Formation arénacée calcaire.*	Débris de Fougères et de Prêles.	Calcaires bitumineux Grès carbonifères	6e GROUPE *Silurien* de Lyell.	
				Trilobites productus. Spirifer wolkotii.	Calcaire gris-bleuâtre Grauwacke. Psammite argileux.		
		GROUPE inférieur.		Débris de poissons.	Psammites. Schistes ardoisiers.		
				Traces de végétaux, quelques Cryptogames, Algues, Equisétacées.	Schistes argileux.		
			Terrains primitifs qui semblent avoir été déposés par l'eau.				
			Point de débris organiques. Mica-schistes.			*Métamorphiques* de Lyell.	**2e ÉPOQUE** de BUFFON. *Refroidissement.*
			Calcaire primitif. Marbres anciens. Calcaire saccharoïde. Brèches. Chipolins.				
			Gneiss. Roche assez pareille au granit, mais contenant moins de mica. A structure feuilletée, renfermant beaucoup de minéraux étrangers. Recouvrant le granit.				
			Terrains primitifs qui semblent avoir été formés par le feu.				
			Laves. Trois espèces. Basaltes. Trachytiques: Ponce. Domite. Obsidienne. Phanolite.			*Volcaniques.*	**1e ÉPOQUE** de BUFFON.
			Porphyres: Wake, Spilite, Trapp. Noir. Vert. Rouge.			*Plutoniques* de Lyell.	
			Granites: Pegmatites. Diorite. Sienite. Protogyne.				

TABLEAU Ve.

CHAPITRE DEUXIÈME. — ETHNOGRAPHIE LINGUISTIQUE.

Après ce coup-d'œil jeté sur la terre, examinons les peuples divers qui l'habitent. L'aspect général est cinq ou six races distinctes et une multitude de langages ; mais malgré cette division extrême, on voit de nombreux rapports soit dans les traits physiques, soit dans le langage, soit même dans les usages et les traditions diverses. Essayons de porter la lumière dans ce chaos, et, pour cela, passons en revue les divers peuples comme nous l'avons fait pour leur séjour.

L'ouest de l'Europe et une grande partie du centre étaient autrefois habités par une race belliqueuse, aux cheveux roux ou blonds : c'était la race gauloise, celtique ou gallique. Cette race a souvent envahi les états voisins de son séjour. L'Italie, la Grèce ont souvent été sa conquête ; on l'a retrouvée dans l'Asie mineure, en Gallatie ; l'Allemagne actuelle a été habitée par les Celtes danubiens avant de l'être par la race gothique. Les Boiens, qui ont donné leur nom à la Bohême, en faisaient sûrement partie. L'Illyrie, l'Albanie en conservent peut-être encore quelques restes, et les Cimbres ou Goths, anciens habitants du Jutland et de la Scandinavie, étaient probablement un mélange de la race celtique avec la gothique. Cette dernière, non mélangée, a repoussé la race celte à l'occident, où elle s'est confondue avec la race pelago-romaine ; il ne reste plus de traces de l'antique et célèbre nation gallique que dans les Pyrénées, la Bretagne, le pays de Galles, l'ouest de l'Irlande et le nord de l'Ecosse. César nous représente les Gaulois divisés en trois nations fort différentes (1) : les Aquitains, les Celtes et les Belges, peuples dont je crois facile de retrouver quelques vestiges.

1° Les Basques des Pyrénées nous présentent un petit peuple fort actif, parlant une langue qui ne ressemble à aucune autre, sauf quelques racines hébraïco-phéniciennes et cophtes ; cette langue a été parlée autrefois dans toute l'Espagne et dans la partie des Gaules nommés Acquitania. Cette nation basque, vascon-gada, qui se nomme elle-même les Escaldunacs, me paraît être la même que celle que César désigne sous le nom d'Acquitani.

2° Les Celtes sont à présent totalement mêlés avec les autres peuples, peut-être les derniers vestiges de cette nation existent-ils encore dans les Gaëls d'Irlande et les Highlanders d'Ecosse. Les Belges sont pareillement éteints ; les écrivains anciens nous les représentent comme fortement mêlés de race gothique ; peut-être le reste de cette nation se retrouve-t-il dans la Basse-Bretagne ; du moins, on sait que la Britanie était habitée principalement par des Belges, et que les peuples de cette île, chassés par les Saxons, ont passé en Armorique à laquelle ils ont donné leur nom. Leur langage diffère un peu du gallique, et, suivant Botidoux commentaires de César), les racines germaniques s'y retrouvent par centaines ; il y en aussi un grand nombre pareilles au latin. Les habitants du pays de Galles, qui parlent presque la même langue, se nomment entre eux Cumri ou Kymri ; on pense qu'ils ont envahi les Gaules six siècles avant l'ère chrétienne.

3° Après ces trois races distinctes (qui peut-être n'en forment que deux pures et une mélangée) on trouve la race gothique ou teutonne qui ressemble beaucoup à ces deux premières, elle se distingue par ses cheveux blonds, ses yeux bleus et la forme un peu carrée de sa tête. Cette race s'étend depuis l'Islande jusqu'en Russie, depuis la mer Glaciale jusqu'aux Alpes. Son langage, divisé en deux dialectes principaux, le gothique et le teuton, offre beaucoup d'affinités avec l'ancien persan, et une liaison avec le sanscrit, le turc et les langues européennes en général ; il y a même plusieurs mots qui se retrouvent dans les langues du nord-est de l'Asie. Les Suédois et Danois forment la branche gothique, les Allemands, les Hollandais et en partie les Anglais forment la branche teutonne. Si l'on en croit les traditions conservées par les Goths, ces peuples viendraient du Caucase, auraient envahi la Scandinavie sur les Juttes ou Cimbres, environ cent ans avant l'ère chrétienne, et avant ce temps là auraient repoussé sur l'occident les Welsches, nom qu'ils donnent à la race gallique.

4° La quatrième famille européenne est celle des Pelages, anciens habitants de la Grèce et de l'Italie : ils semblent avoir peuplé ces pays par le sud et se les être disputés avec les races du nord qu'ils nommaient aborigènes, cimériens, etc. Les Grecs semblent la branche la plus antique de cette nation ; sous le nom d'Hellènes ils se sont mêlés avec les anciens Pélages. Les côtes de l'Asie-Mineure, les îles de la Grèce ont des souvenirs d'une antiquité reculée ; leur langage n'a pas changé sensiblement depuis Homère, il se divisait en quatre dialectes dont l'un, le dorique mêlé au gaulois, au sclavon et au gothique, a donné naissance au latin parlé dans le centre et le nord de l'Italie. Si l'on admet que les langues se mêlent dans la même proportion que les races, on reconnaît dans le latin que plus de la moitié des racines est tirée du grec, le reste est formé d'environ un tiers de gothique, un tiers de sclavon et un tiers de gallique. L'albanais, qui semble être l'ancien illyrien, a aussi le fond de sa langue dans la langue grecque, mais il offre encore plus de racines gothiques et celtiques que le latin (1). La beauté de la langue grecque, la noblesse de la langue latine, les conquêtes de ces deux nations ont contribué à les étendre d'une

(1) César, *De bello Gallico*, livre 1er, chap 1er.

(1) Maltebrun, *Anc des Voyages*. *Précis de la Géographie*.

manière prodigieuse, le latin surtout. Ses dérivés, l'espagnol, le portugais, l'italien, le français et l'anglais règnent sur tout l'ouest et sur une grande partie du sud de l'Europe, sur presque toute l'Amérique et sur de vastes et nombreux pays dans les autres parties du monde. Le latin, comme toutes les langues antiques de l'Europe, était une langue transposée, ses dérivés ont adopté la construction analogue.

5° L'est de l'Europe est habité maintenant par la race sclavone; c'était l'ancien séjour des Sarmates, mais il est douteux que ces derniers soient les ancêtres des Sclavons. Ce que les anciens nous disent des Sarmates, peuples petits et trappus, se rapporterait plutôt à une famille mongolique qui aurait jadis habité ces pays. Dans la grande invasion, les Sclavons suivirent de près la race gothique. Ils semblent très anciens au sud du Danube, dans la Thrace antique, le nord de l'Illyrie; de là ils se sont prodigieusement étendus : on les voit maintenant depuis la Bohême, pays où ils sont fortement mêlés d'Allemands, jusqu'au fond de la Sibérie et même jusqu'en Amérique. Ils forment plus de la moitié des habitants de la Hongrie, presque la totalité de ceux de la Russie et de la Pologne. Dans l'empire russe ils se sont mélangés avec quelques-unes des peuplades anciennes du pays; mêlés aux Tartares ils forment la variété des Cosaques. La langue des peuples sclaves est sœur du latin et du gothique; comme elles, elle a de grands rapports avec le sanscrit.

6° Au milieu des pays habités par la race sclave, on trouve celle que les Russes ont nommée race tchoude. Les peuples qui en font partie sont les Hongrois, les Finois et les Lapons. Maltebrun pense que ce sont les descendants des Scythes, maîtres jadis de toute la Russie et d'une partie de la Tartarie; que les invasions des races gothiques les auraient repoussés vers le nord, et que les Sclavons auraient ensuite peuplé ce pays. La portion des Tchoudes qui habitait l'Asie aurait été poussée sur l'Europe lors de l'invasion d'Attila, et aurait alors été mélangée de Mongols; plus tard, elle serait rentrée en Europe sous le nom de Huns-Abares, d'Oïgours, mais sans mélange de Mongols et probablement avec un mélange de Turcs ou Tartares. Les peuples existants de cette race sont les Lapons qui présentent un mélange de Mogols, les Finois qui habitent les bords de la Baltique, l'Esthonie, la Finlande, les diverses peuplades de la Russie du nord et de l'est, les Wogoules, les Mecziriaques, les Tchérémisses, les Ostiaks de la Sibérie; les Basquirs, les Mordwanis s'y rattachent aussi, mais avec un mélange de Tartares ou Turcs. On a cru longtemps que la langue hongroise était une vierge sans sœurs ni sans mère, à la fin elle a reconnu sa parenté avec les langues fino-scytiques. Les racines sanscrites y sont plus rares que dans les cinq premiers groupes de langues dont nous venons de parler. D'après les traditions hongroises, ces peuples se disent fils de Magog d'où leur nom Maggiares. Ugek, leur premier roi, descendait d'Attila; ils étaient divisés en cent huit tribus divisées en sept armées sous la conduite de sept chefs qu'ils nomment Almus, Eleud, Kunda, Ound, Tosu, Tuba et Tuhutum ou les Hétou Mager, les sept Magiars (1).

7° Au midi des races sclavones et tchoudes, nous trouvons en Asie celle des persans; leur tradition religieuse, semblable à celle des autres Orientaux, reconnaît pour auteur Madaï, fils de Japhet, et Elam, fils de Sem, mais cela est surtout depuis qu'ils sont devenus musulmans. D'après leurs livres saints antiques, ils ont un vague souvenir d'un chef nommé Feridoun qui divisa son empire entre ses trois fils : donnant l'Occident à Selm, la Perse à Erij ou Iran et la Tartarie à Tour, père des Turcs, de là les noms d'Iran donné à la Perse et de Touran à la Tartarie (2). Le teint des Persans est blanc, un peu basané; leur langue, divisée en Pelwy et en Zend, descend de ce dernier qui était parlé du temps de Darius, et qui offre de grands rapports avec tous les dialectes gothiques, ainsi que d'autres avec le sanscrit et les langues qui lui ressemblent. La langue des Kurdes est aussi un des dialectes persans. Le pelwy a beaucoup de mots hébreux ou assyriens.

8° famille. C'est celle des Hindous : des traits européens, un nez aquilin, de longs cheveux noirs, un teint d'un noir clair ou peu bronzé sont leurs traits caractéristiques. Leur langage ancien, le sanscrit offre, comme nous avons pu le voir, de grands rapports avec les anciennes langues de l'Europe; leurs nouveaux langages, l'Hindostani, le Bengali, etc., sont un mélange informe de persan, d'arabe et d'ancien sanscrit. La division de ce peuple en quatre castes principales, la tradition que nous trouvons dans leurs livres (1) et qui parle de quatre peuples descendus du mont Merou, savoir les Brames, peuple blanc venu du nord, les Kchatrias, peuple jaune venu de l'est, les Vachias, rouges venus du sud, et les Choudres, noirs venus de l'ouest, nous porte à croire que ce peuple a pu être formé par le mélange de plusieurs races humaines; qu'Asiatiques dans le fond ils auront pu être conquis par les peuples belliqueux du nord, et, enfin, dominés par une famille religieuse et civilisée. Il peut y avoir, de plus, existé quelques petites nations de race nègre, surtout dans la presqu'île au-delà du Gange, du moins ce pays offre une petite peuplade, les Doms que Cuvier range parmi les nations nègres.

9° Le nord de la Perse nous offre une grande quantité de petites peuplades parlant plusieurs langues différentes. Maltebrun (*Précis de la Géographie*, livre 47) les divise en sept langues : 1° les Géorgiens; 2° les Abases; 3° les Tcherkesses ou Circassiens; 4° les Ossètes, dont la langue ressemble au persan et au gothique; 5° les Tchétchingues; 6° les Lesghis, dont la langue et les traits ressemblent à ceux de la race tchoude; et 7° les restes des Tartares et des Mogols. On peut réunir aux peuples caucasiens, les Arméniens, dont la langue a quelques rapports éloignés avec le hongrois. Ces diverses petites nations se ressemblent beaucoup entre elles par les traits physiques, et forment une des plus belles races d'hommes de la terre. Les savants modernes les regardent comme le type, la souche de la race blanche qu'ils ont nommée la race caucasienne en y joignant les Turcs dont nous allons parler.

10° La race turque ou tartare présente des traits européens, mais déjà les yeux sont plus inclinés; des cheveux noirs et doux, des jambes un peu arquées distinguent cette race qui semble déjà être un mélange d'Européens et d'Asiatiques. Leur tradition sur leur origine, se rapporte à celle des Hongrois, se disant aussi fils de Gog et de Magog. Leur langue a quelques rapports avec les langues tchoudes et gothiques, quelques autres avec le sanscrit; elle est très répandue et se parle depuis le lac Baïkal ou même depuis l'Océan Pacifique jusqu'à la Méditerranée. De nombreuses tribus la parlent dans la Perse, dans le sud et l'est de la Russie. L'ancien séjour des Turcs était au fond de la Tartarie, au nord de la Chine, en Sibérie; ils ont fondé un empire redouté des Chinois au commencement de notre ère; vaincus à la fin, les Turcs se sont avancés sur l'occident, ont envahi la Bactriane, expulsant devant eux les Huns-Abares; de là, ils ont conquis la Perse et tout l'orient. Un petit reste de la nation primitive est resté dans l'orient sous le nom de Tunguses ou de Mandchous, mais ils semblent mélangés de sang mongolique. C'est par cette race que l'on peut expliquer les mots nombreux qui se trouvent communs aux langues germaniques et à celles des Mandchous, des Aïnos et des Kuriliens. Les Kirghis, qui parlent la langue turque, présentent déjà beaucoup de traits des Mogols dont nous allons parler.

11° Jusqu'ici nous avons vu des peuples se ressemblant tant par les langues que par les traits physiques, mais au milieu des peuples tartares on trouve la race mogole ou kalmouke, les Usbèques, etc. Les nations connues sous ces divers noms sont, à nos yeux, d'une laideur repoussante; ils sont trappus, ont les jambes arquées, les yeux petits et très inclinés, les cheveux noirs et raides, le nez très petit, les pommettes des joues saillantes et très peu de barbe.

12° Il en est de même des Chinois, mais leurs traits sont cependant plus adoucis et moins laids; leur langue est monosyllabique, très figurée et très pauvre; c'est une langue analogue. D'après leurs traditions, leur pays aurait été peuplé par le Shensi, la province la plus à l'ouest, par cent familles qui venaient de l'occident.

13° Les Japonais, les Aïnos, les Kursiliens qui par leur alliance avec les Mandchous offrent des traits moins laids, ont encore cependant beaucoup de traits des Chinois; ils avouent avoir reçu leur civilisation de ces derniers. Tous ces peuples ont généralement le teint très jaune, un peu cuivré; leurs langages sont souvent monosyllabiques; celui des Aïnos, des Kuriliens, des Mandchous est en parenté assez proche avec les divers idiômes américains. Toutes ces nations ont été confondues avec les Turcs et les Finois sous le nom commun de Tartares. Les mœurs étaient à peu près les

(1) Maltebrun, *Précis de la Géographie*, liv. 123.

(2) Danielo citant Ferdousi, *Hist. et Table de l'Univers*, vol. 4.

(1) Danielo, *id.*, tomes II et III.

mêmes ainsi que la religion. L'histoire nous les présentera souvent réunies sous les mêmes chefs, de là de nombreuses alliances, de là la confusion de ces diverses races sous un nom commun.

14e famille. Ce sera celle des peuples américains qui s'étendent sur tout le nouveau continent. Plus grands, moins trappus que les Mogols, ils sont plus trappus que les Européens ; comme les peuples mongoliques ils ont le nez petit, les pommettes des joues saillantes, les jambes arquées, les cheveux noirs, la peau cuivrée et fort peu de barbe. Ils n'en diffèrent qu'en ce que leurs traits sont fortement marqués, tandis que ceux des Kalmouks sont peu distincts. Les Américains parlent une multitude de langages qui, malgré leur diversité, présentent entre eux de grandes ressemblances ; ils forment de longs mots en les mêlant les uns avec les autres ; presque tous ont deux pronoms *nous*, l'un qui exclut la personne à qui l'on parle, l'autre qui l'admet, singularité qui se retrouve chez les peuples de l'Asie orientale. Dans tous ces idiômes, et jusqu'aux terres magellaniques, on retrouve une grande quantité de racines chinoises, mongoliques, tunguses et quelques-unes des langues tchoudes (1).

15e Quelques voyageurs font des Esquimaux et des Groënlandais, peuples frères de traits et de langages, une race différente des autres Américains. Si ce fait est prouvé, ce serait une quinzième variété qui ressemble beaucoup aux peuples dégénérés qui forment la branche des Tchoudes du nord, aux Lapons, aux Ostiakes, aux Samoïèdes, ce serait la race polaire de Buffon, probablement un mélange des races tchoudes et mongoles abruties par un froid excessif. Les langues les plus répandues de l'Amérique sont le veliche dans le Chili et la Patagonie, le guarani dans le centre, depuis le Pérou jusqu'au Brésil, le galibi dans la Guiane et jadis dans les Antilles, le sioux dans la Louisiane, mère langue du Pawnis et de l'Osage, l'algonkin dans le nord, mère du Huron et de l'Iroquois, du Kristinau, etc. Les nombreuses langues du plateau mexicain ont de grandes analogies avec les langues de la Californie et de la côte nord-ouest de l'Amérique ; mais la plupart de ces langues ont cessé de vivre, elles se sont éteintes devant l'Anglais et l'Espagnol.

16e Race malaye. Elle s'étend depuis l'extrémité des Indes jusqu'aux extrémités de l'Océan Pacifique. Ces peuples ont le teint rouge tirant sur le brun, les pommettes des joues saillantes, le nez plat, les membres bien proportionnés, les cheveux souvent noirs, parfois crépus, parfois lisses. Cette race se retrouve à Madagascar où elle est fortement mélangée de Caffre. Dans cette immense étendue le langage est à peu près le même et se divise en deux principaux dialectes : 1o celui des îles de la Sonde, des Malais musulmans, très mêlé de mots hindous et arabes ; 2o celui des Malais idolâtres et polynésiens, dans lequel se trouvent aussi quelques mots arabes (entre autres *matta* pour tuer). Dans presque toutes ces îles, les voyageurs ont trouvé deux races distinctes : les chefs, presque blancs, et les esclaves ou Towtows, presque noirs ; dans l'intérieur des îles Moluques, des Philippines, de Java, de Sumatra et de Bornéo on trouve de véritables nègres ; tout semble faire voir, dans cette race malaye, un mélange de nègres et d'Asiatiques.

17e Ces peuples nègres océaniens sont seuls dans la Nouvelle-Guinée, dans la Nouvelle-Hollande et dans les îles adjacentes ; ils sont faibles, ont les cheveux noirs, tantôt longs, tantôt crépus, les jambes longues et grêles. Leurs langues, très nombreuses, ne présentent que peu de mots, n'expriment que peu d'idées, c'est une race tout à fait abâtardie.

18e Les nègres d'Afrique forment la dix-huitième famille humaine, ils diffèrent par quelques traits des nègres polynésiens, et y ressemblent par beaucoup d'autres ; ils sont grands et forts, ont les jambes arquées, les cheveux crépus, les lèvres grosses et fort peu de barbe. Le nombre de leurs langages est infini, chaque peuplade ayant le sien et chaque nouveau règne de leurs nombreux tyrans amenant de nouveaux mots ; au milieu de cette confusion quelques idiômes sont cependant très répandus. La langue woloffe se parle dans presque toute la Sénégambie et la Nigritie ; elle s'étend depuis le Sahara jusqu'à l'équateur, depuis l'Océan Atlantique jusqu'à l'Abyssinie. C'est une langue analogue, riche et expressive, qui a quelques rapports grammaticaux avec l'hébreu ; chaque verbe y fait une racine qui se change en substantif au moyen de la double consonne *mb* ou *ng* si difficile à prononcer pour des Européens et qui se retrouve dans toutes les langues nègres (1).

19e famille. Au midi des nations nègres se trouvent les Hottentots, Betjouanas, Namaquas qui, sous un climat moins chaud, sont jaunes au lieu d'être noirs, ils ont toujours les principaux traits de la race nègre avec quelque mélange de celle des Chinois. Le langage de toutes ces peuplades offre quelques sons singuliers, quelques syllabes qui se prononcent en faisant claquer la langue au fond du gosier.

20e Au nord-est des Hottentots sont les Caffres, dont le teint est plus noir, mais dont les traits sont plus semblables aux nôtres ; leurs idiômes, peu connus, offrent beaucoup de mots arabes, mais qui sont peut-être nouveaux et introduits par le commerce avec les musulmans.

21e famille. Connus par les anciens sous le nom d'Ethiopiens, les Abyssins, dont le nom moderne veut dire peuple mélangé, ont les traits pareils à ceux des Hindous et des Arabes ; semblables aussi à ceux de la race européenne, ils n'en sont distingués que par leur teint d'un noir clair, comme celui des basses castes de l'Indoustan. Leur langage, presque pareil à l'arabe, présente cependant un bien plus grand nombre de racines sanscrites. La tradition des anciens, conservée principalement par Hérodotte, en fait une colonie d'Indiens ; rien ne s'oppose à ce fait ; au contraire, tout tend à faire voir dans ce peuple un triple mélange des races indiennes, arabes et africaines.

La partie de la terre qui nous reste à parcourir se réduit à l'Arabie et au nord de l'Afrique. Dans ce dernier pays deux races distinctes frappent les yeux de l'observateur : 1o la race barabra ou berbère, race esclave ou ilote, souvent errante et nomade, insoumise dans les montagnes et dans les déserts ; son teint est basané, ses traits rappellent souvent ceux des nègres, mais sont plus adoucis par un très antique mélange avec la race arabe et peut-être avec la race phénicienne ; 2o la race arabe pure. Les Maures proviennent du mélange de ces deux races. Les savants modernes comptent la race arabe pure parmi les peuples caucasiens.

22e Les Guanches, peuple éteint, faisaient probablement partie de la race berbère à laquelle se rapportent encore les Kabyles d'Algérie, les Touariks du désert et différentes autres tribus. Les Egyptiens antiques pourraient bien être un mélange de ce peuple africain primitif avec les Arabes, les Ethiopiens, et peut-être avec les Indous, ce qui pourrait expliquer les diverses castes qui partageaient ce pays. Les momies, qui présentent à nos yeux les hommes de ces temps antiques, sont presque toutes des castes supérieures, et offrent des traits pareils à ceux de la race blanche, à quelques légères différences près ; mais les dessins coloriés des Egyptiens, si bien conservés dans leurs hypogées et sur leurs autres monuments, nous représentent les gens des basses classes avec le nez écrasé, les cheveux noirs et crépus et le teint beaucoup plus foncé que celui de leurs chefs.

Comme tous les orientaux, ces peuples ont conservé leur généalogie et se disent fils de Cham ; ils reconnaissent Mesraïm, fils de Cham, pour leur fondateur, leur premier père ; ils reconnaissent Chus pour celui des Ethiopiens, et Chanaan pour celui des peuples maures et kabaïles. Le mahométisme a peut-être servi, chez eux, à retenir la tradition des livres saints des Hébreux et des Chrétiens ; mais il faut avouer que, même du temps où ils étaient encore idolâtres, la même tradition existait déjà. Les nègres du centre et de l'ouest de l'Afrique appellent encore l'Egypte Messara, comme les peuples arabes l'ont toujours appelée Mesraïm.

23e famille. Cette dernière famille qui nous reste à voir est donc celle des Arabes purs du mélange chamique. Issus de Tharé, père d'Abraham, de Jecthan et d'Ismaël, propres fils de ce même Abraham, quelques-uns d'Esaü, son petit-fils, ils ont conservé en partie leur généalogie, jusqu'à Mahomet. Les Ismaëlites faisaient une tribu distinguée des autres, et les tribus se conservent encore jusqu'à nos jours. Ces peuples arabes sont donc en parenté avec les Hébreux ; les traits physiques confirment la tradition, et la ressemblance des langues en est une nouvelle confirmation.

La langue hébraïque, l'une des plus anciennes connues, partage cet honneur avec les langues chinoises et sanscrites ; ces trois langues peuvent être appelées les mères de toutes les autres et peut-être étaient-elles sœurs, du moins, on retrouve entre elles

(1) Maltebrun, *Précis de la Géographie*.

(1) Voyez Dard. *Grammaire Woloffe*.

plus d'un trait de ressemblance, soit dans les racines, soit dans les formes grammaticales. L'hébreu est devenu langue morte lors de la captivité de Babylone. Le phénicien, le syriaque, l'arabe, l'éthiopien sont ses sœurs, ses filles ou ses alliées Les racines hébraïques se retrouvent, de plus, dans presque toutes les langues connues. C'était une langue analogue, sans déclinaisons, c'est à dire que des articles y marquent les divers cas au lieu d'un changement dans le mot.

On peut observer encore que la race hébraïque, répandue par toute la terre et qui ne s'allie jamais qu'entre elle, présente quelques dégénérations causées par le climat, tout en conservant cependant toujours son type primitif. Les juifs de la Pologne ont souvent les cheveux aussi blonds que ceux de la race germanique, ceux de Cochin dans l'Inde sont devenus noirs, ceux de la Chine ont adopté la prononciation des Chinois et pris quelques-uns de leurs traits

Telles sont les vingts-trois principales familles humaines dont les traits distinctifs sont pris à la fois des langues mères et des traits physiques. On peut voir que ce nombre peut être augmenté, quant aux langues, car, nous avons quelquefois grouppé ensemble plusieurs langues différentes quand les traits physiques étaient absolument les mêmes comme pour les nègres Polynésiens et Africains, pour les Américains et pour les habitants du Caucase. On pouvait aussi le diminuer sous ce rapport, car les Celtes, les Pélages, les Teutons, les Sclavons, les Persans, les Hindous et peut-être les Turcs et les Tchoudes peuvent être réunis, fait reconnu par plusieurs savans qui les appellent en masse les peuples Indo-Gothiques. Les Mogols, les Américains et les Malais forment une grande famille presque égale en nombre à la première. Les nègres d'Afrique et de Polynésie, les Hottentots, les Cafres et les Berbères, forment la troisième famille que les savants modernes appellent les peuples Hhamiques ou Chamiques, tandis que les Arabes, les Hébreux semblent, autant pour les traits physiques que pour le langage, former le point de départ de toutes ces races. L'encyclopédie du 19e siécle ne reconnaît aussi que trois races pures : la blanche ou Caucasienne, la jaune ou Mogole, la noir ou Hhamique, et trois races mêlées : les Américains, les Malais et les nègres Polynésiens. La science vient donc ici au secours de la tradition religieuse.

En vain l'on voudrait partir de ces faits pour établir trois espèces d'hommes ; elles sont confondues au point de départ, et leurs langages prouvent cette parenté. En effet, dans toutes il y a des mots communs : le Nègre appelle un jackal Ulv comme le Danois appelle un loup. Teo veut dire Dieu en mexicain comme en grec; Ya veut dire Oui, dans les dialectes Américains comme en Allemand ; le Chinois appelle un chien Kiuon comme le Grec Kiôn, etc. Il n'y a point de langue, d'idiôme, de patois dans lequel on ne retrouve un grand nombre de mots étrangers. Ce fait de l'identité des races humaines se trouve encore confirmé par les recherches du célèbre docteur Flourens. D'après un mémoire à l'académie des sciences lu en 1843, la peau des races blanches se compose de trois lames distinctes, le derme et les deux épidermes ; dans la peau des Kabyles, de l'Arabe, du Maure, variétés de la race blanche suivant les savants, il y a en outre, entre la 2e épiderme et le derme une membrane spéciale où se secrette un liquide coloré, le pigmentum. Cette membrane est très développée dans le Nègre et l'Américain. Dans la peau de l'homme blanc on voit en certaines circonstances la membrane pigmentaire offrir toute la structure de la peau des races colorées. Ce n'est donc pas, dit le docteur Flourens, la différence, mais l'analogie des races humaines qui doit frapper les esprits.

Je crois qu'il ne sera pas hors de propos de présenter ici sous un seul coup d'œil les différents systèmes des savants modernes sur ce sujet.

Buffon croit à l'identité de la race humaine en un seul genre, le genre humain ; il ne distingue que quelques variétés : la Polaire, la Mogole chinoise, la Malaye, la Nègre subdivisée en Caffre et Hottentote, et la variété Américaine.

Linné aussi n'admet qu'un genre, qu'une seule espèce qu'il divise en 5 variétés : 1° brune Américaine, 2° blanche Européenne, 3° jaune Asiatique, 4° noire Africaine, 5° monstrueuse.

Blumen Bach admet 5 variétés : 1° Caucasienne, 2° Mongolique, 3° Ethiopienne, 4° Américaine, 5° Malaye

Dumeril admet 5 variétés. 1° Caucasique, 2° Hyperboréenne, 3° Mogole, 4° Nègre, 5° Améric.

Cuvier admet 3 races distinctes. 1° blanche Caucas., 2° jaune Mongolique, 3° noire Éthiop

Système basé sur la forme du crâne, vu en dessus.

Crâne européen, mogol, nègre.

Virey, un genre, deux espèces et six races : 1° blanche, 2° basanée, 3° cuivrée. — IIe espèce : 4° brune, 5° noire, 6° noirâtre.

Système basé sur l'angle facial plus allongé dans le nègre. 80 Européens 70 Nègres.

Bory Saint-Vincent, 15 variétés : 1° Japetique, 2° Arabique, 3° Indoue, 4° Scythique, 5° Sinique, 6° Hyperboréenne, 7° Neptunienne, 8° Australienne, 9° Colombienne, 10 Américaine, 11° Patagone, 12 Éthiopienne; 13° Caffre, 14° Malaisienne, 15 Hottentote.

Maltebrun, 16 variétés : 1° Polaire, 2° Finoise, 3° Sclavonne, 4° Gothique, 5° Celtique, 6° Pélagique, 7° Arabe, 8° Tartaro mogole, 9° Indienne, 10° Malaise, 11° noire océanique, 12° basanée océanique, 13° Maure, 14° Nègre, 15° Caffre, 16° Américaine.

Dictionnaire pittoresque d'histoire naturelle, trois grandes divisions subdivisées. On peut les figurer ainsi.

1° RACE BLANCHE, subdivisée :

1° Arabe, 2° Hindoue, 3° Scythique, 4° Celtique, celle-ci subdivisée en *Pélagique* 4. *Celtique* 5. *Et Slavo teutonne* 6.

2° RACE JAUNE OLIVATRE, subdivisée :

1° Mogole : *Chinois* 7. *Mogoles* 8. *Hyperboréens* 9.
2° Malais : *Perses* 10. *Océaniens* 11.
3° Américains : *Patagons* 12. *Olivatres colombiens* 13. *Rouges cuivrés* 14.

3° RACE NOIRE OU ÉTHIOPIENNE, subdivisée :

1° Nègres purs, 2° Caffres, 3° Hottentots, 4° Papous. : *Australiens* 18. *Tasmaniens* 19. *Papous* 20.

CHAPITRE TROISIÈME. — APERÇU DE L'HISTOIRE GÉNÉRALE.

Ce n'est pas tout de connaître les lieux qu'habitent les diverses races de l'espèce humaine, il nous faut jeter un coup d'œil sur leur histoire qui nous expliquera leurs migrations, leurs alliances, leurs relations ; qui nous fera de plus voir la marche de la Providence dans l'accomplissement de ses desseins. Les monuments les plus anciens, les livres les plus vénérables, même sans les envisager sous le point de vue religieux, nous parlent de l'Égypte et de Babylone comme des pays les plus anciennement réunis en empires. Nous commencerons notre aperçu de l'histoire par ces peuples, laissant de côté la Chine trop isolée du mouvement général, et l'Inde, non moins antique, mais dont les traditions ne nous offrent aucunes dates certaines. Nous dirons un mot des traditions confuses des Persans, lorsque nous parlerons de cette nation célèbre. Les deux grands fleuves qui arrosaient l'Egypte et l'Assyrie ont dû contribuer à réunir sous un seul joug les peuples divers qui habitaient sur leurs rives. Leur histoire, perdue dans la nuit des temps, est fort obscure. Nemrod passe pour le premier fondateur de la monarchie assyrienne ; longtemps après lui, l'Écriture parle de Chodor Lohamor du temps d'Abraham, de Chusan du temps des Juges. Hérodote place à une époque à peu près pareille son Bélus fondateur, suivant lui, de cette monarchie ; Ninus, Sémiramis, Nynias n'ont laissé qu'un vague souvenir obscurci par des fables. La monarchie Egyptienne remonte à Menès fils de Mesraïm, c'est du moins le premier roi *homme* de son histoire ; on n'a rien de certain sur ses successeurs et sur les premières dynasties qui semblent s'être alors partagé l'Egypte divisée. Vers le temps d'Abraham, l'Égypte fut conquise par des pasteurs que l'on a cru Arabes, que l'on croit à présent des palis ou pasteurs indous expulsés, que les monuments Egyptiens représentent comme un des peuples blonds du nord. Ces pasteurs furent expulsés par Thetmosis qui fonda une nouvelle dynastie 19 siècles environ avant l'ère chrétienne. L'Egypte réunie en un seul gouvernement sous ses successeurs commence à vivre par ses monuments, par s'affermir à l'intérieur ; puis Sésostris le premier étend sa domination, s'empare de l'Ethiopie, des Indes qu'il parcourt en vainqueur, (1) de la Bactriane alors le centre de la monarchie persane, puis revient par la Scythie, par l'Asie mineure. Son empire qui ne dura que le temps de sa vie fut plutôt une expédition militaire. C'est par cette conquête que plusieurs savants modernes ont expliqué les rapports étonnants de l'Inde et de l'Egypte ; d'autres plus modernes croient à présent que la civilisation Indienne est venu en Egypte par l'Ethiopie. Quoiqu'il en puisse être de ces deux opinions, cette origine commune peut avoir facilité la conquête de l'Inde par Sésostris ; ce roi, maître de l'une des routes de l'Inde, peut avoir voulu de plus s'assurer de celle de l'Oxus et du Tanaïs. C'est aussi à cette époque que l'on peut fixer le commencement des premières colonies égyptiennes dans la Grèce (1500 avant J.-C.)

(1) Hérodotte. *Euterpe*, ch. 104.

Les Tyriens ou Phéniciens viennent ensuite. Alliés par la religion, les mœurs, la langue, aux Assyriens, ils ont peuplé le nord de l'Afrique, fondé Carthage, étendu leur empire par le commerce sur l'Espagne, les îles de la Méditerranée, les côtes des Gaules et de la grande Bretagne et même sur celles occidentales de l'Afrique, peut-être jusqu'au Sénégal. Entre ces trois peuples primitifs, la petite nation des Hébreux s'était accrue considérablement sous David et surtout sous son fils Salomon. Maîtresse sous ce dernier de quelques ports sur la mer Rouge, des rives de l'Euphrate vers Palmyre, elle entreprenait le voyage de l'Inde ou de la côte orientale d'Afrique, pays connus sous le nom d'Ophir.

L'empire assyrien vit ses princes se livrer au luxe, au despotisme ; les provinces éloignées se révoltèrent ; sous Sardanapale, ce vaste état périt par la division ; on vit alors s'élever les royaumes de Ninive, de Babylone, de Médie, de Lydie. Ninive conquit Babylone sous Asar Haddin, et sous les Nabuchodonosors les royaumes d'Israël et de Juda y furent encore réunis. Le roi des Médes s'allia avec celui des Perses, et sous le commandement de Cyrus, la Lydie, Babylone tombèrent sous leurs coups. Les Grecs se trouvèrent ainsi en contact avec les grandes monarchies de l'Orient.

Les traditions des Perses contenues dans leurs livres saints et dans d'autres ouvrages moins antiques se rapportent beaucoup à celles des Chinois et à celles des autres peuples de l'antique orient (1). Kaio-Mors, son fils Honchong, Tahamor, Djemschid son fils qui est connu sous le nom d'Iskender Dua-Karnaïn, ou aux deux cornes, sont les premiers rois de ces chroniques. Zohâch, roi d'Assyrie, vainquit, dit-on, Djemschid, le chassa dans le Katay et introduisit l'idolâtrie. Feridoun, fils de Djemschid, vainquit Zohâch à son tour et partagea son empire entre ses trois fils, donnant l'occident à Selm, la Tartarie à Tour, et la Perse à Erij ou Iran. Après ces rois la tradition se tait jusqu'à Kosrou ou Cyrus à qui elle donne pour aïeul Afraziab, roi de la Chine du nord, puis elle parle de Gusthasp et de son fils Darius. Ces traditions fabuleuses mais qui ont un fondement de vérité, sont précieuses par les anciens rapports qu'elles présentent avec la Chine qui, sous d'autres noms, conserve aussi les mêmes traditions.

Cyrus se contenta d'influer sur l'Egypte alors en décadence : Cambyse son fils la conquit lorsqu'il fut devenu roi ; il fut un vé-

(1) Danielo, *Hist. et ind.* T. IV.

ritable despote oriental et mourut après un règne fort court, au retour de son expédition malheureuse en Ethiopie. Le règne aussi court du mage Smerdis, l'avènement au trône de Darius fils d'Hystaspe me semblent des évènements mal appréciés par les historiens grecs, ainsi que le massacre des mages; je crois y voir un changement de religion; c'est l'époque de Zoroastre, du Zendavestan, copie des livres saints des juifs mélangés avec les weddas des Indiens. Darius était le bras, Zoroastre la tête, le prophète; la religion des Mèdes s'est fondée de la même sorte que celle de Mahomet. Darius est, à vrai dire, le successeur de Cyrus. Après une minorité orageuse, il continua ses vues législatrices et augmenta ses conquêtes; il influa sur l'Inde comme Cyrus avait influé sur l'Égypte; il passa les détroits qui le séparaient de l'Europe, sans être arrêté par l'Hémus et le Danube; il soumit les Thraces, les pays qui sont à présent la Valachie, la Moldavie, et devint encore par là voisin des peuples Scythes qui déjà bornaient son empire au nord de l'Asie. Il s'avança dans leurs pays soit pour punir leurs incursions, soit pour réunir davantage ses états d'Europe à ceux d'Asie; mais son expédition ne fut pas heureuse, jamais ces peuples n'ont pu être conquis que par des peuples nomades comme eux. Darius attaqua les Grecs par son lieutenant Mardonius et ne fut pas plus heureux contre les peuples civilisés que contre les hordes nomades.

Xerxès fut encore moins heureux que son père: son armée d'esclaves recula devant des hommes libres; un pays pauvre et montueux ne put nourrir ces masses énormes, sa marine ne put résister à celle des Grecs, il fut honteusement vaincu. Les Grecs d'Asie participèrent à la liberté de ceux d'Europe. Bientôt après ils influèrent sur la famille royale de Perse, se mêlèrent à leurs divisions, à leurs révolutions de palais, surtout lors de l'expédition des dix mille; le prestige s'évanouit et l'on put prévoir Alexandre.

Philippe, son père, avait fait passer la Grèce sous son joug, autant par son or et ses intrigues que par ses armes; Alexandre s'avança au secours des Grecs d'Asie, vainquit Darius Codoman à Issus, parcourut l'Egypte et la Syrie plutôt en libérateur qu'en conquérant vainqueur. Ces pays, opprimés par la conquête persane, avaient souvent tenté de se révolter et avaient déjà de grands rapports avec la Grèce Darius est attaqué de nouveau et vaincu à Arbelles. La Perse fut bientôt soumise, car l'Orient, accoutumé à l'obéissance passive, cède rapidement à un conquérant. Alexandre s'avança dans la Bactriane, y fonda des colonies grecques, et pénétra dans l'Inde par la voie que lui avaient tracée les conquérants des temps fabuleux. Les rives de l'Indus, de l'Hydaspe lui furent soumises, mais il ne s'avança pas jusqu'au Gange. Néarque ramena sa flotte depuis les bouches de l'Indus jusqu'à celles de l'Euphrate. L'art de la navigation était tellement tombé qu'il ne vint pas à l'idée d'Alexandre de faire suivre les côtes d'Arabie à une partie de sa flotte pour unir plus intimement ses possessions de l'Inde à celles de l'Egypte, ou bien sa mort prématurée a pu l'empêcher de compléter ces grands projets.

La mort d'Alexandre occasionna de grandes guerres civiles entre ses généraux. Les nationalités diverses, écrasées un moment; se réveillèrent. La Grèce se révolta contre les Macédoniens; l'Egypte, la Syrie, le Pont, la Macédoine formèrent bientôt de nouveaux royaumes. La Bactriane, la Perse conquises par les Parthes s'affranchirent du joug des rois de Syrie. La Bactriane isolée dans l'orient, resta quelque temps soumise à des princes Grecs, puis à des princes Indiens; c'est peut-être par ce pays que la Chine a renouvelé sa vieille civilisation, du moins l'époque de la Bactriane grecque répond-elle au règne de Xihoang-ti, le premier des princes chinois qui ait dominé despotiquement sur tout cet empire après avoir aboli tous les petits princes vassaux. Avant lui les empereurs de ce pays n'avaient qu'un faible pouvoir plutôt religieux que politique. Le midi était séparé du Katay presque toujours en proie aux Tartares. Ce despote protégea son empire par la grande muraille qu'il fit construire au nord, et étendit son influence sur l'Inde et sur Ceylan où il parait avoir soutenu les Bouddhistes contre les Bhramènes.

Peu de temps après la mort d'Alexandre, un autre prince du nord de la Grèce porta ses conquêtes du côté de l'occident. Pyrrhus semble avoir voulu se servir des colonies grecques de l'Italie, de la Sicile et peut-être de celles des Gaules, comme Alexandre s'était servi de celles de l'Asie et de la Lybie. Mais au lieu d'une civilisation affaiblie, corrompue par le luxe et le despotisme, Pyrrhus se trouva en face d'une civilisation naissante; au lieu du despotisme il trouva les républiques Romaine et Carthaginoise, il fut vaincu, puis à la fin tué dans ses expéditions ambitieuses sur la Grèce.

Les Romains étaient devenus puissants en Italie surtout depuis qu'ayant expulsé leurs rois, ils s'étaient constitués en république. Ils avaient à la longue réduit leurs voisins, avaient résisté à l'invasion Gauloise; ils se rencontrèrent bientôt avec les Carthaginois, colons de Tyr, maîtres de l'Espagne et des îles de la Méditerranée. Les guerres puniques résultèrent du conflit de ces deux peuples; les Gaules encore barbares furent traversées par les armées d'Annibal; Rome, encore au berceau, fut près de sa fin, mais grâce aux Scipions, aux Paul Émile, Carthage fut enfin vaincue et l'empire de son émule s'étendit sur tout l'Occident. Annibal en cédant se retira dans l'Orient, chez les successeurs d'Alexandre, suscitant partout des ennemis aux Romains. Bientôt la Macédoine fut conquise, puis la Bythinie, la Syrie, le Pont, malgré la longue résistance de Mithridate; enfin l'Égypte et la Judée. César envoyé dans l'Occident pour protéger la province romaine contre les invasions du Nord qui commençaient, s'allia avec la république des Éduens, la soutint contre les autres républiques gauloises et finit par les asservir les unes par les autres; elles voulurent se révolter contre leur nouveau maître, il les écrasa au siége d'Alise. La Grande-Bretagne fut conquise peu après, ainsi que la Germanie jusqu'au Rhin et au Danube.

Les possessions des Romains d'alors s'étendaient tout autour de la Méditerranée. L'Océan à l'Ouest, les déserts de l'Afrique et de l'Arabie au Midi, l'Euphrate au Levant et les forêts de la Germanie au Nord étaient les bornes de leur domination, ainsi que de leurs connaissances. Un si vaste état ne pouvait subsister en république, ne pouvait plus avoir de consuls annuels; il s'éleva des dictateurs, des triumvirs, des guerres civiles, des proscriptions. Enfin Octave, neveu de César, parvint à réduire son rival à Actium et prit le nom d'empereur.

L'empire romain dura plus de quatre siècles. Tibère succéda à Auguste (Octave) et fut un tyran, Néron aussi et de plus persécuteur des chrétiens. Peu d'histoires présentent un despotisme plus atroce que celui qui opprima le monde à cette époque. Les règnes de Titus, de Trajan, d'Adrien, de Marc-Aurèle y firent cependant une glorieuse exception. Les Romains n'avaient pour ennemis et pour voisins que des peuples barbares, excepté à l'Orient où les Parthes régnaient sur la Perse depuis l'an 250 avant Jésus-Christ. Trajan parvint à dominer cet empire. Il porta les armes romaines jusque vers les Indes et ajouta quelques provinces à l'empire au nord du Danube. Bientôt les armées romaines s'arrogèrent le droit de nommer les empereurs. L'Empire se divisa, se réunit quelquefois, se divisa de nouveau et commença à se voir attaqué par les Barbares du Nord. Constantin ayant réuni tout l'empire, devint chrétien et fonda Constantinople pour être plus à portée des états des Parthes qui avaient repris de la force sous une nouvelle dynastie (les Sassanides). L'empire romain, déjà déchu, sembla reprendre une nouvelle vie, mais l'arien Constance, fils de Constantin, fut un vrai despote asiatique. Julien tenta de renouveler le paganisme expirant. Après son règne et celui encore plus court de Jovien eut lieu la division de l'empire sous Valentinien et Valens, son frère; division causée par les deux capitales, par les deux langues dominantes, la grecque et la latine, mais surtout par les mœurs orientales, différentes de tout temps de celles de l'Occident. Théodose, le plus grand prince de ces temps, réunit encore une fois les deux parties de l'empire romain; puis sous ses fils on vit commencer la grande invasion dont celle des Cimbres n'avait été que le prélude. En 409, les Vandales unis aux Suèves et aux Alains, en 412 les Visigoths, en 413 les Bourguignons, les Francs en 420, tous peuples poussés sur l'Empire par les ravages d'une horde plus barbare encore. C'étaient les terribles Huns. Attila, leur chef, après avoir fait périr Blida son frère, après avoir imposé un tribut à l'empire vaste mais faible de la Chine, se tourna du côté de l'Occident. Depuis l'an 441 jusqu'en 452 on vit en Europe les plus sanglants ravages. Attila fut défait dans les plaines de Châlons par les Francs et les Goths unis aux Romains; puis après avoir ravagé l'Italie, il trouva la mort en Pannonie, au milieu des festins.

Les nouveaux peuples qui se divisaient l'Occident purent alors se former; ils adoptèrent la religion chrétienne, cherchant à imiter la civilisation romaine. Plus barbares que les Romains, ils avaient cependant plus d'honneur et de moralité. L'histoire de ces temps est à peu près la même pour tout l'Occident. Les royaumes des Goths en Espagne, des Francs dans les Gaules, les sept royaumes des Saxons en Angleterre nous présentent les mêmes traits; une vieille civilisation luttant contre la barbarie de la conquête, et celle-ci, déjà adoucie par la religion, cherchant à se régler par des lois. Clovis, Théodoric brillèrent autant comme législateurs que comme conquérants. L'empire d'Orient échappa aux Barbares, mais si les peuples du Nord ne s'y établirent pas, plusieurs chefs goths y régnaient par le fait et déposaient à leur gré les empereurs.

Genséric, roi des Vandales, s'était établi dans le nord de l'Afrique, depuis Carthage, sa nouvelle capitale; il avait repris Rome et le sud de l'Italie, mais bientôt sa nation s'amollit par le luxe et les mauvaises mœurs. Justinien, empereur d'Orient, régna avec gloire; sous lui, par ses généraux Narsès et Bélisaire, l'Afrique fut reprise sur les Vandales, l'Italie fut délivrée et réunie à l'empire d'Orient, tandis que du côté de l'Orient les frontières romaines arrivaient jusqu'à la mer Caspienne.

Après Justinien on put prévoir la décadence du nouvel empire romain; de nouveaux barbares paraissent, les Abares, les Bulgares et les Turcs qui les poussaient sur l'Europe; mais c'était surtout au sud, dans les déserts de l'Arabie, qu'était son véritable ennemi.

Mahomet parut (622). Il détruisit la civilisation romaine dans les pays qui avaient échappé à la colère d'Attila, il renouvella Zoroastre. Ses généraux, Omar, Abou-Bèkre, Ukba, etc., étendirent l'islamisme par leurs armes. L'Arabie entière, bientôt soumise au conquérant et à sa nouvelle religion, déborde sur le monde: la Syrie, la Perse, l'Egypte, l'Afrique du nord, déjà arabes de race et de langage, tous ces états sont envahis. En 712, l'Espagne est conquise, la France est attaquée; en même temps la Bactrianne, cette antique colonie grecque, est enlevée aux empereurs chinois, et le nord de l'Inde est ajouté à l'empire des successeurs de Mahomet, de ses califes ou vicaires.

Comme l'empire romain, l'empire arabe subit la division. Les califes Ommiades eurent l'occident et furent bientôt réduits à l'Espagne. Les Abassides eurent l'orient.

L'invasion musulmane fut arrêtée en France, dès l'an 737, par la bravoure et les talents de Charles, surnommé Martel. Sous ce prince et sous ses successeurs, le royaume des Francs devient grand et fort, tandis que l'empire d'Orient, réduit à la Grèce et à une petite partie de l'Italie, voyait commencer sa décadence sous le mauvais gouvernement des empereurs iconoclastes. A la fin du huitième siècle, Charlemagne, petit-fils de Charles-Martel, déjà maître des Gaules et de la Germanie, réunit à son empire l'Italie et ses îles, arrachées aux Arabes, ainsi qu'une partie de l'Espagne. La nouvelle invasion des Saxons est arrêtée; la limite de l'empire des Francs atteint la Baltique. Les petits états Sclavons, la Bohême, la Moravie, la Pologne, la Croatie se reconnaissent tributaires de Charles devenu empereur. Les Romains ne font plus qu'un seul peuple avec les barbares, le nouvel empire d'Occident est fondé.

Cet empire ne subsista pas longtemps; les faibles successeurs de Charles ne purent résister aux Normands qui envahirent la France, aux Abares ou Hongrois qui envahirent l'Allemagne; les grands vassaux devinrent héréditaires; les peuples teutons se séparaient des peuples latins, et le dixième siècle n'offre plus qu'une division, qu'une anarchie extrême.

919. Cependant, l'Allemagne s'unit contre les Hongrois et prend pour chef Henri-l'Oiseleur, descendant de Vitikind. Ses successeurs, les Othon, héritent de la Bourgogne, maîtresse alors du nord de l'Italie. La France se forme aussi. Robert de Paris résiste aux Normands, ses fils sont ducs de France, puis rois élus et enfin rois héréditaires sous Hugues-Capet, son petit-fils, duc de France, de Bourgogne et d'Orléans. Les autres grands vassaux le reconnaissent pour chef et la vraie dynastie française va commencer.

Le siècle suivant vit les conquêtes des Normands, devenus chrétiens et civilisés. Guillaume, leur duc, devient maître de l'Angleterre. Le midi de l'Italie, déjà presque tout au pouvoir des Arabes aglabites qui l'avaient enlevé à l'empire d'Orient, est arraché aux ravisseurs, ainsi que la Sicile, par de hardis chevaliers : Tancrède de Hauteville, Robert Guiscard et ses douze fils. Le fils du duc de Bourgogne s'empare alors, sur les Maures, du royaume de Portugal. Les successeurs de Pélage, des rois goths de l'Espagne, font reculer les mahométans. Les nouveaux royaumes de Navarre, de Léon, de Castille, d'Aragon sont fondés au midi. La Suède, le Danemark, la Bohême, la Hongrie, la Pologne se forment en royaumes et deviennent chrétiens sous la protection de l'empire d'Allemagne.

Cependant, les Arabes déclinent; mais de nouvelles nations rendent de la force aux musulmans : les Maures almoravides, en Afrique, s'emparent de nouveau de l'Espagne et reprennent les conquêtes du Cid; les Turcs seljioucides font trembler l'Asie et l'empire grec, la chrétienté comprend le danger et les croisades vont commencer. L'empire d'Orient, dominé par les aventuriers normands, comme jadis par les aventuriers goths, est traversé par de nombreuses armées de l'occident. Antioche, Edesse, Jérusalem sont enlevés aux Seljioucides et forment de nouveaux états chrétiens; les Almoravides sont arrêtés en Espagne aux Navas de Tolosa. De nouvelles tribus arabes, conduites par les califes ayoubites, par le célèbre Saladin, font reculer les chrétiens d'orient. L'occident s'arme de nouveau, s'empare, en passant, de Constantinople où les croisés fondent un empire latin. Les Francs ne purent supporter dans l'orient, la double tâche de conquérants et de fondateurs; l'empire de Charles était divisé, la rivalité de l'Angleterre et de la France commençait; l'Italie cherchait à secouer la dure domination de l'Allemagne et voyait se former de nouvelles républiques à l'instar de Venise qui, grâce à sa situation entre les empires d'Orient et d'Occident, avait conservé un reste de la vieille liberté romaine. La querelle des empereurs et des papes contribua beaucoup à la liberté de l'Italie.

A la fin du douzième siècle et au commencement du treizième, un chef d'une horde mongolique, Genghis-Khan, avait fait la conquête du puissant empire de la Chine, d'une grande partie des Indes, de la Perse, et avait réduit les princes russes, descendants d'un prince scandinave nommé Rurik, à se reconnaître ses vassaux. A sa mort son empire fut partagé entre ses fils, mais sa force subsista par leur union, Koublaï-Khan, maître de la Chine, ayant toujours une certaine suprématie sur ses frères. Octaï, l'un d'eux, ravagea la Hongrie, la Pologne, et ne fut arrêté que par l'Allemagne, dans la Bohême et la Silésie. Comme l'invasion des Huns avait poussé sur l'Europe la race gothique, celle des Mogols poussa devant elle de nouvelles hordes turques; l'Europe se fortifia au nord en s'emparant du pays des Prussiens et de la Livonie par le moyen des ordres militaires et religieux des Porte-Glaives et des chevaliers teutoniques. Les Turcs ottomans s'avancèrent dans l'Asie-Mineure, en chassèrent les chrétiens francs, rendirent esclaves les chrétiens grecs, et bientôt attaquèrent les faibles restes de l'empire d'Orient pendant que l'ouest de l'Europe assistait à la lutte acharnée de la France et de l'Angleterre.

A la fin du quatorzième siècle et au commencement du quinzième, un nouveau prince tartare, peut-être successeur de Genghis, recommença sa carrière de conquête. Timur ou Tamerlan, maître du pays situé entre la mer Caspienne et les monts Belours, entreprit la conquête de la Perse; celle de l'Inde la suivit bientôt (1401). De là, Timur s'avance sur l'Asie-Mineure et arrête un moment la conquête des Ottomans, il se fait reconnaître suzerain par le soudan d'Egypte, successeur des califes fatimites et de Saladin, retourne à Samarkand, sa capitale, où il mourut, à la tête de deux millions de soldats, se préparant à la conquête de la Chine.

Amurath, sultan des Turcs, reprit en Europe les conquêtes de son aïeul Bajazet; il y trouva deux vaillants ennemis, Castriot ou Scanderbey, en Albanie, et Huniade ou Jean Corvin, en Hongrie. Ces deux héros défendirent avec courage l'Europe et la chrétienté contre cette troisième attaque mahométane, mais ne songèrent pas à défendre le vieil et décrépit empire d'Orient, réduit à l'enceinte de sa ville, et qui tomba sous les coups de Mahomet II en 1453.

Voici donc un nouvel empire d'Orient fondé, un empire antichrétien. Retournons à l'occident où nous verrons la naissance d'un nouvel empire, défenseur du christianisme.

En Espagne, les royaumes de Léon et de Castille, après avoir été quelque temps séparés, s'étaient réunis depuis longtemps, et avaient repris journellement des villes et des provinces sur les Maures. Le royaume d'Aragon avait imité leur exemple; enfin, l'alliance de Ferdinand, son roi, avec Isabelle de Castille, avait permis à l'Espagne, à la fin réunie, de chasser les musulmans hors de l'Europe, presqu'en même temps qu'ils s'y introduisaient à l'orient (1469).

En Allemagne, ce pays fatigué d'une longue et terrible anarchie, avait vu l'élection de Rodolphe de Hapsbourg y mettre à la fin un terme. La maison de Luxembourg avait ensuite affermi l'empire en y réunissant la Bohême, l'avait réglé par la bulle d'or; il retourna en 1438 à la maison de Hapsbourg avec la Bohême augmentée de presque toute la Hongrie. Maximilien fut le plus heureux des successeurs de Rodolphe, il réussit à soumettre l'orgueil et l'indiscipline de ses grands vassaux, de sa chevalerie; un mariage avec la fille du dernier duc de Bourgogne lui donna la Flandre, l'Artois, la Franche-Comté. Son fils Philippe épousa la fille et l'héritière de Ferdinand et d'Isabelle; Charles-Quint, son fils, se trouva, de la sorte, héritier de l'Espagne, de l'Allemagne, des Pays-Bas et d'une grande partie de l'Italie. L'Amérique, découverte depuis quelques années, se peuplait rapidement et lui fournissait l'argent et l'or de ses mines inépuisables; un nouveau chemin pour aller aux Indes, donne ce superbe pays à un prince européen, son allié, et les mahométans, qui l'attaquaient dans la Hongrie, sont tournés et attaqués par les Portugais sur la mer Rouge et dans l'Océan Indien. Pendant ce temps, un nouvel empire qui commence dans le nord, la Russie, fait reculer les Tartares; il s'avance en Asie. L'histoire devient générale, nous entrons dans le monde actuel.

XVIe siècle. L'Italie est arrachée aux Français qui y dominaient depuis la querelle des papes et des empereurs, et qui s'en étaient emparés après avoir été vainqueurs des Anglais. La Turquie trouve la limite de ses conquêtes sous le fils de Charles-Quint, Philippe II. Ce prince fut encore plus puissant que son père, bien que l'Allemagne avec la Bohême et la Hongrie aient passé à son oncle; car il hérita du Portugal. Alors maître des Indes et de la côte d'Afrique, il épousa la reine d'Angleterre, Marie, mais la Hollande se révolta contre lui et lui enleva une grande partie des Indes.

L'Angleterre, après avoir renoncé à ses conquêtes sur la France, après avoir été troublée par la guerre des deux maisons d'York et de Lancastre, le fut encore plus par la réforme. Marie avait voulu rétablir la religion catholique (1553); Elisabeth défit la flotte espagnole, la Grand-Armada (1558); elle établit des colonies en Amérique, et commença à disputer le nouveau monde à l'Espagne ainsi que le commerce aux Hollandais et que l'empire des mers à ces deux nations.

La France fut aussi troublée par la réforme, puis par les intrigues de Philippe II dont les états l'entouraient; mais lorsque Henri IV fut à la fin vainqueur de la ligue, elle devint forte, influa sur l'Allemagne sous Louis XIII par l'habileté de Richelieu et l'alliance avec le célèbre roi de Suède, Gustave-Adolphe, protecteur des princes allemands. Sous Louis XIV elle vit l'orgueil des Hollandais abattu, l'Angleterre devenue sa fidèle alliée sous les Stuarts rétablis; elle étendit ses colonies en Amérique à la faveur de la guerre contre les Espagnols de la maison d'Autriche, et enfin, elle vit l'Espagne, si longtemps sa rivale, lui demander un roi de sa famille. Louis XIV fit régner la France sur l'Europe et sur le monde, tout à la fois, par les armes, les lettres, les sciences et les arts.

A la fin de son règne, l'Angleterre expulsa les Stuarts par une nouvelle révolution (1688), moins terrible que celle qui avait renversé Charles Ier trente-deux ans auparavant et qui avait élevé Cromwell au pouvoir.

XVIIe siècle. Un nouvel empire, presqu'inconnu jusqu'alors à l'occident de l'Europe, s'était formé à l'écart dans le nord. Les deux Ivan, Basile, Boris-Godinow, les Romanow avaient expulsé les Tartares avec autant de persévérance que les Espagnols avaient mis à expulser les Arabes. La conquête de la Sibérie se faisait presqu'en même temps que celle de l'Amérique. Les relations commencent avec l'Europe occidentale. Pierre le Grand civilise sa nation; les Turcs, les Persans reculent devant lui; il se trouve voisin de l'empire chinois. Déjà vainqueur des Suédois, il leur arrache les provinces livoniennes sur les bords de la Baltique; il y fonde Saint-Pétersbourg, sa nouvelle capitale, plus à portée de dominer l'Europe que l'antique Moscou.

Les successeurs de Pierre le Grand continuent son ouvrage, commencent à dominer sur la Pologne, sur l'Allemagne, à étendre leur influence sur les chrétiens orientaux, sujets de la Turquie. Catherine II partage la Pologne dont elle prend plus de la moitié; la Crimée est enlevé aux Tartares, descendus de Genghis et vassaux de la Porte-Ottomane. Alexandre, vainqueur de Napoléon, joint à son empire presque toute la Pologne, s'étend au-delà du Caucase, enlève la Finlande aux Suédois. La Russie pèse puissamment sur l'Europe et sur l'Asie tout à la fois.

Pendant le dix-septième siècle, l'empire d'Allemagne achevait de se diviser. Un nouveau royaume s'y éleva lors de la puissance des rois de Prusse. Le grand Frédéric surtout, aidé par l'Angleterre, secondé par les princes protestants, sut résister avec talent, vaillance et bonheur, au reste de l'Europe réuni contre lui.

L'Angleterre étend son commerce et remplace celui des Hollandais; elle devient maîtresse des mers. Si elle perd ses colonies d'Amérique, elle en forme de nouvelles dans l'Océanique, s'empare des Indes en payant une pension aux successeurs dégénérés de Timur, et devient aussi limitrophe de la Chine.

La France, troublée à son tour par une terrible révolution, donne le sceptre à Napoléon qui, après avoir conquis l'Egypte, réunit l'Italie et l'Allemagne à son empire; il règne sur les rois, donne des royaumes à ses frères, à ses généraux, et voit finir ses conquêtes et sa gloire dans les déserts glacés de la Russie et dans les flammes de Moscou.

TABLEAU XIe.

CHAPITRE QUATRIÈME. — GOUVERNEMENTS.

Examinons à présent la civilisation et le gouvernement des pays dont nous avons vu les habitants et l'histoire. Les Assyriens, les Egyptiens, les Hindous et les Chinois sont, d'après l'histoire, les peuples les plus anciennement connus ; ce sont aussi les plus anciennement civilisés ; chez eux on ne connaît pas le commencement des arts utiles. Ils avaient de grandes connaissances en astronomie, connaissaient les lettres et se livraient à l'étude des mathématiques. Le gouvernement des Assyriens était despotique ; leurs souverains se cachaient au fond de leurs *sérails*, vivaient dans les festins et les plaisirs, avaient fini par ne plus aller à la guerre ou bien n'y allaient qu'avec un faste embarrassant, se fiant des soins du gouvernement sur un premier ministre, on pourrait dire un visir : chef qui faisait trembler les grands et le peuple sous lui, et qui tremblait à son tour devant son despote. Nous verrons cette forme de gouvernement régner dans toute l'Asie et s'y continuer jusqu'à nos jours. Babylone fut donc fondée sur les bords de l'Euphrate, Ninive sur ceux du Tigre : villes superbes, bâties sur des plans réguliers, couvertes de temples et de palais superbes, défendues par des murailles imprenables, monuments qui, sans doute, ne furent pas l'ouvrage d'un seul règne, mais qui prouvent la puissance des rois de ce pays, tout en faisant voir qu'ils laissaient le reste du pays abandonné. Aussi, lorsque ces villes tombèrent au pouvoir des vainqueurs, il ne resta plus de ces états que les murs de ces villes et quelques récits vagues des auteurs anciens.

L'Egypte nous est mieux connue : ses monuments subsistent encore presqu'intacts. On voit dans leurs peintures tous les détails de leur vie privée. On voit leurs statues, leurs temples, leurs tombeaux et même leurs corps qu'ils ont su préserver de la destruction. Malheureusement, leur écriture et leur langue ne nous sont pas encore bien connus, malgré les découvertes de Champellion. On a cru longtemps que leur écriture représentait des idées au lieu de sons, ainsi que celle des Chinois ; les nouvelles découvertes ont prouvé qu'ils avaient une écriture alphabétique et même ils en semblent les inventeurs. Suivant l'opinion la plus probable, ils auraient d'abord eu quelques signes d'objets physiques, puis les auraient pris comme des sortes de rébus pour arriver à l'écriture alphabétique ou phonétique. Ils avaient plusieurs sortes d'écriture : l'une cursive, pour le peuple, l'autre monumentale et religieuse. Les Egyptiens avaient quelques connaissances assez exactes sur l'astronomie, ils connaissaient les divers alliages des métaux, les sciences mathématiques ; mais ces sciences, réservées à la caste sacerdotale, servaient à sa domination plus qu'au bien-être du peuple. Ils étaient divisés en diverses castes : 1o la sacerdotale ; 2o la guerrière ; 3o les diverses castes d'artisans, de laboureurs, de pasteurs, chacun suivant la profession de son père ; probablement, c'était là une des causes de l'étonnante perfection des objets qui nous restent de ce peuple et du peu de progrès qu'il a fait dans les beaux-arts, les formes de leurs peintures, de leurs statues étant les mêmes sous les Ptolémée que sous les Sésostris et les Pharaons.

Le despotisme était moins absolu en Egypte qu'en Assyrie ; les rois, soumis aux lois, étaient jugés après leur mort et même parfois privés de sépulture s'ils avaient été injustes ; on peut penser que c'est à l'institution des castes qu'ils ont dû ce despotisme plus tempéré. Les Egyptiens avaient quelques esclaves, mais c'étaient des étrangers achetés dans les pays voisins ou pris dans des expéditions militaires, des sortes d'ilotes, car la loi des castes ne permettait pas de réduire en esclavage les vrais Egyptiens.

L'Inde nous présente une sorte de civilisation qui a beaucoup de rapport avec celle des Egyptiens : comme eux ils sont divisés en castes ; il y en a quatre principales : 1o les Brahmines, qui forment la caste religieuse et lettrée ; 2o les Kchatrias, caste militaire ; 3o les Choudres ou artisans, subdivisés en sous-castes ; 4o les Washias ou agriculteurs. Ceux d'entre eux qui se livrent au commerce sont appelés Banians ; puis, quelques gens hors caste, des jongleurs, des vagabonds, des sortes de sauvages, d'outlaws, entre autres les Pariahs, classe si avilie, qu'on les chasse des villes ou qu'on ne les tolère que pour exercer les métiers les plus vils. Ce peuple a eu autrefois des connaissances en astronomie, en philosophie, en littérature ; nous en parlerons à l'article de leur religion, en parlant de leurs célèbres livres sacrés.

Les Indous avaient aussi des temples superbes, dont on retrouve encore quelques restes, moins beaux, moins réguliers, cependant, que ceux des Egyptiens avec lesquels ils ont de nombreux rapports. A présent, leurs sciences sont oubliées en partie depuis leur conquête par les mahométans et surtout depuis leur conquête par les Européens qui y introduisirent la civilisation de l'occident.

A l'orient de l'Asie, les Chinois, isolés par leur situation, se vantent de leur haute antiquité, surtout quelques sectes qui ont tiré leurs traditions des Indous ou bien qui ont altéré les traditions communes à tous les peuples sur les dix générations écoulées avant le déluge. La partie certaine, à peu près, de l'histoire chinoise, celle qui se trouve dans ses livres historiques, remonte à Yao, de suite après le déluge, et à Hioa, son premier empereur, cinq à six siècles après, suivant le calcul des septantes. Quelques savants, notamment M. de Guignes, ont présenté ce peuple comme une colonie égyptienne. Ils se fondent sur les lettres hyéroglyphiques à peu près les mêmes, dans les temps antiques, des deux nations, sur quelques fêtes pareilles chez tous les anciens peuples. Les livres indous racontent que ce pays fut peuplé par quelques Kchatrias révoltés contre les Brahmines. Les Chinois, eux-mêmes, attribuent leur origine à cent familles venues de l'occident et arrivées en descendant leurs deux fleuves, dans la province de Shen-Si. M. Danielo dit que c'est avec la Perse antique que la Chine a le plus de rapport. Au milieu de ces avis contradictoires, le mien est que ce peuple, mongolique par les traits et par le langage, ne descend pas des peuples dont je viens de parler, ne leur ressemblant pas, mais qu'il descend, ainsi qu'eux tous, d'une nation primitive, ce qui explique ces rapports communs avec eux, rapports plus ou moins bien conservés.

Leur gouvernement, jadis paternel et même longtemps purement théocratique, s'est changé en despotisme sous le tyran Xi-Hoang-Ti, 250 ans avant J.-C. (1). Avant lui, l'empereur n'était que le chef religieux de l'Etat, le seul sacrificateur. Souvent la Chine du nord, le Catay, était séparée de celle du midi; les terres étaient cultivées en commun. Ce despote réussit à abattre les grands vassaux, réunit les deux empires, les fortifia par une haute muraille élevée contre les incursions des Tartares, et s'il rendit la Chine plus malheureuse à l'intérieur, il la rendit au moins plus influente à l'extérieur et plus forte contre ses ennemis. Chez ce peuple formé de tribus de même origine, il n'y a point de castes, point d'autres classes que les grades qu'ils acquièrent dans leurs colléges, et leur instruction se borne à savoir lire leurs quatre-vingt mille signes par le moyen de leurs deux cent quatorze clés ou signes primitifs, représentant chacune une idée, et combinées ensemble, au lieu d'un son; d'où il résulte que leur écriture peut servir à des peuples qui n'entendent pas leur langue, ainsi que le font chez nous nos chiffres arabes. Les monuments des Chinois n'ont pas la solidité, la hardiesse de ceux des Egyptiens et des Hindous, ils nous semblent d'un goût étrange et bizarre. Leurs romans peignent des gens policés, cérémonieux, fins, faux et frippons.

Retournons en occident, ou plutôt dans l'ancien monde, les Hébreux vont attirer nos regards. Placés entre les Egyptiens et les Assyriens, leur histoire est mêlée à celle de ces deux peuples, et comme nous possédons leurs livres et leur langage, comme le peuple hébreu subsiste encore, c'est par lui que nous avons les renseignements les plus certains sur les anciens peuples. On voit, dans la Genèse, les nations sortir de la famille, et cela avec des dates fixes et certaines, bien dégagées des fables qui se trouvent dans les livres des autres peuples. Ce peuple n'était donc d'abord qu'une famille nomade, errant en Assyrie, en Arabie, en Egypte; fixée dans ce pays sous Joseph, elle est traitée en ilote, lorsque son accroissement commença à inquiéter ses hôtes; conduite par un législateur, Moïse, elle s'affranchit de la servitude. Après avoir été quarante ans nomade dans le désert, elle se fixe, sous Josué, dans la terre de Chanaan, se la partage par tribus, par familles égales en bien, conserve ses biens-fonds par la loi du Jubilé, vit sans rois pendant plusieurs siècles, obéissant seulement à ses lois ou à des juges, dictateurs nommés dans les circonstances difficiles. Puis, nous la voyons élire des rois, parvenir à une assez grande puissance sous Salomon, se diviser après sa mort, enfin, être conquise 430 ans après. Les Juifs reçurent leur liberté sous Cyrus et Darius, tout en restant tributaires des Perses, puis des successeurs d'Alexandre jusqu'à l'époque des Machabées, qui réunirent l'empire indépendant au sacerdoce.

Tout à côté des Hébreux, les Phéniciens ou Tyriens nous présentent les mêmes arts que les Egyptiens et les Assyriens; ils ont un alphabet de vingt-deux lettres, semblables à celles des Hébreux et la source de nos alphabets de l'occident. C'était un peuple commerçant et navigateur; ils ont colonisé le nord de l'Afrique, l'Espagne, quelques parties des Gaules, de l'Italie et de la Grèce; ils ont même commercé avec l'Inde, par la mer Rouge, du temps de Salomon. Ce peuple marchand ne nous a laissé que quelques fragments de son histoire, de sa théogonie, car il avait plus de goût pour le commerce que pour la littérature. Carthage, sa colonie, eut aussi cet esprit mercantile, mais fut gouvernée en république; un sénat des plus riches citoyens, ayant à sa tête deux juges ou suffètes, était le principal pouvoir de l'Etat.

Au midi des Hébreux étaient les Arabes; ils ont conservé un reste de civilisation dans les villes bâties le long de la mer Rouge, à cause de leurs relations avec l'Egypte, l'Ethiopie et les Indes; mais l'intérieur du pays, le désert nourrissait d'autres Arabes qui vivaient dans l'état nomade et qui sont devenus, par degrés, presque sauvages. Dans les sables brûlants de ce pays, il n'y avait plus de culture possible, il fallait vivre du laitage et de la chair de ses troupeaux; pour faire subsister ces troupeaux, il fallait souvent changer de pâturages, de là vinrent les mœurs du désert, les tentes, les caravanes. Le désert rendit un meilleur service à l'Arabie, il la préserva des conquérants. Jamais ce pays n'a été soumis à aucun des anciens empires, et il a fini par dominer sous Mahomet et ses califes.

Les mœurs des Perses, comme celles de tous les orientaux, ressemblent beaucoup à celles des Assyriens; leurs caractères alphabétiques, encore peu connus, étaient ceux que l'on appelle cunéiformes ou à tête de clou. On est d'accord sur quelques-uns de ces lettres à cause des ressemblances qu'elles ont avec les autres lettres des peuples de l'orient, tandis que quelques autres sont incertaines (1). On voit à Tchelminar, l'ancienne Persépolis, de fort belles ruines, quelques sculptures. Dans la Bactriane, à Bamian, l'antique capitale de Djemschid, sur les quadruples confins de l'Inde, de la Perse, de la Tartarie et du Thibet (2), on trouve d'immenses temples-grottes, des colosses sculptés dans le roc, une architecture qui rappelle celle des Hindous; seraient-ce les ruines de l'ancienne capitale de cette nation qui a peuplé et civilisé l'Inde ainsi que la Chine? Les pays au nord de la Perse et de la Bactriane présentèrent d'autres déserts aux premiers hommes qui s'y établirent. Les Scythes, les Turcs ou Tartares, les Mogols, sans être de la même race, furent obligés, par le climat et le sol, d'adopter les mêmes mœurs. Ces pays, moins chauds que l'Arabie, convenaient encore mieux aux troupeaux. Leurs possesseurs vivaient en petites nations connus sous le nom de hordes; ils habitaient dans des tentes, dans des charriots, suivant leurs bestiaux dans ses diverses stations d'hiver ou d'été. Souvent ces diverses hordes s'alliaient entre elles, se nommaient un chef, un khan; les autres chefs lui juraient foi et hommage, et ils ont, de la sorte, souvent fait la conquête des pays leurs voisins en Asie et en Europe. Danielo pense même que ce sont ces peuples qui nous ont apporté le gouvernement féodal à la suite de leur grande invasion.

Les peuples du *désert végétal* n'avaient que fort peu de villes, et seulement dans quelques localités favorisées par le cours des fleuves, le passage des caravanes.

Plus au nord encore, l'abondance, l'étendue des forêts, des marais, la rigueur du climat ne permettaient plus aux habitants d'avoir des troupeaux, il fallut vivre de la pêche, de la chasse; on ne put plus vivre en hordes, il fallut se diviser en familles errantes; on n'eut plus même de tentes, mais seulement des huttes en feuillages en été, creusées en terre en hiver; on se battit avec les autres peuplades pour la possession d'une forêt, d'une rivière; on perdit toute loi, tout lien avec les hommes; on devint sauvage, état d'indépendance, de misère et d'abjection dont une nation a tant de peine à sortir une fois qu'elle y a été réduite.

Les climats plus doux de la Grèce, de l'Italie, des Gaules semblent avoir été habités plus tard que ceux de la Haute-Asie, ou du moins ne l'avoir été d'abord que par des peuples à demi sauvages, probablement descendus des peuplades des forêts; ce que les anciens nous racontent des Cyclopes, des Lestrigons, nous fait voir que les premiers habitants de l'Europe étaient fort barbares lorsque les colonies égyptiennes et phéniciennes s'établirent en Grèce et en Italie. Cependant, il peut se faire qu'avant l'arrivée des colonies orientales ces pays aient pu être peuplés par le midi, par les Pélages d'Hérodote, puis par les Hellènes peu avant ou peu après l'établissement des sauvages venus par le nord. Tout cela est fort incertain; on n'a pour se guider que quelques traditions, quelques monuments pélagiques, anciennes enceintes de ville en grosses pierres brutes. Orphée est presque fabuleux, Hésiode, Homère, tout anciens qu'ils sont, nous paraissent remonter à peine à un siècle ou deux après le temps de Salomon. Quoi qu'il en soit, la civilisation des premiers habitants de la Grèce fut considérablement augmentée par les Egyptiens de Cécrops, par les Phéniciens

(1) Danielo, *id.*, t. 4.

(1) *Encyclopédie du dix-neuvième siècle.*

(2) Danielo, t. 4, p. 504.

de Cadmus qui leur apportèrent les lettres. La langue fut formée, quelques arts commençaient, et les poésies d'Homère sont l'explication de cette demie civilisation grecque.

La civilisation de l'Italie nous est encore moins connue; on y retrouve les monuments cyclopéens, assez semblables aux anciens monuments pélagiques, mais on ne sait pas au juste quel était ce peuple. Les Etrusques ou Toscans, les Samnites qui semblent avoir été des Gaulois, toutes ces nations qui se nommaient Aborigènes, sont un peu mieux connues, et sont comptées, par Maltebrun, comme de la race pélagique (1). Ils avaient des rois qui n'étaient que de riches pasteurs. Les Lucomons de Toscane formaient une sorte de gouvernement féodal et fédératif; ils cultivaient des champs, bâtissaient des maisons, avaient un alphabet provenant du phénicien et s'écrivant de droite à gauche comme ceux des orientaux, ils avaient des vases sculptés : c'était un peuple véritablement pastoral et agricole. Les Phéniciens, puis de nombreuses colonies grecques, introduisirent en Italie une civilisation un peu plus avancée.

Rome se distingua bientôt entre tous ces petits états par la grandeur de sa ville, son esprit public, la bravoure de ses soldats-citoyens et par un agrandissement successif. Comme la Grèce, Rome commença à avoir des rois, quelques institutions libres sous ses rois, puis encore comme en Grèce, ses rois furent renvoyés et une république fut établie. En Grèce, la démocratie domina de suite dans la plupart de ces républiques, à Rome, il y eut une longue lutte entre l'aristocratie des patriciens et la démocratie qui finit à la longue par l'emporter. Cette démocratie antique ne ressemble cependant pas tout à fait à la démocratie moderne. Le peuple était esclave, il ne s'agissait que du conflit des grands propriétaires avec la classe moyenne et les *bourgeois* des villes, les petits propriétaires. Fait qui explique les lois romaines qui défendaient le travail mécanique aux citoyens, qui explique les lois de Lycurgue à Lacédémone. Les Spartiates n'étaient qu'une caste militaire, dominatrice des ilotes cultivateurs; leur simplicité, leurs repas public, etc., n'étaient qu'une discipline militaire.

Les républiques grecques, sans cesse en guerre les unes contre les autres, avaient cependant établi, au-dessus d'elles toutes, le tribunal des Amphyctions pour juger les intérêts généraux, premier exemple d'une république fédérative. Athènes, Spartes étaient les états dominateurs de la Grèce entière. Les arts, les lettres, les sciences régnèrent à Athènes, surtout sous Périclès ; mais au milieu de cette civilisation avancée, on voyait un peuple esclave, des citoyens turbulents, des mers infestées de corsaires, des cabales, des tyrans, des révoltes; enfin, Philippe de Macédoine faisant passer la Grèce sous son joug. Dans les îles, à Syracuse, les pays grecs ne nous offrent que le spectacle d'une république anarchique remplacée par une atroce tyrannie, et cela sans fin, jusqu'au moment où les successeurs d'Alexandre, régnant sur l'Egypte et sur la Syrie, aient profité des mœurs orientales pour rétablir le vrai despotisme dans les pays habités par les Grecs. Rome, au contraire, nous présente un but dans ses révolutions La démocratie gagne sans cesse du terrain, ne s'arrête que pour prendre de nouvelles positions et former de nouvelles demandes, devient enfin maîtresse, mais comme c'est le moment de ses grandes conquêtes, les citoyens disséminés laissent prendre l'empire à leurs généraux, et, depuis ce temps, Rome a vécu dans l'esclavage, en conservant encore la forme de la liberté.

L'époque des empereurs fut le moment le plus brillant de la civilisation romaine, mais aussi le plus dépravé. Aussitôt après la mort d'Auguste nous apparaît Tibère, le premier de ces monstres couronnés qui ont si longtemps gouverné Rome et le monde antique. Le sénat, si sage autrefois, est avili ; le peuple n'aime plus que les combats de gladiateurs ou la licence effrénée des bacchanales et des jeux floraux. Il faut qu'un empire aussi corrompu s'écroule, et les barbares arrivent des extrémités encore inconnues de la terre, comme pressentant la dissolution de ce grand corps et s'apprêtant à en faire leur proie.

C'étaient principalement les peuples gothiques et sclavons poussés sur l'empire romain par les Huns, peuple nomade scythe ou mongolique, plus barbare encore que les Goths, et venu des frontières de la Chine. Les Goths, moins barbares que les sauvages, avaient une écriture (les lettres runiques), cultivaient quelques champs, avaient quelques poésies, demi civilisation qu'ils disaient tenir d'Odin, asiatique dont ils avaient fait un Dieu ; ils avaient une sorte d'honneur inconnu aux Romains, un gouvernement consistant en un roi, héréditaire ou du moins élu dans une famille royale, et des chefs électifs (1). Excepté les chefs, ils n'avaient qu'une seule femme, et l'on retrouve chez eux la source des institutions libres de l'Europe, tandis que tout l'orient était soumis à la polygamie et au despotisme.

Dans un climat moins âpre, les Gaulois, soumis depuis longtemps aux Romains, avant d'avoir adopté leurs mœurs et leur langue, avaient une civilisation un peu plus avancée que celle des peuples teutons. Ils avaient des villes murées, de petites républiques, des prêtres et des poètes, des druides et des bardes; ils avaient érigé quelques monuments, de grands blocs de granit connus sous le nom de menhirs et de dolmens; ils avaient on l'usage du fer et n'avaient, dit-on, point de lettres propres, mais se servaient des lettres grecques (probablement, c'étaient plutôt les lettres phéniciennes, du moins celles des Irlandais et des Ecossais antiques en étaient dérivées). Les Belges étaient plus barbares que les Celtes et les Aquitains; ils habitaient des chaumières mal construites et étaient plus chasseurs que cultivateurs. Les Gaulois de l'Ecosse nous présentent un peuple divisé en petites tribus, nommées clans, soumises à des chefs du même nom ; ils avaient conservé quelques poésies d'un barde nommé Ossian, qui vivait vers l'an 300 de l'ère chrétienne. On a attaqué l'authenticité de ces poésies, peut-être avec raison, pour celles que Mac Pherson a arrangées en les traduisant, mais il faut convenir que, de tout temps, la tradition a conservé en Ecosse plusieurs chants attribués à ce poète.

Les Romains, devenus maîtres des Gaules, y avaient tellement introduit leur civilisation, qu'au moment de la conquête il n'est plus fait mention que des Romains et des vainqueurs.

Les premiers barbares qui envahirent l'empire romain, furent admis comme hôtes plutôt que comme vainqueurs; on leur abandonna des bois et des terres incultes; de nouveaux barbares envahisseurs devinrent tout-à-fait maîtres. L'Espagne, tombée au pouvoir des Suèves et des Visigoths, l'Italie, devenue la proie des Ostrogoths, des Hérules, des Lombards, la Gaule, au pouvoir des Francs et des Burgondes, conservèrent longtemps leur civilisation romaine au milieu de ces barbares. Les vainqueurs leur laissèrent leurs lois et en firent eux-mêmes pour régler les droits de leur peuple. Dans ces lois, on voit les Romains tenus dans l'abjection à peu près comme les Grecs après la conquête des Turcs. Cet état de choses ne dura pas longtemps en occident; les vainqueurs adoptèrent la religion des vaincus, la langue latine altérée reprit son influence et mit fin aux idiômes teutons, la distance entre les deux peuples s'effaça, mais avec elle s'effaça aussi la vieille civilisation romaine; les rois barbares s'amollirent et laissèrent gouverner leurs seigneurs ou leudes, leurs maires du palais. Cette époque vit les musulmans envahir l'Espagne et la France, y apportant, avec la conquête, le despotisme de l'orient. Cette invasion fut arrêtée en France par Charles-Martel, qui organisa la nation sur un pied militaire. Il dépouilla le clergé de ses terres dont il fit des fiefs; il admit les propriétaires romains à offrir leurs biens pour être aussi érigés en fiefs héréditaires au lieu d'être viagers comme ceux des anciens peuples germains, de là vint la féodalité du moyen-âge. De là, les Romains ne firent plus qu'un seul peuple avec les Francs, surtout sous Charlemagne, son petit-fils (2).

Plusieurs des lois de l'Europe moderne datent de cette époque mémorable : les universités, les associations d'ouvriers, surtout la chevalerie. La portée de ces institutions fut immense, celle de la chevalerie surtout créa une race de braves et hardis guerriers, une nation pleine d'honneur mais peu instruite, et qui conserva longtemps la bravoure et la rudesse du peuple primitif. Chez une nation pareille, les beaux-arts, les sciences ne firent pas d'abord de grands progrès; le reste de la civilisation romaine s'éteignit tout-à-fait à la fin du neuvième siècle, et le dixième ne nous offre que l'anarchie et la barbarie. Le démembrement de l'empire de Charles

(1) Maltebrun, *Précis de la Géograph.* t. 6, p. 104, et *Annales des Voyages.*

(1) Tacite, *De moribus Germanorum.*

(2) Frantin, *Annales du moyen-âge.*

fut extrême; chaque grand vassal, chaque seigneur, devenu un petit roi, fit la guerre à ses voisins, de là, un isolement général, une ignorance profonde.

La nomination de l'empereur Henri-l'Oiseleur dans le nord et le centre, celle de Hugues-Capet en France remédièrent à ces désordres. C'est à cette époque que l'on peut faire monter le renouvellement de la civilisation en Europe, et l'on peut dire que la civilisation romaine étant tout-à-fait éteinte, on vit alors croître la nouvelle Europe, l'Europe chrétienne conçue par Charlemagne. C'est alors que les villes reprirent les droits municipaux qu'elles avaient eu sous les Romains; les communes rurales s'établirent à leur exemple, elles eurent des terres et formèrent de petites municipalités. Le mouvement des croisades contribua beaucoup à ce mouvement; les gens de toute classe voyant alors des pays dans lesquels la civilisation antique subsistait toujours un peu, tels que Venise et Constantinople. Examinons donc l'état de l'orient après avoir vu périr la civilisation de l'occident, et la voyant au moment de s'y renouveler sous une nouvelle forme.

L'orient, cette moitié de l'empire romain, après avoir résisté aux barbares du nord, après leur avoir un moment repris l'Italie, se trouva attaqué au midi par les mahométans qui devinrent maîtres de la Syrie, de l'Égypte et de l'Afrique du nord, ainsi que de la Perse et de la Tartarie. Avec cette religion musulmane on vit s'étendre et se renouveller le despotisme dont nous avons déjà dit un mot à l'article des Assyriens. Une obéissance absolue aux chefs, l'extinction des beaux arts, des lettres et des sciences, l'esclavage des vaincus, l'égalité des vainqueurs, la polygamie, et, avec elle, l'avilissement des femmes, suivirent partout les progrès de cette religion. Les califes étalaient tout le luxe des anciens orientaux; leurs palais d'une architecture imposante, hardie, mais bizarre, offraient de grandes salles de marbre ornées de fontaines jaillissantes, de divans en soie. Là, accroupis sur des soffas, ils écoutaient les sons du luth efféminé de leurs esclaves, souriaient aux contes de leurs bouffons, contes plein d'un grand dévergondage d'imagination et que nous lisons encore avec plaisir dans les mille et une nuits.

Ces souverains, entourés d'esclaves, d'eunuques, se reposaient des soins du gouvernement sur un vizir qui payait souvent de sa tête ses dangereux honneurs et sa puissance illimitée. Dans tous ces états despotiques, nul ne pouvait parvenir auprès des juges, des chefs, des supérieurs, sans un cadeau plus ou moins riche, mais si l'on achetait ainsi la justice on en était dédommagé par le Khélat, présent d'or, d'argent, et le plus souvent de vêtements que le despote vous jetait dédaigneusement et dont il payait les basses adulations qu'on lui rendait.

Les premiers Musulmans avaient cependant conservé quelques sciences, mais ils les dénaturèrent bientôt à l'exemple des peuples antiques de l'Orient; ils changèrent l'astronomie en astrologie, la chimie en alchimie, ils eurent quelques médecins célèbres comme Averrhoës et Avicènes, quelques poètes comme Saadi et Haffiz.

L'empire grec ayant de tels hommes pour ennemis, au lieu de leur résister avec vaillance, ne s'occupa que des jeux du cirque, de querelles de théologie. Les iconoclastes brulaient les tableaux, les bibliothèques, détruisaient les statues; les schismatiques aimaient mieux tomber entre les mains des musulmans que de se réunir aux catholiques occidentaux qu'ils traitaient de barbares. L'histoire byzantine ne nous offre qu'une longue et dégoutante série de révoltes, de trahisons, d'empoisonnements, de querelles futiles, de lâchetés, d'usurpations de généraux ou de tuteurs sur des princes enfants, de princes déposés après leur avoir crevé les yeux et tout cela sans nous offrir un seul grand homme. Ce gouvernement du Bas-Empire péchait surtout par sa constitution, par le manque d'hérédité, par l'absence d'honneur, par le manque de noblesse; c'était un despotisme un peu mitigé par la religion et par des lois fixes, mais qui conservait les défauts de la vieille constitution impériale romaine, et qui n'avait même plus l'ombre d'un sénat. Le trône était le but de tous les généraux, et en même temps ni la nation ni ses chefs n'étaient plus militaires.

Les peuples gothiques avaient influé sur les empereurs, plus tard les conquérants normands exercèrent la même influence. Dès la première croisade les Latins s'emparèrent de Jérusalem malgré les trahisons des Grecs qui les avaient appelés; ils y introduisirent les mœurs de l'occident, une féodalité pareille à celle de l'Europe d'alors, des comtes d'Édesse, d'Antioche, des rois et des assises de Jérusalem. Peu de temps après, Constantinople tomba aussi dans les mains des croisés, et la féodalité du moyen âge s'étendit sur la Grèce. Nous voyons aussi à cette époque se former une nouvelle sorte de chevalerie à demi monastique dans les Templiers et les chevaliers de Saint-Jean de Jérusalem, dans les ordres teutoniques qui firent avancer la civilisation dans le nord-est de l'Europe.

Déjà le Christianisme et avec lui la civilisation naissante de ces temps s'était étendu sur le Danemark, la Suède, la Pologne, la Hongrie; ces pays avaient imité notre chevalerie et une partie de notre système féodal; mais ils n'eurent point de ces grands vassaux trop puissants pour les rois, ces pays étaient plutôt des fédérations de seigneurs que des fédérations de princes souverains. En Suède, en Norwège, les paysans n'étaient point esclaves et formaient même un ordre dans l'état ainsi que le clergé, la noblesse et la bourgeoisie. En Danemark, en Pologne et en Hongrie, les paysans y étaient serfs et attachés à la glèbe plus qu'ils ne l'étaient dans l'occident de l'Europe, chrétien depuis longtemps. La Pologne, la Hongrie avaient même dans leurs mœurs quelque chose d'asiatique qui fut encore augmenté par les conquêtes de Genghis et d'Octaï. Plus tard ces deux pays furent un puissant boulevard contre l'invasion des Ottomans devenus à la fin maîtres de l'empire grec.

Les savants, les artistes grecs se retirèrent alors en Italie d'où les sciences et les arts prirent un essort rapide et se répandirent une seconde fois sur toute l'Europe. L'Italie, à vrai dire, n'avait pas, ainsi que la France et l'Allemagne, éprouvé une barbarie complète, elle avait toujours conservé quelque chose de la civilisation romaine. Rome, Venise, avaient de tout temps été des foyers de lumière pour l'occident et le nord. Les croisades avaient augmenté son commerce; Pise, Amalfi, Gênes étaient devenus de florissantes républiques. On conçoit combien le joug des Allemands devait peser à un peuple aussi avancé et presque partout républicain, aussi vit-on l'Italie d'alors divisée par deux factions contraires, les Guelfes et les Gibelins, le parti des papes et celui des empereurs. Les Médicis qui finirent par s'emparer du pouvoir sur Pise et Florence réunies furent de zélés protecteurs des lettres et des arts; leur capitale devint une nouvelle Athènes; Rome ne lui cédait en rien, et la renaissance des beaux arts date en France des campagnes d'Italie de Charles VIII et de François Ier.

Les montagnards des Alpes participèrent au mouvement de liberté qui avait agité l'Italie. Les Suisses, privés par les princes d'Autriche des libertés communales qu'ils avaient, dit-on, apportées de la Scandinavie, secouèrent le joug de la maison d'Hapsbourg, s'organisèrent en république et donnèrent le premier exemple d'un gouvernement purement démocratique, où tout habitant fut citoyen, appelé à nommer ses chefs, un Landamman sorte de maire, et un Landhauptman chef militaire. On conçoit que la démocratie moderne ait commencé dans un pays de montagne, de pasteurs pauvres et égaux entre eux. D'autres petits états républicains se joignirent aux cantons primitifs, mais les uns étaient des pays sujets à des abbayes, pays jouissant déjà d'une grande liberté, d'autres étaient des villes libres et leurs territoires, ou bien de petites fédérations.

L'Angleterre, tombée presque dans la barbarie par l'invasion des Saxons payens, reçut une seconde fois la lumière du Christianisme; puis après la nouvelle conquête des Danois elle reçut à la fin la civilisation française par la conquête des Normands. Son gouvernement, gage de paix entre elle et son mauvais roi Jean Sans-Terre, nous offre trois pouvoirs qui se partagent entre eux la direction de l'état: le roi, les pairs, les communes. Ce gouvernement très beau en théorie y a cependant produit un grand nombre de révolutions, n'a pu empêcher la tyrannie des Tudors et a fini par devenir une sorte d'aristocratie.

Il nous reste à parler des deux extrémités de l'Europe, l'Espagne et la Russie; toutes les deux ont été longtemps envahies, l'Espagne, par l'Afrique, la Russie, par les Tartares; toutes deux ont à la fin chassé leurs oppresseurs et fondé deux empires immenses, l'un déjà détruit, l'autre encore dans toute sa force. Commandant à des peuples à peine chrétiens, elles ont toutes deux été des monarchies absolues, surtout depuis que leur extrême étendue eût obligé leurs souverains à réduire, à abolir les libertés que l'une et l'autre de ces nations tenaient des Goths et des Varègues Scandinaves. L'Espagne vit les descendants des rois Goths se retirer dans les Asturies puis de là reconquérir leur monarchie avec l'aide des chevaliers français. Ces derniers fondèrent les royaumes de Portugal et d'Aragon, y introduisant les mœurs de l'Europe méridionale et un souvenir de celles des Arabes.

La Russie, conquise par les Varègues, ces Normands de l'est, eut de bonne heure des relations assez suivies avec l'empire de Byzance; elle adopta le Christianisme de l'église orientale peu de temps avant le schisme, et se trouva bientôt éloignée de l'Europe occidentale par son culte. Peu de temps après, conquise par les Mogols Buddhistes, par les Tartares musulmans, le germe de sa civilisation fut presque étouffé, le peuple devint tout-à-fait esclave; les boyards ou les gens riches étaient ignorants, orgueilleux, féroces et dissolus; point de chevalerie, mais l'astuce des Grecs du Bas-Empire joint à une grossièreté de manières inconnue à Byzance; des tyrans pour chefs, des hordes de Tartare à l'est et au midi, des sauvages au nord, d'épaisses forêts, voilà le tableau de la Russie après qu'elle eût chassé les Tartares. La civilisation de la Prusse, de la Suède, de la Pologne commença à y introduire une partie de nos mœurs; Arkhanghel, découvert par les Anglais et les Hollandais, la mit en rapport avec l'Europe occidentale. Les Czars, qui avaient fait reculer les Tartares, tournèrent leurs regards sur l'Europe. Pierre-le-Grand, surtout, non content d'attirer chez lui des étrangers ainsi que l'avaient fait ses prédécesseurs, voyagea lui-même et engagea les grands seigneurs à l'imiter. Il réussit à donner à son peuple l'apparence de la civilisation; la noblesse Russe prit l'habillement, les mœurs, l'instruction du reste de l'Europe, mais le peuple resta toujours esclave, les sauvages du nord se civilisèrent à peine; il s'éleva une classe mitoyenne dans quelques villes, mais elle conserva toujours des mœurs à demi asiatiques ainsi qu'un grand éloignement pour les Francs, nom qu'ils donnent aux chrétiens occidentaux. Le clergé grec, marié et ignorant, partage et propage ces préjugés. Le gouvernement est toujours absolu; parfois la noblesse voudrait s'opposer à l'absolutisme, mais ce serait pour reprendre son influence ancienne comme lorsqu'elle appelait au trône les Boris et les Romanofs. Les Czars cherchent à abaisser cette classe élevée qui seule cependant empêche le despotisme d'être aussi grand en Russie qu'en Asie.

Nous avons vu la civilisation dans l'ancien monde, établie de toute antiquité dans l'Orient, la Chine, l'Inde, l'Égypte, s'étendre de là dans la Grèce et l'Italie; nous l'avons vu décroître et s'altérer jusqu'à la barbarie chez les Nomades des déserts, jusqu'à l'état sauvage chez les peuples chasseurs et pêcheurs. Maintenant un monde inconnu aux anciens se présente à nos regards et nous offre les mêmes traits.

Dans le nord nous retrouvons les peuples sauvages. Sur les bords de la mer glaciale sont les Esquimaux, les Groënlandais qui vivent de la chair et de l'huile des baleines comme les Tchoutches et les Samoïèdes, qui ont les mêmes bateaux légers avec un sac dans le fond où se place un homme seul et qui semble un poisson habitué à voguer au milieu des montagnes de glace, qui habitent comme eux des jourtes ou cabanes creusées en terre. Plus au midi le Canada nous présente des peuplades chasseresses et belliqueuses. Ils vivent en familles, en petites nations; la chasse est leur moyen de subsistance; leurs habits leur sont fournis par les peaux des castors; toujours errants ils parcourent des espaces immenses, toujours en rivalité avec d'autres peuplades au sujet des forêts qu'ils ont droit de parcourir; ils poursuivent leurs ennemis à la piste comme leur gibier, ils les tuent, ils les mangent de même; point de rois, mais un conseil de vieux guerriers, des jongleurs qui sont leurs prêtres et leurs médecins comme les Chamanes de la Sibérie. Ces traits sont communs à presque tous les sauvages de l'Amérique septentrionale, aux Natchez, aux Osages, aux Siminoles, bien plus méridionaux. Les Sioux ou Tintons ont adopté ou repris les mœurs des Tartares depuis que les chevaux ont été introduits dans ce pays par les Européens. Toujours à cheval ils vivent en hordes, inquiétant sans cesse les autres peuplades de leurs incursions dévastatrices.

Dans la Louisiane, au milieu des peuples dont je viens de parler, on trouve quelques vestiges de forts qui semblent fort anciens et qui indiquent une civilisation antique assez avancée (1).

Nota.— Quelques antiquaires des Etats-Unis prétendent avoir trouvé dans ces forts, des indices certains de la race malaye polynésienne.

Les Caraïbes, dans la Guyane et les Antilles, sous un climat brûlant, vivaient dans l'insouciance; leurs arts se bornaient à tisser quelques légers paniers, quelques carbets, sortes de ruches qui leur servaient de demeures, à construire quelques canots; leurs guerres étaient cruelles; comme les sauvages du nord, ils mangeaient leurs prisonniers; leurs femmes, esclaves, étaient maltraités; leurs danses, licencieuses ou féroces.

Enfin, dans le Mexique, on trouva des peuples moins barbares, des maisons, des villes, des temples où l'or, artistement travaillé, brillait de toutes parts; des champs cultivés, des vêtements, un culte et un gouvernement. La capitale, située au milieu d'un lac, communiquait à la terre ferme par de belles chaussées; il y avait des pyramides rappelant, par leur forme, celles de la Haute-Asie imitées par les Egyptiens. Les savants modernes et notamment Danielo, voient, dans ces pyramides, un souvenir du mont Merou (2). Les Mexicains avaient une sorte d'hiéroglyphes et de tableaux en plumes artistement tissées; leur état était gouverné par un empereur absolu, souvent électif. Près de Mexico était Tlascala, république ennemie que les Mexicains ne semblaient tolérer qu'afin d'avoir toujours de nombreux prisonniers à immoler à leurs dieux sanguinaires.

Dans l'Amérique méridionale, on trouva l'état de Condinamarca avec deux rois, l'un guerrier, l'autre religieux, comme dans le Japon et souvent dans l'Asie. Le Pérou, nation douce et timide gouvernée par les Incas, famille étrangère civilisée, qui, depuis quelques générations seulement, y avait importé des arts assez semblables à ceux de l'Asie, une écriture en nœuds qui rappelle une des anciennes écritures de la Chine et de la Tartarie, ainsi que le culte du soleil. Ce peuple était habile dans l'orfèvrerie, il avait même élevé des temples, édifices gigantesques que l'on est étonné de voir exécuter par un peuple sorti depuis si peu de temps d'un état presque sauvage. Un service de poste, servi par des Indiens porteurs, faisait communiquer ensemble les deux capitales, Quito et Cusco, car plus de trois cents lieues se trouvaient entre ces deux villes.

Dans le Chili, sous un ciel moins chaud, nous retrouvons les belliqueuses républiques des sauvages du nord. Les Araucans ont une langue régulière, une poésie, quelques arts et un gouvernement à demi féodal, qui se compose d'une réunion de chefs et qui se nomment des généraux ou des juges appelés Toquis et Ulmènes (3).

Plus au midi, dans les steppes, les Puelches et les Patagons ont repris, comme les Sioux, les mœurs nomades depuis qu'ils ont eu des chevaux. Ils vivent de la chasse des vigognes ou lamas sauvages, s'habillent de leurs peaux et parcourent le pays en petites hordes. (Ils prennent ces animaux sauvages par le moyen d'un lacet qu'ils leur lancent, ainsi que faisaient les anciens Scythes, suivant Hérodote.)

Les peuplades de l'autre côté du détroit de Magellan, sont dans le dernier état de dégradation, de sauvagerie; ils ne vivent que de poissons; sous un ciel toujours glacial et brumeux, ils vont nus, logent dans des huttes de feuillage et sont d'une saleté dégoûtante.

Tandis que les Espagnols découvraient un nouveau monde à l'occident, les Portugais étendaient leurs connaissances sur les peuples de l'Afrique méridionale et des mers des Indes. Les nègres s'offrirent les premiers à leurs regards. Insouciants et paresseux, ils habitaient des huttes de feuilles de palmier, avaient quelques ustensiles en coco, sculptés avec assez de goût, passaient leur vie à dormir ou à danser au son de quelques instruments grossiers; leurs femmes tissaient quelques étoffes. Ils étaient et sont encore soumis à de petits tyrans cruels, qui les vendent comme esclaves, qui les conduisent à des guerres cruelles contre leurs voisins. Souvent ils s'assemblaient, les nuits, pour danser autour d'un bûcher et y traiter de leurs alliances ou de leurs guerres avec les rois leurs voisins; souvent, à la mort d'un roi, tous ses esclaves sont mis à mort avec lui. Dans une grande partie de ce pays, sur les bords du Sénégal, du Niger ou Joliba, on trouve quelques tribus qui ont une industrie particulière, des sortes de castes; c'est ainsi que

(1) Châteaubriand.

(2) Humboldt.

(3) Maltebrun, *Annales des voyages*, tom. 16.

les Félas sont laboureurs, les Laptots navigateurs, les Guiriots musiciens, les Wollofs, les Mandingos, etc., négociants ; ne peut-on pas y voir un rudiment de société naissante ou peut-être plutôt un reste de société antique? Ces nègres ne sont pas tout-à-fait sauvages comme les Indiens de l'Amérique, mais ils me semblent prêts à le devenir. L'Afrique nègre du nord, qui a adopté le mahométisme, sur les bords du Niger, est plutôt barbare que sauvage, car nous pourrons voir, en traitant des religions, qu'une religion quelconque, bien que fausse, empêche un peuple de tomber dans l'état sauvage.

Les Hottentots, au midi des nègres, sont un peuple pasteur, très-sale et très dégradé, un peu moins cependant que les sauvages de la Terre de Feu. Les Cafres, moins barbares, se ressentent déjà du voisinage des Arabes.

Puis, on trouva les Malais, civilisés à demi, dans les îles de la Sonde, où ils avaient joint les arts des Arabes à ceux des Indous et des Chinois. Ils étaient tout-à-fait sauvages dans les îles reculées de l'Océan Pacifique, voluptueux, insouciants comme les nègres, mais un peu plus susceptibles de civilisation. Les habitants de Taïti, d'Owaïhie, de Tonga-Tabou, des innombrables îles de cet océan se tatouent avec assez de goût, ont d'assez jolies maisons, quelques étoffes, et adoptent assez facilement nos mœurs et nos croyances. Leurs morts étaient desséchés en l'air dans des Toupapows, sorte de hangards; mais dans les climats plus froids, tels qu'à la Nouvelle-Zélande, ces mêmes peuples étaient plus sauvages, plus cruels, mangeant même leurs ennemis et faisant la guerre aux autres peuplades pour satisfaire leur goût dépravé.

Le reste de l'Océanie, la Nouvelle-Hollande et les îles qui l'entourent sont habitées par la race des nègres polynésiens, race arrivée aussi au dernier degré de l'abrutissement. Il est impossible de décrire leurs mœurs dissolues, féroces, lâches, stupides; ils voient avec indifférence les arts des Européens qui s'établissent au milieu d'eux; ils ont une langue pauvre, car ils n'ont que peu d'idées. Tel est le véritable état sauvage si vanté par J.-J. Rousseau et quelques philosophes du dix-huitième siècle.

J'ai dit un mot des antropophages : presque tous les sauvages nous ont offert cette horrible coutume. Les récits des anciens nous font voir que les Lestrigons, les peuples cyclopéens étaient aussi arrivés à ce point de dégradation profonde : c'est le comble de l'abrutissement moral. Une peuplade qui s'y livre prend un tel goût pour la chair humaine, qu'elle combat ses voisins uniquement pour le satisfaire, qu'elle se combat elle-même; aussi, ces hommes abominables finissent par se détruire entre eux. C'est la fin d'un peuple sauvage, comme les mœurs contre nature sont la fin des peuples barbares et polygames. C'est ainsi que ces peuples s'effacent pour laisser place aux peuples civilisés et chrétiens.

DES LOIS.

D'après ce que nous avons dit sur les degrés divers de civilisation des peuples de la terre ancienne et moderne, nous avons pu voir l'universalité, la nécessité des lois ; jamais famille n'a pu être réglée sans lois émanées de son chef, de son père. Les premiers rois, qui n'étaient que des chefs de grande famille, ont donc été les premiers législateurs. A leur pouvoir paternel ils joignaient le pouvoir religieux ; voilà pourquoi toutes les lois antiques étaient aussi religieuses, passaient pour avoir été données par un homme inspiré de la divinité; pourquoi elles réglaient les sacrifices comme les mariages, comme les biens et les propriétés. Les lois les plus anciennes sont celles de Menou dans l'Inde, celles de Menès en Egypte, de Minos en Grèce, et il est à peu près certain que des lois si pareilles, données par un législateur presque du même nom, ne sont qu'une forme différente d'un même nom défiguré par les divers langages. La loi de Menou aura été portée des Indes en Egypte, de là en Crète. Les lois de Menou, telles qu'on les a conservées dans l'Inde, sont celles qui règlent leurs castes, leurs mariages, leurs sépultures, les punitions des criminels; c'est à la fois leur code religieux, civil et pénal. Le texte de celles de Ménès nous est inconnu; mais par ce que les anciens nous disent de l'Egypte, on peut voir que l'esprit de leurs lois était aussi tout à la fois religieux et civil. Dans ces deux pays, ces lois, interprétées, appliquées par les castes sacerdotales, régirent durement les castes subalternes, et ne devinrent plus que des lois formalistes et sévères.

Les castes subalternes cherchèrent à s'arracher à ce joug. Moïse sauva les Israélites de la dure domination des Pharaons, et leur donna des lois tout à la fois religieuses et civiles; il promulgua le décalogue, loi générale de la religion primitive qu'il rappela aux hommes, base de toutes les bonnes lois; il régla sa nation qui a conservé ses lois jusqu'à présent, mais nous n'en parlons que sous le point de vue humain.

Si l'on en croit les écrits des Indous, les Kchatrias s'arrachèrent aux lois de Menou et allèrent peupler la Chine On peut penser que les colons égyptiens, établis en Grèce, abandonnèrent aussi leurs lois religieuses. Si ces deux faits sont vrais, ils expliquent pourquoi les lois de ces deux pays furent purement civiles. En Chine, le respect pour l'empereur et ses délégués en tient lieu ; en Grèce, les prêtres ne formèrent point caste et n'étaient que des sacrificateurs peu considérés. Lycurgue, à Sparte, adopta une partie des lois de Minos, celle qui convenait à une nation militaire ; il prit soin de maintenir l'égalité, la pauvreté, la discipline, le courage, la force physique et morale. Dracon imposa la terreur aux Athéniens; Solon leur donna le premier des lois régulières, un corps de magistrature; l'aréopage fut institué, et il étendit, il expliqua, il appliqua ce nouveau code. Les Romains tirèrent du grec leur premier corps de droit, leurs douze tables, puis leur sénat imita l'aréopage en les appliquant; mais comme il était tout à la fois souverain et tribunal, il y ajouta souvent de nouvelles lois. Lorsqu'il fut tout-à-fait avili sous les empereurs, lorsque les Romains furent devenus chrétiens, Théodose II, puis plus tard Justinien recueillirent ces lois diverses et le droit fut fondé, la classe des gens de loi établie. Les biens, les droits de chacun furent protégés, et le despotisme, diminué par ces lois fixes et régulières, ne fut plus que de l'absolutisme. Ces lois romaines, rendues en partie dans un temps où l'empire romain était partagé en deux religions, furent purement civiles. Il en fut de même des lois que rendirent les rois barbares pour régler l'enfance de leurs nations ; elles cédèrent bientôt au droit romain, si ce n'est dans quelques pays coutumiers, encore dans ces pays le fond des coutumes était dans les lois romaines.

Dans l'Orient, Mahomet renouvela le mélange des lois religieuses et des lois civiles, et confondit tous les pouvoirs dans celui du sabre: ses califes, ses parents étaient tout à la fois juges, prêtres, guerriers et administrateurs, delà le despotisme. Les Seldjioucides enlevèrent au calife le pouvoir militaire. Les Ottomans firent plus : le sultan lui-même fut calife ayant sous lui un visir et un moufti chef de la loi; un corps de gens de loi fut institué : les ulemahs, et il fournit des imans aux mosquées et des caddis aux tribunaux, sortes de juges expédiant promptement la justice sinon équitablement.

En Europe, la longueur des procédures, leur cherté, le chaos des lois contradictoires présentaient un abus contraire. Napoléon tenta de le diminuer, de fondre en un seul code les lois romaines avec leurs coutumes dépouillées de leur barbarie. Il fit adopter son code par les armes à une partie de l'Europe qui le conserve encore, parce qu'il est réellement meilleur que les anciennes lois.

XIII.

INVASIONS.

Les peuples nomades, en devenant nombreux ainsi que leurs troupeaux, se trouvèrent bientôt à l'étroit dans leurs vastes déserts. Ils voient leurs voisins, les peuples agricoles, vivre dans l'aisance; ils les voient plus faibles qu'eux, bien qu'ayant une plus grande population ; grande cause des invasions.

La première invasion se perd dans la nuit des temps; quelques savants soupçonnent que ce peut être une invasion des Brahmanes dans l'Inde. Nous trouvons ensuite la première invasion historique dans l'histoire chinoise, lors de la seconde dynastie de cet empire, celle de Tchang ou Yun, 1766 ans avant J.-C. Le conquérant tartare voulait alors ravager les portions cultivées pour donner des vivres à ses troupeaux, projet insensé dont on le détourna heureusement, mais lui et ses sujets nomades s'établirent dans la Chine et la possédèrent longtemps (1). Outre la raison du manque de vivres, on conçoit que l'amour de la patrie doit être moins fort chez les peuples nomades que chez les autres nations ; on n'a que l'amour de sa tribu et non celui du sol. Comment s'attacher à une terre que l'on parcourt en voyageur, terre où l'on n'est pas né et où l'on ne doit pas mourir, terre partout la même d'une extrémité du désert à l'autre.

L'histoire ancienne nous parle de plusieurs invasions des Scythes dans la Médie, la Perse et la Haute-Asie. Les peuples chasseurs du nord ou même ceux à demi agricoles ont aussi imité l'exemple des Tartares ; le sol du midi plus fertile, le climat plus doux, la faiblesse de ces peuples opposée à leur courage féroce, produisaient les mêmes effets. Mais souvent, pour se résoudre à envahir le midi, les peuples du nord avaient besoin d'être chassés de leur pays par d'autres peuplades ; c'est ainsi que les Cimmériens, repoussés par les Scythes, attaquèrent la Grèce et la Lydie ; que les Gaulois, repoussés par les Kymris, s'emparèrent de Rome et se fixèrent dans le nord de l'Italie ; que plus tard, les Gaulois danubiens envahirent la Grèce et la Macédoine, chassés de leur pays par les Cimbres et les Teutons. Les Cimbres, sous Marius, les Helvétiens, sous César, obéissaient aux mêmes causes, ils ne quittaient leur pays que parce qu'ils en étaient chassés. Toutes ces invasions antiques n'étaient que le prélude de la grande invasion du quatrième siècle. Cette invasion, qui a affaibli l'empire d'Orient et détruit celui d'Occident, était, comme tous les évènements providentiels, causée par plusieurs évènements dont elle fut la suite immanquable. L'empire chinois, écoulement ordinaire des peuples du désert, s'était fortifié ; la grande muraille bâtie sous Xi-Hoang-Ti, l'avait mis à l'abri des incursions nomades ; les Chinois avaient même étendu leur puissance au-delà de leurs anciennes frontières. Ils repoussèrent les Huns sur l'Europe ; les Goths, repoussés par les Huns, attaquèrent l'empire romain accablé de vieillesse, souffrant de tous les maux d'une trop vieille civilisation : il succomba, et toutes les provinces d'Europe et même d'Afrique furent la proie des barbares.

Les Goths, les Suèves, les Vandales traversèrent les Gaules et l'Espagne ; les Visigoths s'établirent dans ce pays et dans le midi des Gaules ; les Burgondes dans l'est ; les Ostrogoths, maîtres de la Pannonie et de la Pologne, ravagèrent la Grèce jusqu'à ce que Théodoric eût conquis l'Italie, déjà ravagée par Attila ; les Francs s'emparèrent du nord des Gaules ; les Saxons, de la Grande-Bretagne. Ces divers peuples s'unirent aux Romains contre Attila, et le défirent dans les plaines de la Champagne. Attila ravagea encore l'Italie avant de mourir dans la Pannonie, devenue le siége de son empire. Les nouveaux états purent alors se former et se défendre contre l'invasion qui continuait. Clovis résista aux *Allemani* ; l'Italie, reprise par les empereurs, céda encore devant les Lombards ; les Bulgares, les Huns-Abares, restes des hordes d'Attila, inquiétèrent encore Byzance, mais sans pouvoir s'en emparer ; les Serbes, les Croates s'emparèrent de la Mœsie et du Syrmium.

C'est alors que l'on vit une seconde invasion, celle du sud-est se joindre à celle du nord. Attila avait étendu sa religion, qui était probablement le bouddhisme. Mahomet fonda une nouvelle religion, et maître de l'Arabie, il mena cette brave nation à la conquête du monde. La Syrie, l'Egypte, l'Afrique furent enlevées à l'empire d'Orient, l'Espagne fut enlevée aux Goths, et la France attaquée.

Charles-Martel résista à l'invasion. Son fils, son petit-fils lui arrachèrent de nombreux pays en Espagne et en Italie, tout en s'opposant à de nouvelles invasions du nord. Les Saxons furent défaits dans leur pays et civilisés par le christianisme ; les peuples slavons reconnurent pour suzerain le nouvel empire d'Occident ; les Bulgares se convertirent à leur exemple ; les Normands seuls résistèrent et inquiétèrent les derniers moments de Charlemagne. Ils vainquirent ses successeurs, s'établirent dans la Neustrie ; de là, devenus chrétiens, ils conquirent l'Angleterre, Naples et la Sicile, dominant et soutenant le faible empire grec. Ici, l'invasion semble s'arrêter après une durée de cinq siècles ; mais c'est qu'alors elle se reportait sur l'Asie : c'est l'époque des conquêtes des Turcs ghaznévides et seljioucides. C'était ce peuple vaincu par la Chine, expulsé de ses frontières, chassé de ce côté-ci de l'Immaüs (monts Bélours), qui poussait sur nous les Oïgours ou Maggyars, ancêtres des Hongrois, les Khazares, les Cumanes, les Uzes, peuples mélangés de Tchoudes, de Sclavons et de Tartares ; c'était ce peuple turc qui avait réduit les califes arabes à n'être plus que les chefs de la loi, tandis qu'ils avaient le pouvoir militaire. Les croisades furent conçues autant pour s'opposer aux progrès de cette nation que pour reprendre Jérusalem. L'invasion des Seljioucides fut un moment arrêtée ; de nouveaux états chrétiens s'élevaient dans l'orient, quand une nouvelle commotion dans l'Asie rejeta sur l'occident un nouveau flot de barbares.

Genghis-Khan, devenu maître de toutes les hordes de la Tartarie, à la tête des Mogols, après s'être emparé de la Chine et de l'Inde, s'avance vers l'occident, poussant, comme Attila, des hordes sauvages devant lui. C'étaient surtout les Turcs ottomans, qui s'emparèrent de l'Asie-Mineure et plus tard de Constantinople. Leur invasion fut un moment arrêtée par celle de Timur, comme celle des Francs par celle d'Attila ; mais enfin, les Ottomans, maîtres de la capitale de l'Orient, firent trembler l'Europe, et s'éteignent, à présent, dans une décadence complète.

Ici, le mouvement semble tout-à-fait s'arrêter : c'est au tour des nations civilisées à s'avancer sur l'Amérique, à entourer l'Afrique, à s'introduire au sein de l'Asie, à peupler la cinquième partie du monde, mouvement que nous examinerons à l'article des colonies.

Ne semblerait-il pas que les steppes de la Tartarie soient le lieu de réserve où se forment de nouvelles nations destinées à punir les nations amollies ? car on voit toujours ces invasions suivre les époques de luxe et de faiblesse que le luxe procure. C'est ainsi qu'on voit l'affaiblissement des Grecs suivi de l'invasion turque, celui des Chinois suivi de l'invasion des Mandchous qui y règnent encore.

A notre époque, on n'a heureusement plus rien à craindre des nations tartares : leur population s'est diminuée, épuisée. Les empires russes et chinois se partagent presque toute cette vaste contrée ; mais peut-on prévoir ce qui arriverait si la Russie venait à se dissoudre, à se partager ou seulement à s'amollir ?

COLONIES.

Les peuples barbares, trop nombreux ou chassés de leurs déserts, ont fait des invasions ; les peuples civilisés ont fondé des colonies, soit lorsque leur population devenait surabondante, soit seulement pour se procurer des avantages commerciaux. Nous avons vu les colonies très-anciennes des Egyptiens en Grèce, des Tyriens et Phéniciens sur tous les bords de la Méditerranée et sur quelques-uns de ceux de l'Océan. Lorsque le territoire trop étroit des Grecs ne put plus les contenir, ils établirent à leur tour de nombreuses colonies sur les rives du Pont-Euxin, sur la côte d'Afrique, en Lybie, en Sicile, en Italie, dans les Gaules ; mais ces colonies, ces nouvelles cités ne dépendaient point des métropoles : celles qui furent formées du temps des rois l'étaient par des gens bannis ou par des exilés volontaires ; celles qui furent formées du temps des républiques établissaient un gouvernement républicain, calqué sur celui de leur mère-patrie, mais indépendant ; car, en ce temps, le pouvoir municipal n'était pas encore distinct du pouvoir de l'état. Ces villes eurent donc leur sénat, leur aréopage, et ne conservaient avec la métropole que de simples rapports de dialectes, de coutumes et d'affection. Le peu d'étendue du territoire de ces colonies, la liberté, le commerce, en firent bientôt des villes florissantes : Tarente, Syracuse, Naples, Marseille devinrent bientôt d'importantes cités. Rome se ressentit de leur voisinage, adopta en partie leurs mœurs et leurs lois, puis, finit par leur imposer sa domination.

Rome fonda aussi des colonies, différentes de celles des Grecs, en ce qu'au lieu d'être fondées en pays libre et éloigné, au lieu d'être indépendantes, elles étaient fondées dans des pays sujets des Romains, elles obéissaient à des proconsuls, à des préteurs, tout en ayant un gouvernement municipal calqué sur celui de Rome. Ces colonies, qui étendirent rapidement la langue et les mœurs romaines, différaient donc de celles des Grecs, en ce que ces dernières provenaient d'un petit pays trop peuplé, et que celles des Romains étaient celles d'un vaste empire, dont quelques parties

(1) Daniélo, t. 4, p. 140.

manquaient encore d'habitants. Les colonies modernes tiennent de ces deux genres de colonies antiques : comme celles des Grecs, elles sont établies loin de la nation mère; comme celles des Romains, sujettes et fondées dans de vastes pays à peupler.

S'établiront-elles aussi facilement que celles des Grecs, seront-elles aussi soumises que celles des Romains? leur histoire va nous répondre.

Les Espagnols et les Portugais furent les premiers Européens qui aient fondé des colonies. A peine libres du joug des Musulmans, ces deux pays étaient peu forts et presque dépeuplés lorsqu'ils eurent un nouveau monde à peupler et à soumettre. Les Espagnols, maîtres des deux vastes empires du Mexique et du Pérou, y trouvèrent une population faible et barbare, mais qui adopta de suite la religion des vainqueurs. Les Indiens, devenus paysans, furent facilement sujets; les sauvages du reste de l'Amérique, peu nombreux, laissèrent établir, au milieu de leur pays, des villes européennes sans se mêler aux Espagnols : ils furent ou anéantis ou repoussés, et ce pays présente encore l'aspect de la dépopulation. En vain on a essayé de les peupler par la race nègre esclave, il reste toujours de grands pays incultes entre ces villes nouvelles. Ce pays, objet de l'envie de l'Europe, ne put être défendu facilement. La religion vint à l'aide de la politique : des missionnaires rendirent chrétiens les sauvages errants, et fondèrent les réductions des Mojos, des Chiquitos, du Paraguay et de la Californie. Tous ces pays restèrent fidèles pendant trois siècles. Les nombreuses mines d'or et d'argent du Mexique et du Pérou indemnisaient l'Espagne des frais nécessaires pour établir ses colonies, mais elles l'appauvrissaient en lui créant une fausse richesse.

Les colonies portugaises, en accaparant le commerce des Indes, créèrent une richesse plus vraie, mais pas plus forte. L'immense étendue des côtes d'Afrique, l'Inde et sa nombreuse population, les îles de la Sonde, le vaste et désert Brésil, c'en était trop pour un pays de trois à quatre millions d'habitants, ajoutons-y une guerre avec le Maroc et l'amollissement que procurent toujours les richesses. Le Portugal passa à l'Espagne après la mort de don Sébastien; ses colonies suivirent le sort de ce pays, lors de la révolte du duc de Bragance, mais sans pouvoir reprendre leur ancienne splendeur. Un terrible ennemi s'était élevé contre ces colonies. La nouvelle république de Hollande enleva au Portugal le commerce des Indes, des îles de la Sonde et même, un moment, le Brésil qu'elle ne put conserver. Cette dernière colonie continua à être florissante, plus même que sa métropole; mais les colonies d'Afrique tombèrent dans un grand état de nullité.

Les colonies établies par les Hollandais eurent un aspect tout différent de celles des Portugais et des Espagnols. Ces commerçants ne cherchèrent pas à civiliser les pays qu'ils dominaient; ils les laissèrent soumis à leurs despotes vassaux de la compagnie des Indes. Ils se contentèrent du monopole des précieuses denrées de ces pays; le cap de Bonne-Espérance reçut une colonie agricole purement Hollandaise pour assurer une station entre l'Atlantique et la mer des Indes. Dans la Guyane, dans quelques îles de l'Amérique, les Hollandais fondèrent aussi quelques colonies à sucre, cultivées par des esclaves nègres comme les plantations du Brésil.

La France et l'Angleterre cherchèrent à imiter les trois nations dont je viens de parler. Le Canada vit les premiers établissements français. La pêche de la morue à Terre-Neuve y attira d'abord quelques vaisseaux, quelques stations; plus tard la facile communication de Saint-Laurent et des grands lacs y attira des colons ainsi que le commerce des pelleteries. Des colons venus des bords de la Loire s'y établirent en grand nombre : Québec, Moréal, furent fondés, les sauvages belliqueux du Canada s'attachèrent aux Français et adoptèrent presque tous la religion chrétienne. Bientôt cette colonie se toucha avec celle de la Louisiane, établie sur les rives du second grand fleuve de l'Amérique du nord. Cette dernière colonie attira l'envie des Espagnols qui égorgèrent les premiers colons français. La France prit cruellement sa revanche lors des guerres des flibustiers. On nommait ainsi de hardis marins qui allaient piller les villes espagnoles. Leur principale station était la côte déserte de Saint-Domingue, où ils tuaient et faisaient sécher de nombreux taureaux sauvages. A la paix, on vit ces féroces boucaniers devenir de paisibles agriculteurs. La Martinique, la Guadeloupe devinrent aussi de riches colonies, mais les autres colonies françaises restèrent toujours languissantes; nos divers gouverneurs ne surent pas tirer parti des vastes terres de la Guyane et de la Sénégambie. La France fut un peu plus heureuse dans les établissements des Indes-Orientales.

Les colonies anglaises, commencées dans des pays moins vastes, égalèrent bientôt celles des Français et bientôt après les surpassèrent. La Grande-Bretagne réunit tous les genres de colonies dont nous venons de parler; elle eut des colonies à sucre à la Jamaïque et dans d'autres îles enlevées aux Espagnols, des colonies agricoles dans la Virginie, la Caroline et la Nouvelle-Angleterre; des comptoirs et des forts à la baie d'Hudson, pour joindre le commerce du nord à celui du midi; elle eut des comptoirs dans les Indes, présages de sa grandeur future. Le moment de la révolution de ses colonies d'Amérique sembla lui devoir porter un coup terrible, mais l'Angleterre n'en prit que plus de force, elle profita de notre révolution pour asseoir sa puissance dans l'Inde, dont elle finit par s'emparer, en achetant les princes dégénérés et corrompus de ce pays. Ceylan, le Cap, furent enlevés aux Hollandais. Non contents de communiquer avec l'Inde par l'Atlantique, le gouvernement britannique voudrait y joindre la route plus courte de la Méditerranée et de la Mer Rouge. Gibraltar, Malte, les îles Ioniennes d'un côté, Aden et Soccotora de l'autre, sont les postes dont il s'est rendu maître, en attendant l'instant d'y joindre l'isthme de Suez.

Tel est l'ensemble que nous présente l'histoire des colonies modernes, nous n'y trouvons qu'un faible rapport avec celles des anciens. Celles des Russes seules ont quelques traits de celles des Romains; comme eux, ils fondent leurs colonies dans leur empire même, en peuplant leurs déserts, en fondant des villes qui attirent autour d'elles les sauvages habitants de la Sibérie, pays si important par sa position inexpugnable et surtout par son avenir.

DE LA GUERRE.

Tous les peuples ont fait la guerre, c'est l'état de nature des nations, faute d'avoir pu, comme les familles, se nommer un chef qui pût les gouverner. Plusieurs essais ont été tentés, ce que l'on a nommé les gouvernements féodaux dans lesquels on voyait plusieurs petits rois s'en nommer un, chef de tous; mais presque toujours ce n'était qu'un pouvoir nominal. Comment forcer ces petits chefs à l'obéissance? Cette question a toujours été l'écueil des divers systèmes féodaux, et loin de diminuer les guerres, ces essais en ont toujours causé de nouvelles. Il n'en a pas été de même des familles; commençant par un petit nombre d'individus, les pères, les aînés, leurs fils ont pu devenir de petits rois qui se sont associés avec d'autres suivant les religions, les langues communes, suivant les limites naturelles. Dans l'origine, ces états étaient fort petits; par les guerres, les invasions, les conquêtes, ils ont fini par former des empires dont chacun avait une religion à défendre ou à propager; une idée dominante, repoussée par les autres nations. De là, la nécessité des guerres, tant défensives qu'offensives.

De tout temps la civilisation a été obligée de se défendre contre la barbarie, les peuples agriculteurs contre les peuples pasteurs, contre les proscrits, les parias qui ne voulaient point obéir aux lois, qui aimaient mieux l'indépendance du désert que de plier à un gouvernement régulier, et qui sont devenus les sauvages. La lutte des Perses et des Grecs, celle des Parthes et des Romains, celle des Musulmans contre les Chrétiens, tant en Espagne que dans les Croisades, et de nos jours, dans la lutte des Grecs contre les Turcs, toutes ces guerres ne sont que la continuation de cette guerre éternelle de l'Orient contre l'Occident, de la liberté contre le despotisme.

Outre cette guerre générale, il y a les guerres d'invasion, de conquêtes, celles des successions, et enfin celles de révolutions, lorsqu'une idée neuve paraît dans un état et y veut produire des changements.

La forme du gouvernement, l'état des sciences influent beaucoup sur la composition des armées et sur la manière de faire la guerre. Dans un pays sauvage, tout homme est guerrier, ses guerres ne sont que des embuscades, des sortes de chasses. Dans les pays barbares, tout homme est aussi soldat, mais sous un chef, khan, sultan ou visir. Ces pays font la guerre en grandes masses souvent peu disciplinées : nul soin pour les subsistances; ces armées semblables aux essaims de sauterelles qui dévastent ces régions, ravagent les pays qu'elles envahissent et finissent par mourir de faim et surtout par les maladies qu'entraine presque toujours une grande accumulation d'hommes. Les nations nomades combattent presque toujours à cheval, comme jadis les Scythes et les Numides, comme à présent les Arabes et les Tartares.

Dans la démocratie, tout homme citoyen est encore soldat, mais on fait déjà un choix dans les plus forts et les plus actifs. Les troupes les plus ordinaires de ces gouvernements sont l'infanterie, car il faut des gens riches pour avoir une cavalerie : c'est un des points de ressemblance entre la démocratie et le despotisme.

Dans les temps anciens, on voit jusqu'à Cyrus la méthode de combattre dans des chariots de guerre. Cet usage, qui ne pouvait convenir que dans les plaines de l'Asie, ne put subsister en Occident où l'on n'en vit plus depuis le siége de Troie. La cavalerie, nulle alors, les remplaça avantageusement.

Les Macédoniens quittèrent l'usage du combat personnel, corps à corps ; ils formèrent leurs phalanges, premier fondement des légions, des régiments, de là leurs avantages continuels sur les Thraces, les Grecs, puis sur les Orientaux, mais ils ne purent tenir devant les Romains.

Ceux-ci avaient leurs célèbres légions de cinq à six mille hommes, aidés encore par des corps d'étrangers auxiliaires, par des cohortes de cavalerie, par des corps d'ouvriers et d'ingénieurs ; une légion romaine pouvait avoir quelques rapports avec nos divisions, étant à elle seule une petite armée, faisant l'arrière-garde, l'avant-garde, le flanc, le centre ou les ailes d'une grande armée.

Les peuples barbares attaquèrent les Romains par de nombreuses escarmouches; leur ordre de bataille le plus habituel était le coin avec lequel ils entamèrent souvent ces légions victorieuses des autres nations.

L'art des siéges, longtemps dans l'enfance, se perfectionna. Au lieu de ces longs blocus de plusieurs années entremêlés de sorties, on inventa des machines pour l'attaque et pour la défense ; on connut les béliers, les tours mobiles, les catapultes; on creusa des mines sous les murs des villes, et après les avoir soutenus par des étais de bois, on y mettait le feu pour faire des brèches. On peut voir dans le siége de Syracuse par les Romains quel art Archimède employa pour défendre cette place.

Cette guerre antique et savante se perdit à la fin de l'Empire. les Barbares ramenèrent les combats personnels ; les Romains amollis opposaient les barbares les uns aux autres, ou bien adoptaient leur manière de combattre ; l'art de la guerre retourna aux temps héroïques, mais il est difficile de dire au juste le temps où la manière antique a cessé tout-à-fait, où la manière chevaleresque a commencé. On voit alors dans l'Occident chaque chevalier suivi de ses hommes d'armes, ses pages, ses écuyers, chercher un antagoniste et le terrasser par sa force ou son adresse. On voit quelques mêlées où les hommes d'armes combattaient avec les chevaliers. Les armées de ce temps, peu nombreuses, étaient faciles à faire subsister; le peuple, qui n'y prenait aucune part, était traité avec courtoisie; c'est là l'origine de la guerre européenne qui a succédé aux terribles guerres d'invasion, de ravages que nous présente l'histoire de l'antiquité et celle des peuples barbares.

Les Mahométans avaient conservé l'usage de la guerre en grandes masses ; souvent la chevalerie eut le dessous contr'eux, souvent aussi le courage personnel des chevaliers les étonna et les vainquit; mais on crut devoir opposer masses contre masses, de là les foules indisciplinées des Croisés populaires. Les communes, les villes qui s'organisaient en petites républiques, fournirent des hommes d'armes, combattant à pied; on vit alors en Europe une infanterie, mais qui fut longtemps peu considérée. Les Anglais avaient dans ce temps leurs archers, leurs célèbres yeomen, qui représentaient à la guerre l'élément démocratique.

On connaît peu le système de guerre des empereurs du Bas-Empire. On y voit en gros des armées populaires, un grand nombre de mercenaires et surtout les Varègues ou Warrangiens qui y introduisaient l'art de la guerre comme on l'entendait alors dans le nord et dans l'occident. On voit même au moment des croisades Alexis Comnène y former un corps d'archontopules à l'instar des corps chevaleresques, mais ce corps périt défait par les Cosaques et les Hongrois. Les Grecs avaient mieux conservé la guerre savante, l'attaque et la défense des places fortes ; aux machines des anciens ils joignaient leur célèbre feu grégeois dans lequel plusieurs savants croient trouver la poudre à canon : chose bien douteuse; mais au moins l'une des inventions a amené l'autre, et elle a changé l'art de la guerre.

Lorsque la paix arrivait, la chevalerie se retirait dans ses châteaux, s'occupait de chasses, de tournois. Il n'en fut pas de même des armées populaires; les troupes des communes, incapables de se livrer au travail ou au commerce, se réunirent en compagnies de brigands, de là les bandes de routiers, de tard venus, de malandrins du quinzième et seizième siècle. Duguesclin les réunit, les disciplina, les emmena combattre en Espagne; puis sous Charles VII on les enrégimenta, et c'est à cette époque que l'on voit remonter l'ordre actuel ; des officiers commandants à des soldats plébéiens. La chevalerie se maintint quelque temps à côté de l'ordre nouveau des armées; cependant l'usage de la poudre, l'artillerie, les difficultés éprouvées soit contre les Anglais à Crécy et à Poitiers, soit contre les Turcs eux-mêmes à Varna, obligèrent de renoncer à l'ancienne manière de combattre; mais ce n'est guère qu'à l'époque de la Réforme, de la Ligue qu'on la voit totalement abandonnée.

Depuis ce temps, les progrès de l'art militaire sont immenses. Il est impossible d'en parler avec détail dans un ouvrage de la nature de celui-ci, on peut tout au plus nommer quelques-uns des grands hommes qui ont produit ces changements.

Ce seront principalement Gustave-Adolphe, Tilly et Walstein, dans la fameuse guerre de trente ans.

Turenne, Condé, Piccolomini, Montecucculi, élèves des grands généraux que nous venons de citer et qui les ont bien surpassés. Puis les Luxembourg, Catinat, Berwick et le prince Eugène, Vauban et Cohorn pour l'art de l'attaque et la défense des places fortes.

Frédéric-le-Grand, qui a changé complètement l'art de la guerre.

Les armées républicaines de France, armées pleines d'enthousiasme qui opposèrent avec tant d'avantages leurs masses et leur mouvement à la froide discipline germanique.

Enfin Napoléon, qui régla ces masses et donna au soldat une émulation inconnue jusque là, en l'appelant aux grades et aux honneurs des officiers.

XIV.

COMMERCE.

Le commerce n'est qu'un des effets de la civilisation; il ne la cause pas, mais la suit, l'entretient et parfois la propage. Il fait communiquer les nations entre elles, fait circuler les idées bonnes ou mauvaises aussi bien que les marchandises; il empêche surtout cet isolement des nations, caractère distinctif des peuples anciens, comme il est encore celui de la Chine et du Japon ; mais il amène le luxe qui souvent dénature l'esprit d'un gouvernement. Si le gouvernement est une république, le luxe y détruit l'égalité qui en est la base ; si c'est une monarchie, le commerce, le luxe y introduisent une classe riche qui a souvent plutôt l'esprit républicain (aristocratie d'argent ou oligarchie), que celui d'abnégation, d'honneur qu'il faut à ce gouvernement.

Le commerce résulte des besoins d'un pays et de l'abondance des autres, de l'industrie, de la diversité des denrées. Il produit avec douceur ce que les invasions produisent à main armée, il réussit mieux que la force à suppléer aux besoins d'un pays pauvre, mais industrieux.

Le commerce de l'Inde a toujours été le but du grand commerce. Ce pays si riche en étoffes, en fruits rares, en pierres précieuses, a de tout temps exporté ses produits, et nous voyons toujours que la nation qui en a eu le monopole a ou la prépondérance tant qu'elle a pu le conserver, ou qu'elle a eu en son pouvoir les routes qui y conduisaient. Ces routes ont été : 1° l'Egypte, par la Mer-Rouge et l'isthme de Suez ; 2° le golfe persique par l'Euphrate qui, près d'Alep et d'Antioche, s'avance près de la Méditerranée, 3° l'Oxus dans la Bactriane. Cette route a été celle de presque tous les conquérants de l'Inde. La ville de Bamian, autrefois si grande dans le moyen-âge; celle de Samarkand, lui devaient leur splendeur. La quatrième route est celle du cap de Bonne-Espérance. Lorsqu'elle a été découverte par les Portugais, elle a détruit en partie le commerce que faisait Venise avec ce pays par Alexandrie et la Mer Rouge, mais déjà les conquêtes des Turcs avaient bien diminué les anciennes relations.

Les Tyriens, dès le temps de Salomon, avaient commercé avec l'Inde par un port appartenant aux Juifs, maîtres alors de l'Idumée. Les Juifs profitaient de ces richesses, source de leur splendeur de ce temps, devenue proverbiale dans tout l'Orient. Les Tyriens, et surtout leurs colons les Carthaginois, commerçaient avec l'Espagne, les Gaules, les pays au-delà des colonnes d'Hercule ; la Grande-Bretagne d'où ils tiraient l'étain, les Iles Fortunées, la côte d'Afrique, jusqu'à un point inconnu, et même avec l'intérieur du pays. Le Niger et le Gyr ou Tchad leur étaient moins inconnus qu'à nous-mêmes. Les Grecs et les Romains se contentèrent du commerce de la Méditerranée, un peu de celui du nord de l'Europe; les Romains, surtout, le toléraient plus qu'ils ne le favorisaient.

Le Bas-Empire conservait toujours quelques relations avec l'Inde, soit par l'Égypte et la Mer-Rouge, soit par la Mer Caspienne et l'Oxus. Du temps de Justinien, ces relations se sont même étendues jusqu'à la Chine, mais Mahomet et ses successeurs détruisirent ces relations. Le pèlerinage de la Mecque devint aussi une grande rencontre de commerce, une foire où l'on se donnait rendez-vous des extrémités de l'Orient et de l'Occident. Ce commerce contribua même autant que les armes à étendre l'Islamisme jusque dans les Iles de la Sonde, chez les Malais des Moluques.

Les croisades portèrent les peuples d'Occident dans les contrées de l'Orient, ils y prirent le goût d'un luxe inconnu à leurs pères, et firent revivre le grand commerce. Venise, Gênes, Pise, etc., y trouvèrent la source de leurs richesses et de leur influence. Venise profita de sa domination temporaire sur l'empire de Constantinople. Gênes sa rivale sut s'appuyer sur les empereurs grecs ; maîtresse de la Crimée, d'une partie du Caucase, elle avait des relations fréquentes et suivies avec la Chine par le moyen de ses alliés les Tartares et les Mogols, successeurs de Gengis. L'Allemagne commerçait aussi avec l'orient par le Danube, avec le nord par la Baltique et la mer qui arrose ses côtes septentrionales, cause de la richesse des villes Hanséatiques : Brême, Hambourg, Lubeck. La France, à cette époque, avait peu de commerce : Marseille continuait celui de la Méditerranée, Dieppe avait, dit-on, quelques relations avec la côte d'Afrique jusque dans la Guinée, d'où elle tirait le poivre et l'ivoire.

La découverte successive de la côte de l'Afrique par les Portugais, celle de l'Amérique suivie peu après de celle du Cap de Bonne-Espérance et du nouveau chemin des Indes, porta le grand commerce sur l'Océan Atlantique, tandis que la Méditerranée, désolée par les corsaires mahométans, voyait décroître son antique importance, importance qui semble vouloir renaître de nos jours par l'abaissement de l'empire ottoman, possesseur inactif de deux des routes de l'Inde.

Nous avons vu comment le commerce des Portugais est passé aux Hollandais, et de là aux Anglais. La Russie s'ouvrit une longue communication avec la Chine par le moyen des fleuves de la Sibérie. La Vera Crux, Mexico et Acapulco ont encore été une autre route pour communiquer avec ce grand empire. Panama offrirait encore une route plus directe, si son isthme peu élevé et peu large était coupé, chose qui ne paraît pas impossible. Espérons que l'anarchie qui désole l'Amérique espagnole finira bientôt. Déjà la révolte de ces pays contre l'Espagne a ouvert ces ports au commerce européen, déjà la guerre de l'Angleterre contre la Chine nous fait espérer de nouveaux rapports avec ce pays.

Les mines du Mexique et du Pérou ont jeté dans la circulation une masse considérable de numéraire qui a fait diminuer le prix de l'argent et hausser celui des denrées. Cet état de choses a changé par la révolution de l'Amérique espagnole, mais en même temps, et par compensation, l'Inde, devenue anglaise, a ouvert ses trésors et tire à présent de l'Europe une grande quantité d'objets de luxe.

Il ne me reste plus qu'à dire un mot sur les prohibitions que les divers gouvernements font subir à telles ou telles parties du commerce étranger, pour favoriser celui du pays; c'est l'immense question des douanes que je ne puis qu'effleurer.

Dans les pays sauvages, les douanes sont inconnues, ces pays vendent leurs fourrures, leurs esclaves, leur or, leurs denrées précieuses, s'ils en ont, et les troquent contre des grains de verre, des haches, des clous et surtout contre de l'eau-de-vie qui achève de les abrutir.

Dans les pays barbares, il n'y a pas plus de douanes que dans les pays sauvages, mais il y a monopole. Le chef, le sultan accapare les objets de commerce et les revend chèrement, cherchant à tromper à-la-fois ses sujets et les étrangers ; il permet quelques cultures exclusives dans certaines localités. Quand ces états sont forts, ils interdisent tout commerce qui ne serait pas utile au despote comme cela a eu lieu en Chine jusqu'à nos jours. Dans tous ces pays despotiques, les Européens sont parqués dans une seule ville ou dans un seul quartier sans qu'on veuille leur permettre aucune communication avec les habitants du pays.

Dans les pays civilisés, on trouve un système de douanes, organisé, mais en même temps un système de contrebande aussi bien organisé et partout favorisé par l'opinion publique à qui ces restrictions mises au commerce semblent abusives et vexatoires.

Rien n'est cependant plus utile et plus protecteur pour le commerce et l'industrie. Sans les douanes, les fabriques d'un pays où la main-d'œuvre est chère, languiraient, tandis que d'autres pays deviendraient exclusivement fabricants ; les cultivateurs verraient leurs grains, leurs troupeaux privés d'acheteurs.

Le tableau en regard nous fait voir encore les pays qui donnent sur des bassins intérieurs et dont le commerce peut être fermé par les souverains maîtres des détroits qui conduisent de ces mers dans l'Océan. C'est ainsi que la Russie et la Prusse sont gênées par le Danemarck, que la Russie est encore gênée par le Bosphore et les Dardanelles, que les pays méditerranéens sont gênés par Gibraltar entre les mains des Anglais; il explique l'importance des détroits de la Sonde, d'Ormus, de Babelmandel ; il explique les efforts que l'on fait pour s'en emparer, ainsi que des deux isthmes de Suez et de Panama, fait qui nous explique la politique constante de certaines nations.

La position favorable de certains pays nous y est encore montrée, mais tous n'ont pas su tirer parti de leur position, tandis que l'Angleterre en profite pour être la maîtresse de l'Atlantique et des mers. Le Japon qui pouvait l'être de l'Océan Pacifique; Madagascar qui pouvait l'être de l'Océan Indien, végètent, l'un dans la barbarie, l'autre dans l'état sauvage. Nos neveux les verront peut-être civilisés et dominant à leur tour.

AGGLOMÉRATION DES HOMMES — CAPITALES.

Nous avons vu l'espèce humaine divisée en familles, ces familles former des nations suivant leurs langues ou leurs religions, quand elles obéissaient aux mêmes chefs. Nous avons vu les peuples sauvages ne former que de petites peuplades, de grandes familles; les peuples nomades, vivre en tribus, se réunir parfois sous un même chef, soit pour se défendre, soit pour attaquer. Nous allons à présent nous occuper des peuples barbares et policés.

Tantôt les familles vivent en maisons isolées, tantôt elles forment des villages, des villes; et le grand commerce, la résidence des souverains en font des capitales. Les effets de ces diverses agglomérations sont sensibles sur le plus ou moins de civilisation d'un pays.

Dans les pays longtemps soumis aux invasions des barbares, comme dans l'Espagne, la Hongrie (1), le pays des Cosaques, le besoin de se défendre a porté les hommes à se réunir en de petites villes qui ne sont que de grands villages dont les habitants sont plus agriculteurs que commerçants. De cet état de choses, il résulte de grands espaces incultes, des bandes de Zigganes ou Bohémiens vagabonds, des brigands qu'il est difficile de réprimer. Dans quelques-uns de ces pays, les gouvernements ont établi des

(1) *Mémoires du duc de Raguse.*

colonies militaires comme en Russie, et surtout en Autriche où un long cordon militaire, création du prince Eugène, met le pays à l'abri des incursions. Là, tout homme est soldat, chaque village est organisé militairement, forme une compagnie que des colonels ont soin d'entretenir dans l'esprit de discipline, et que les ravages des Turcs exercent fréquemment.

C'est aussi le besoin de se défendre qui, lors de l'invasion des barbares dans notre pays, a forcé les hommes de choisir leurs demeures dans les montagnes ; de là ces châteaux forts sur les collines, ces bourgs dans des positions d'un accès difficile ; on voit à présent presque partout les villages abandonner les hauteurs et se fixer sur le bord des rivières.

Les petites peuplades errantes de l'Allemagne barbare se sont réunies à la voix des missionnaires chrétiens et y ont formé la paroisse. Elle y est plus grande que dans les pays anciennement sujets aux Romains, tels que la France et l'Italie, où la paroisse a été formée par les anciennes propriétés romaines et les esclaves qui y étaient attachés.

Dans certaines parties de l'Europe, surtout quand le sol est peu fertile, les habitations, au lieu d'être réunies en villages, sont disséminées sur toute l'étendue de la paroisse ; il en résulte moins d'esprit communal, moins d'instruction, de plus mauvais chemins, plus de facilité pour les vols et les désordres, mais cependant l'esprit de la famille s'y conserve mieux ; d'ailleurs la paroisse, réunissant dans un lieu commun toutes ces habitations éparses, empêche les maux qui pourraient en découler. L'ouest et le centre de la France offrent un grand nombre de ces maisons isolées. La population des villes est à peu près la même dans toute l'Europe, on peut en compter une par vingt-cinq à trente mille ames ; elles sont la demeure des marchands, des employés des gens de loi, et sont toutes plus civilisées que les villages.

La Suède et la Pologne ont des villes moins peuplées que celles du reste de l'Europe, et cela parce que les artisans, les instituteurs et les médecins se sont fixés près des châteaux des nobles, état de chose dû en partie à leur résidence dans leurs terres et à l'éloignement des villes dans ces pays peu habités.

Les pays orientaux n'offrent guère d'habitants que dans les villes, fortifiées pour la plupart. Le pays à l'entour est mal cultivé; à une petite distance de ces villes commence le désert, et il n'est habité que par quelques tribus errantes, qui se logent dans des douars, sorte de camps agricoles et nomades. L'Egypte doit à la bonté de son sol d'avoir quelques villages, car elle est plus agricole que le reste de l'Orient. Dans le Liban, dans l'Arménie, dans quelques portions de l'Asie-Mineure, il y en a aussi quelques-uns, grâce à la population chrétienne de ces contrées.

L'Inde n'a guère d'habitants que dans ses villes, probablement à cause des castes qui, en ne permettant à une famille qu'une même profession, obligent les hommes à se réunir en grand nombre pour avoir toutes les choses nécessaires à la vie.

L'Amérique a adopté les mœurs européennes : espagnoles au midi, anglaises au nord. La paroisse y est fort étendue, et les maisons des planteurs, disséminées à l'entour, rassemblent autour d'elles quelques professions, à cause de l'éloignement des villes.

Dans ce pays on voit aussi les réductions, grandes paroisses d'Indiens convertis, sorte de villes monastères. Jadis gouvernées par les jésuites, elles le sont à présent par des moines dominicains et se trouvent encore chez les Indiens Mojos et Chiquitos, dans le Paraguay, et quelques-unes en Californie.

On peut remarquer que dans les pays peu habités, on a conservé l'hospitalité à la manière antique. Dès que le pays est plus peuplé, on trouve en Europe des auberges, en Orient des khans ou caravansérails, dans l'Inde les bangalors. Les caravansérails, les caravanes, sont un des traits caractéristiques de l'Orient. Les vastes déserts qu'il faut traverser obligent les marchands et les voyageurs à se réunir en grand nombre. On les voit dès les temps de la Genèse. Dans le moyen-âge, en Europe, on logeait souvent dans les châteaux, dans les monastères, dans les hôpitaux, surtout les pèlerins, et c'est peut-être pourquoi cette sorte de dévotion était alors si fréquente.

C'est dans les grandes villes, les capitales, que l'on a vu de tout temps les principaux centres de civilisation. C'est là qu'une civilisation commence à croître, là qu'elle commence sa décadence, que les mœurs se corrompent, que les révolutions éclatent. Divers traits pourront y frapper un observateur : 1° Il y en a presque toujours deux dans le même centre de civilisation, exemple : Babylone et Ninive, Thèbes et Memphis, Sparte et Athènes, et de nos jours Londres et Paris. 2° Ces capitales sont rarement au milieu des pays qu'elles dominent, mais souvent sur les bornes d'une frontière, et de celle qui est la plus attaquée, la plus exposée à l'ennemi. Dans l'Orient surtout, cette disposition est générale, parce que le chef-lieu de l'armée est aussi celui de la nation. 3° L'extrême étendue des villes de l'Orient et leur prompte disparution. On peut trouver la cause de leur étendue dans le besoin qu'avaient leurs habitants d'enfermer de murs une enceinte assez grande pour pouvoir les nourrir en cas de siége. Quant à leur prompte disparution, on peut penser que ces villes de l'antique Asie, étaient comme celles de la nouvelle, construites en bois, en bambou, des amas de chaumières entourant quelques temples, quelques palais. De là peu de temps pour les élever, et encore moins pour les faire disparaître. Si quelques causes changeaient de place la capitale de la Chine, il ne resterait de Pékin que la vaste enceinte de ses murs. C'est ce qui peut expliquer la disparution de Babylone, d'Ecbatane, de Ninive, de Persépolis, d'Ispahan, et de quelques autres grandes villes de l'Orient.

On peut observer encore que la plupart de ces capitales antiques, telles que Memphis, Babylone, Antioche, et les villes de l'ancienne Perse, que celles du moyen-âge, Alep, Damas, le Caire, Bagdad étaient placées sur la limite de la région des Indes et de celle de la Méditerranée. Leur position explique les rapports qui se trouvent entre ces deux régions ; leur importance venait de leur double commerce.

Dans les temps plus antiques encore, on trouve Bamian, capitale des premiers rois de la Perse, bâtie sur la triple limite de l'Inde, de la Perse et de la Tartarie, à une petite distance du Thibet et de la région de la Chine. C'est de là, suivant toutes les probabilités, qu'est partie la civilisation de ces quatre antiques contrées. La traduction persanne y place même le séjour d'Abraham avant qu'il n'eût été rappelé en Chaldée. Dès le temps de ce patriarche, nous voyons Sodome être déjà un foyer de corruption, puis dans la suite les mêmes mauvaises mœurs à Babylone, à Tyr, et dans les autres grandes villes. Au moral comme au physique, les grandes maladies mortelles ou pestilentielles prennent naissance dans les grandes cités.

POPULATION.

Dans la carte de l'histoire, dans celles des religions, des langages, j'ai évalué la population ensemble à 600 millions environ ; ce nombre ne peut être qu'approximatif pour les pays non civilisés. Voici mes données : un pays civilisé peut nourrir facilement mille habitants par lieue carrée. Un pays dont les habitants sont nomades ne peut guère nourrir plus d'un million d'hommes par un carré de 100 lieues de toute face ou dix mille lieues carrées, ils sont dix fois moins peuplés que les pays agricoles. Les pays sauvages le sont encore beaucoup moins ; un pays de dix mille lieues carrées ne peut guère nourrir plus de deux ou trois cent guerriers, soit mille habitants, s'ils ne vivent que de la chasse ou de la pêche.

Les statistiques, les géographies qui donnent à la terre une population de 800 millions et même au-delà n'arrivent à ce nombre qu'en augmentant la population inconnue de la Chine, en admettant les calculs de leurs mandarins qui portent cette population à 333,333,333 habitants. Suivant moi, elle ne peut guère être plus de 120 à 160 millions. Cet empire n'a de cultivable que la Chine proprement dite. Ce pays n'a que 400 lieues de 25 au degré sur toute face ; c'est quatre fois la surface de la France, et je crois faire grâce à ce pays en admettant que la population y soit aussi forte. Ce serait donc 120 à 130 millions. On parle de la prodigieuse population de ce pays sur les bords du canal et des deux fleuves, autour des capitales, mais on ne dit rien des pays totalement déserts du Yu-nan, des montagnes de l'intérieur, et des frontières de la Tartarie.

On sait combien les voyageurs sont sujets à s'exagérer la grandeur des villes étrangères. Alger passait pour renfermer 100 mille habitants, la conquête n'y en a trouvé que 25. De plus, dans tous ces pays orientaux, il n'y a guère que les villes de bien habitées; le reste consiste en tribus nomades qu'il faut évaluer au dixième de la population agricole, c'est-à-dire à 100 habitants par lieue carrée.

Une autre question s'élève au sujet de la population. Montesquieu prétend que la terre se dépeuple et avait jadis une population plus considérable qu'à présent. On peut croire son assertion, vraie pour les pays de l'Orient : la Perse, l'Egypte, la Grèce, mais elle ne l'est pas pour le nord de l'Europe, alors presque désert, à présent très-peuplé, ces pays jadis nomades ou chasseurs étant devenus agricoles. Il semble même que c'est la monogamie, le célibat des chrétiens qui a produit cette population du nord, tandis que ces faits bien évidents ne se trouvent que dans les pays musulmans polygames, et que la population des pays chrétiens s'accroît de telle sorte qu'elle a effrayé Malthus et d'autres savants socialistes.

Esprit des Lois, liv. XXIII, chap. 19. *Lettres persannes*.

ÉTAT-SOCIAL.

Trois causes séparent profondément l'état social des peuples civilisés avec celui des peuples barbares : ce sont la polygamie, l'esclavage et le despotime. Ces maux s'enchaînent entre eux et sont souvent la cause les uns des autres. L'esclavage a pu se trouver dans des pays à demi civilisés, mais il y est à l'état de transition, maîtres et esclaves cherchent à le diminuer, ou bien le pays perd sa civilisation et recule vers la barbarie. Examinons ces trois grands maux des sociétés. Je commencerai par la polygamie qui me semble la première et la principale cause de ses désordres.

POLYGAMIE.

La polygamie semble naturelle à l'homme, aussi a-t-il fallu un ordre de chose surnaturel pour la lui interdire. Il a fallu la religion pour le priver de cette source de maux.

Ses *causes* sont : 1° La faculté du mariage qui, dans les pays chauds surtout, dure plus longtemps dans l'homme que dans la femme ; 2° le désir d'avoir beaucoup d'enfants ; 3° l'esclavage, qui se retrouve aussi dans ses effets, tant les maux s'enchaînent entre eux.

Ses *effets* sont : 1° La privation de femmes pour un grand nombre d'hommes, et les mœurs contre nature qui en découlent, car par toute la terre la proportion est égale, malgré quelques assertions contraires qui se sont trouvées démenties ; 2° la quantité considérable d'enfants dans une même famille, de là résulte le partage des biens-fonds à l'extrême, tellement que dans les pays polygames il n'y a presque aucune propriété foncière, on ne s'y attache qu'à l'argent, aux biens meubles, plus faciles à partager ; 3° l'éloignement dans lequel les enfants sont tenus du père, leur grand nombre qui fait qu'il les connaît à peine tous, ce qui le met dans l'impossibilité de leur donner une éducation convenable à son rang ; 4° l'esclavage des femmes et le mépris dans lequel elles tombent, de là leurs mauvaises mœurs, la nécessité de les enfermer, de là les eunuques ; 5° le pouvoir absolu du père sur les enfants comme sur les femmes, d'où provient l'esclavage dans la famille et le despotisme dans l'État ; aussi ces deux maux sont-ils inséparables. Sans ce despotisme dans la famille, comment un père pourrait-il tenir dans l'ordre toutes ces différentes épouses, et surtout leurs enfants ; réprimer les jalousies, les infidélités, les mauvaises mœurs ; il faut un joug de fer pour réduire ces enfants de tout âge et ces femmes dans une même maison, il faut une sorte d'emprisonnement.

C'est parce que les Romains n'étaient pas polygames que, malgré leur religion polythéiste, leur état social ressemblait plus au nôtre que celui des orientaux anciens et modernes ; l'état des enfants était pareil à celui du père, on y trouve l'esprit de famille, et par suite, l'esprit républicain. Chez ce peuple, le divorce finit par s'introduire avec les mauvaises mœurs, la tyrannie absolue des empereurs s'y introduisit en même temps, mais ce n'était cependant pas tout-à-fait encore le despotisme oriental.

La polygamie tolérée chez les Hébreux, semble y avoir produit moins de maux que chez les autres peuples asiatiques, ce qui peut provenir : 1° des terres qui étaient substituées aux familles ; 2° de l'égalité qui régnait parmi eux et qui la rendait excessivement peu commune ; 3° de la défense d'avoir des eunuques ; 4° de la liberté des femmes, plus grande que dans le reste de l'Orient, vu leurs meilleures mœurs, suite de leur vraie religion ; 5° de l'éducation que les parents étaient obligés de donner à leurs enfants ; cependant, malgré ces causes atténuantes, la polygamie a produit chez les Israëlites, comme partout, la tyrannie dans la famille et dans l'État, bien que ce despotisme des rois hébreux ait été plus restreint que celui des autres rois orientaux, vu que les lois étant religieuses étaient au-dessus d'eux.

Au premier coup-d'œil, on peut croire que la polygamie doit augmenter la population, il n'en est rien ; si un homme a plus d'enfants avec dix femmes qu'avec une seule, dix femmes mariées à dix hommes en auront bien davantage encore ; les faits d'ailleurs nous disent hautement le contraire. Les pays mahométans polygames se dépeuplent rapidement, tandis que les pays chrétiens monogames se peuplent avec rapidité et sont même obligés d'avoir des colonies.

C'est ici le lieu de jeter un coup-d'œil sur l'état des femmes chez les diverses nations et dans les différents degrés de la civilisation. Dans l'état sauvage, la femme est esclave, maltraitée, méprisée, seule elle est chargée de l'agriculture temporaire de ces peuplades, des travaux de l'intérieur ; les hommes ont pour eux la guerre et la chasse, ils sont oisifs le reste du temps ; les jeunes filles y sont fort libres, et la polygamie n'y existe que dans les chefs. Dans l'état barbare au premier degré, la femme est chargée aussi de l'agriculture. Chez les peuples nomades, elle y joint les soins du ménage ; la femme y est plus renfermée que dans l'état sauvage, les maris plus jaloux car les hommes y sont plus nombreux : chez les sauvages, on n'a que la famille ; chez les nomades, on a déjà la tribu. Chez les barbares fixés où il y a agriculture complète, la femme est dégagée des travaux les plus durs, mais elle est cloîtrée, autant pour le bon ordre public que pour sa sécurité particulière ; elle y est vendue, achetée comme esclave, elle est propriété de l'homme. Chez les peuples chrétiens et civilisés, elle est maîtresse de l'intérieur, de son bien, n'a que les travaux qui conviennent à son sexe ; mais certains droits lui sont ôtés par mesure d'ordre : veuve, elle jouit d'une liberté pareille à celle des hommes ; les droits, les pouvoirs politiques seuls lui sont refusés, ce qui est juste, car de tels droits veulent être soutenus par l'épée.

Un des traits qui distinguent le plus la soi-disant barbarie du moyen-âge, de la véritable barbarie, est, que dans ce temps, les femmes, loin d'être esclaves, étaient au contraire traitées avec un respect qui avait été porté à un point extrême dans les mœurs chevaleresques.

ESCLAVAGE.

Le second grand mal des sociétés barbares est l'esclavage. Nous avons pu remarquer son universalité ; c'était anciennement la base de toutes les sociétés, non seulement dans les pays despotiques et polygames où il résulte des lois civiles et religieuses, mais aussi dans les républiques les plus démocratiques. On pourrait croire ce mal inhérent à l'espèce humaine, si on ne le voyait aboli dans les pays chrétiens civilisés, et bien diminué dans les états chrétiens moins avancés, tels que la Russie et les États-Unis. Examinons d'abord cet état particulier dont nous n'avons pas d'idées bien justes.

L'esclave, anciennement, n'était pas considéré comme un homme, mais comme une chose mobilière, il ne pouvait pas hériter, ni avoir de l'argent à lui ; on le vendait séparément de sa femme et de ses enfants, et même, il n'y avait pour lui ni femmes ni enfants, car il n'y avait pour lui aucuns liens civils ni religieux ; on le logeait, on le nourrissait tant bien que mal, et tout son travail, son *croît* était pour son possesseur.

Causes. 1° La polygamie. On vendait les femmes que l'on avait pu acheter, on vendait les enfants que l'on avait eu de ces femmes achetées ; 2° le droit de conquête. Une ville était prise, une armée se rendait prisonnière, les plus barbares massacraient cette ville ou cette armée; les plus humains emmenaient les habitants, hommes et femmes, les soldats prisonniers, en esclavage. On attachait les uns au service personnel, les autres à la culture et à la garde des troupeaux, et c'étaient les moins malheureux; 3° ce commerce d'esclaves étant lucratif on faisait la guerre pour s'en procurer; des pirates, même dans la Grèce la plus policée, allaient piller des îles, des villes maritimes, tout ce qu'ils pouvaient prendre à l'improviste était emmené captif et vendu; 4° la différence des races, comme l'esclavage des nègres dans les temps modernes.

L'*effet* le plus constant, le plus universel de l'esclavage est l'abrutissement moral de l'esclave; il n'a plus aucune idée d'honneur, de propriété; le vol, le mensonge, lui semblent permis; les filles, les femmes, regardent comme un honneur d'être distinguées par leurs maîtres; sans mariage entre eux ils se livrent à toutes les passions. Cet effet dégradant rejaillit même sur le maître, il devient cruel pour ses esclaves qu'il regarde à peine comme des hommes; débauché, en regardant les esclaves de l'autre sexe comme son bien; dur pour les enfants qu'il a de ses esclaves, les traitant en esclaves comme leurs mères. La dégradation de l'esclave est si grande qu'il ne peut être émancipé que par degré; il faut en faire un homme lui donner des principes avant de le livrer à lui-même, sans quoi il se livre à la paresse, à la mendicité, au vol, et, s'il est fort, au massacre de ses anciens maîtres.

Chez les anciens, l'affranchissement était plus facile que dans nos colonies, car l'esclave étant de la même famille humaine que son maître, n'était pas distingué par sa figure; son intelligence, son éducation étaient égales, parfois même supérieures; il était facilement admis au rang des citoyens libres, dont rien ne le distinguait. Cependant, les affranchis conservèrent souvent l'esprit de servitude, d'intrigue, de bassesse, de flatterie, dont ils avaient pris l'habitude. Lors de l'introduction du christianisme dans l'empire romain, les affranchissements devinrent tellement nombreux que l'on put craindre de voir les terres rester incultes, ce qui donna lieu aux lois du colonage.

Par ces lois, tout en permettant l'affranchissement, les empereurs ne voulurent admettre les anciens esclaves à l'exercice de tous les droits de citoyens, que quand ils auraient acquis des terres, un talent, un moyen de subsister. On leur permit d'avoir un pécule, c'est-à-dire de l'argent à eux; on leur accorda un état civil pour commencer la famille; on obligea leurs maîtres à leur donner des terres en fermage à moitié fruit pour qu'ils eussent une existence assurée. Dans les contrées de l'ancien empire romain, qui furent envahies par les barbares, la marche de l'abolition de l'esclavage ne fut pas si prompte, mais la servitude personnelle, la plus dure de toutes, était inconnue chez les peuples gothiques, qui la remplaçaient par le service des jeunes gens libres, et n'avaient que des esclaves agricoles. Ces esclaves obtinrent d'avoir une famille, un pays et de ne pas pouvoir être vendus individuellement, on donna à ce nouvel état de l'esclave le nom de servage. Les serfs éprouvèrent bientôt un nouvel adoucissement à leur sort; dans l'Europe occidentale, on leur abandonna des terres au lieu de les nourrir, des bois au lieu de les loger et de les chauffer; on leur donna la propriété de leurs maisons, de quelques champs à l'entour, à charge de rendre quelques services à leurs anciens propriétaires: les serfs devinrent vassaux. Les vassaux obtinrent bientôt un gouvernement municipal; la paroisse devint *commune*, les droits devinrent purement honorifiques pour le seigneur; on les racheta, on les abolit enfin. La France, l'Italie, l'Espagne, l'Angleterre, la Suède ont vu leurs habitants atteindre la liberté la plus complète; l'Allemagne aussi, presque partout, et le reste n'a que quelques droits insignifiants. La Pologne et la Russie seules ont vu se continuer l'état de vasselage, et même, dans quelques parties de la Russie, l'état du paysan a rétrogradé; de vassal il est devenu serf, de serf même il est quelquefois devenu esclave.

DESPOTISME.

Nous voyons cette forme de gouvernement chez presque tous les peuples antiques. Un moment écartée en Grèce, à Rome, par suite de l'esprit républicain, par l'égalité des citoyens libres, elle reparaît en partie sous les empereurs romains et se prolonge dans le Bas-Empire avec les eunuques et le faste d'Aurélien, de Dioclétien, de Constance et des empereurs ariens, monothélites et iconoclastes. Le mahométisme lui donne une nouvelle vie, les empereurs chrétiens n'étaient que des chefs absolus; les califes, les sultans musulmans furent de vrais despotes. On ne peut que glaner sur un tel sujet après Montesquieu qui l'a si bien traité, nous allons seulement examiner ses causes et ses effets, comme nous l'avons fait pour la polygamie et pour l'esclavage.

Causes: 1° la polygamie, comme nous l'avons vu; 2° les conquêtes; 3° l'égalité dans un grand état, alors aucun ordre politique ne peut s'opposer aux envahissements du prince; 4° la confusion du pouvoir religieux avec le pouvoir politique, confusion qui met le prince au-dessus des lois; 5° le pouvoir militaire qui conduit seul au despotisme; l'armée alors en devient l'instrument, elle fait et défait les empereurs à son gré; 6° enfin le pouvoir absolu que donne quelquefois une nation à un seul homme pour échapper à l'anarchie, ou le plus souvent pris sur elle par son consentement, surtout par un guerrier célèbre.

Effets: 1° La confusion de tous les pouvoirs sur une même tête; 2° la transmission de tous ces pouvoirs à un seul ministre; de là les satrapes, les visirs, les pachas, etc., joignant les pouvoirs civils, judiciaires et religieux aux pouvoirs militaires; 3° l'égalité sous le despote, égalité d'esclavage et de servitude. Les ministres eux-mêmes, pris dans le peuple, y rentrent suivant les caprices du despote; 4° la barbarie et l'ignorance, l'affaiblissement du commerce, car le despote devient toujours monopolisateur, les terres même deviennent la possession du sultan, de là, leur culture misérable; 5° enfin l'amollissement du despote qui laisse les soins du gouvernement à ses visirs, qui, s'enfermant dans son palais, ne songe qu'à satisfaire ses passions les plus viles, amollissement causé le plus ordinairement par son absence d'éducation, par la réclusion dans laquelle les princes héréditaires de ces états sont retenus; réclusion causée par la crainte qu'ils inspirent.

Cet état de chose finit ordinairement par une conquête, si la nation est aussi dégénérée que son chef, ou bien si la nation conserve encore un peu de vigueur par des révoltes à la suite desquelles un pacha de quelques provinces, un chef de quelque horde ignorée, recommence une nouvelle dynastie qui finit un peu plus tard comme la première; c'est là le résumé de l'histoire de tout l'Orient, de tous les pays barbares et polygames.

En résumé, le despotisme nous offre: 1° misère pour le pauvre privé de femmes par la polygamie des grands et des riches, privé de protecteurs qu'il lui faut payer très-cher; 2° misère pour la classe moyenne, exposée aux vexations des pachas, obligée de cacher sa fortune contre les avanies, on n'a dans ces pays que de l'or ou des bijoux faciles à cacher, on n'ose y montrer son bien-être; 3° misère pour les pachas, que le sultan pille à son gré pour punir à son profit les vexations qu'ils font subir à ses sujets; 4° misère pour les femmes esclaves, achetées et vendues; 5° misère pour les enfants esclaves comme leurs mères, ignorants, pauvres par leur grand nombre; 6° misère pour le visir qui tombe, vie et biens, sous le double poids des caprices du sultan et de la populace, enfin misère pour le sultan lui-même, destiné à la mort et à la prison dès son enfance. S'il parvient au trône, il a tous les plaisirs, mais souvent son corps épuisé, son esprit blasé, ne peuvent plus en jouir; de plus, la révolte de ses sujets, sa déposition, sa mort violente à peu près certaine, voilà sa perspective, son sort le plus probable.

En lisant l'histoire, on voit que le droit des gens et la diplomatie ont suivi toutes les phases de la civilisation. Chez les peuples antiques barbares ou à demi civilisés, l'état d'isolement est imprimé à la nation: diversité de langage, de religion, de lois, de mœurs, tout tend à ce but. Les despotes cherchent à s'isoler des autres états par un désert naturel ou factice, en dépeuplant leurs frontières pour se mettre à l'abri des invasions; ces états ne reçoivent d'ambassadeurs que de leurs tributaires, ou des princes voisins qui ont besoin d'eux, quelquefois de ceux qui veulent les asservir; ils n'en envoient aussi que dans leurs besoins très-pressants. Chez les peuples non chrétiens le droit des gens consiste à ne pas faire la guerre sans déclaration, en cas de guerre à emprisonner les ambassadeurs étrangers, quand on en a. Quand ils permettent le commerce étranger comme monopole en leur faveur, l'étranger est parqué dans une seule ville pour maintenir l'isolement de leur peuple. Lorsque les étrangers sont admis dans plusieurs villes, comme en Turquie, ce n'est toujours que dans un quartier séparé et toujours sans contact avec les indigènes. On leur permet alors d'avoir leurs consuls, leurs magistrats, mais jamais ils ne participent aux charges ni aux droits de l'Etat.

Lorsqu'un pays est divisé en petits états républicains ou despotiques, mais unis par une langue, des mœurs, des usages et un culte communs, il y a plus d'union comme jadis dans la Grèce antique. On n'a toujours point d'ambassadeurs réguliers, mais il y a une sorte de congrès, de conseil d'amphictions. Les étrangers sont alors presque citoyens, et finissent par le devenir après quelques générations, quand ils ont la même langue, les mêmes mœurs, la même religion et les mêmes lois, autrement on les appelle barbares, ils sont hors du droit des gens, telle était la Grèce, telle a été longtemps l'Inde, encore à présent profondément séparée de ses possesseurs par la religion.

L'empire romain, isolé autour de la Méditerranée, suivait les usages du despotisme oriental, c'était l'antique droit des gens. Parfois ils se faisaient donner des ôtages des états voisins, surtout des Parthes; c'était un gage qu'ils avaient contre les incursions de ce peuple dans les princes de la famille royale, et souvent c'était pour ces princes un appui contre la tyrannie de leurs pères ou de leurs frères.

Le christianisme a changé totalement cet état de choses, l'usage des Grecs a été appliqué à tout le monde chrétien; une religion commune servant de lien, le pape était le chef de cette république. Les lois qui régissaient les particuliers régissaient aussi les états; le droit des gens fut fondé, connu et suivi, du moins entre chrétiens. Envers les autres peuples, on agissait à leur égard comme ils agissaient au nôtre. En Occident, la chevalerie ne faisait qu'un seul peuple de toute l'Europe chrétienne, la guerre elle-même s'était civilisée; on n'avait plus de ces haines à mort de peuples à peuples, on agissait loyalement dans les différents avec ses ennemis, et deux nations, longtemps hostiles, pouvaient faire la paix dans un intérêt commun.

Ce qui avait lieu dans l'ordre public, avait aussi lieu dans l'ordre particulier. En Orient, on assassine un ennemi; dans le Bas-Empire, on le trahissait ou bien on l'empoisonnait. Dans l'Europe catholique et chrétienne, on conserve des formes dans les procès, ou dans les duels quand la justice est insuffisante, on délie plus qu'on ne rompt, et l'on peut toujours se lier de nouveau.

LITTÉRATURE, BEAUX-ARTS.

C'est un des plus brillants effets de la civilisation, c'en est l'expression, mais non la cause.

La littérature égyptienne et assyrienne nous est tout-à-fait inconnue, mais les arts des Egyptiens nous sont parvenus, c'est-à-dire, leur architecture, leur sculpture et une partie de leur peinture. On remarque dans les monuments de ce peuple une architecture imposante assez régulière, un peu massive, une sculpture religieuse se mêlant à leur architecture, roide, sans vie ni mouvement. La peinture est dans l'enfance, quant au dessin, les figures sont presque toujours de profil, mais ont un peu plus de vie que dans leur sculpture.

Si nous ne connaissons que les beaux-arts des Egyptiens, nous ne connaissons des Hébreux que leur littérature sacrée. Dans leurs livres, toute la poésie est dans l'idée, dans l'image, dans l'expression; c'est pour cela qu'elle résiste aux traductions, qu'elle nous touche, nous émeut, bien que nous n'ayons plus que le squelette de leur langue, dont la prononciation, les voyelles même sont perdues Ce style biblique a été souvent imité, le Coran entier en est une copie, mais une copie qui fait des défauts avec des beautés, qui met l'emphase, l'ampoulé, en place du sublime, enfin ce que l'on a nommé le style oriental.

L'Inde nous offre dans les ruines de quelques temples une architecture grande, hardie, qui a bien quelques rapports avec celle de l'Egypte, qui est parfois gracieuse, le plus souvent fantasque et bizarre. Sa littérature consiste, outre les Veddas, en drames, en légendes, en apologues, mais j'avoue qu'elle n'est pas familière. Je ne connais que de nom ces poëmes gigantesques de deux ou trois cent mille vers, en vingt volumes in-4°, sur les aventures de leur Rama, le Ramayana, le Maha-Barata, tous ouvrages remplis d'un merveilleux plus outré que celui des Mille et une nuits.

La Grèce, au contraire, est connue de tout le monde, architecture élégante, solide, soumise à des règles fixes et qui est encore la nôtre à peu de chose près. Cette architecture est tirée de celle des Egyptiens; mais si ses monuments sont moins vastes, moins gigantesques, ils sont bien plus gracieux. Ses statues sont pleines de vie, d'expression, de bon goût, de beau idéal. Sa peinture si vantée ne nous est connue que par quelques tableaux trouvés à Pompeï, mais elle tient beaucoup trop du bas-relief, de la sculpture La littérature, la poésie grecque est la mère de la nôtre; d'abord religieuse dans les hymnes d'Orphée, elle devint à la-fois historique et fabuleuse dans Homère; là, elle est sublime, naïve, harmonieuse, d'une admirable simplicité antique, et quelquefois cependant triviale pour des siècles plus raffinés; toujours d'un haut intérêt par la peinture exacte des mœurs de ces temps si éloignés.

Longtemps après Homère, dans les beaux siècles de Thémistocle et de Périclès, la muse grecque reprit une nouvelle vie, l'art dramatique fut inventé; dans l'enfance de l'art sous Eschyle, il approche plus de la perfection dans Sophocle et dans Euripide. Pindare brilla dans la poésie lyrique, mais le charme de cet auteur étant principalement dans l'harmonie, il est perdu pour nous qui ne pouvons plus le bien apprécier, et qui avons d'ailleurs des modèles d'un lyrique tellement supérieur qu'il ne peut être fait nulle comparaison entre Pindare et notre poésie sacrée.

Le reste de la littérature grecque était si varié, si riche que nous ne pouvons l'approfondir, je me contenterai de remarquer que les Grecs ont reçu l'apologue des Orientaux, qu'ils nous ont transmis l'églogue ou l'idylle, la comédie, l'épigramme, la satyre et la poésie légère, genre dans lequel Anacréon a brillé; ses odes étaient les vaudevilles, les chansons de la Grèce, comme celles de Pindare en étaient les hymnes; toute cette poésie grecque était chantée, leurs tragédies même avaient un récitatif, leur musique ne faisait qu'un seul art avec leur poésie, mais cette musique dont les anciens nous racontent tant de merveilles est presque perdue pour nous; suivant quelques savants qui ont essayé de la retrouver en donnant aux divers modes grecs le son de nos notes, elle devait avoir quelques rapports avec notre plain-chant; ce fait explique tous ces vers chantés. Leur langue était plus harmonieuse que les nôtres; leur chant l'étant moins, la distance moins grande était moins difficile à franchir.

La littérature romaine ne fut qu'un prolongement, une imitation de la littérature grecque; les vers étaient métriques dans l'une comme dans l'autre de ces nations, on remarque dans cette littérature imitée moins de génie, mais souvent plus de goût, une civilisation plus avancée. Virgile est à la-fois l'Homère, l'Hésiode et le Théocrite latin, sa langue est moins belle, sa poésie moins sublime que celle d'Homère; il imite, mais il épure en imitant. Horace reste bien loin de Pindare dans l'ode, mais il dépasse les Grecs dans la satyre et la poésie didactique. Ovide est trop verbeux, trop détaillé; les petits poètes érotiques ont de la grâce, mais quelle dépravation dans leur poésie; les poètes dramatiques latins sont nuls dans la tragédie et bons imitateurs dans la comédie. Les autres poètes latins, Lucain, etc., sont froids ou un peu ampoulés, mais il faut excepter de ce jugement leurs poètes satyriques, dans lesquels le feu de l'indignation donnait une verve mordante à Juvénal, à Martial. Un peu barbare dans les premiers poètes, dans le vieux Ennius, parvenue à son apogée sous Auguste, la littérature latine a déchu rapidement, puis s'est éteinte sous les derniers empereurs.

L'architecture romaine fut aussi une imitation de celle des Grecs, mais avec plus d'avantage que dans la littérature; leurs monuments ont un caractère plus hardi, plus solide, plus majestueux. On voit paraître l'arcade presque inconnue aux anciens Grecs, ainsi qu'aux Egyptiens. Les Romains ont inventé deux nouveaux ordres d'architecture: le Toscan, plus lourd et convenant mieux aux bâtiments solides et rustiques, le composite qui est une dégradation du Corinthien.

C'est au commencement du quatrième siècle que l'on voit commencer une nouvelle architecture purement romaine, aussi l'a-t-on nommée l'art Roman. L'arcade fut placée au-dessus des colonnes, au lieu qu'auparavant elle l'était dans une plate-bande au-dessous des entablements. Les chrétiens adoptèrent cette nouvelle architecture pour leurs églises, peut-être parce qu'elle contrastait avec celle des temples, peut-être parce qu'elle était nouvelle et plaisait par cela même. On ne put se servir dans le nouveau culte de la plupart des temples, trop petits pour contenir la foule chrétienne, on adopta les basiliques, sorte de grands édifices qui servaient aux anciens de salles d'assemblées, de salles d'audiences pour les tribunaux. C'est en effet dans ces monuments que l'on retrouve toutes les parties des églises chrétiennes qui ont été bâties depuis. La place des juges devint le chœur, la place de l'évêque. Les transepts s'allongèrent et donnèrent à l'édifice la forme d'une croix, les bas côtés furent conservés, et devinrent nefs collatérales à la grande nef dans laquelle donnaient les tribunes, places réservées aux femmes, surtout dans l'Orient où elles étaient séparées des hommes.

L'Orient chercha aussi à avoir son architecture chrétienne, fondée sur l'architecture naturelle au pays. En Grèce, en Italie, les toits bas et plats ont été la première cause du fronton; dans la Syrie, dans l'Egypte, le climat sec est cause que les toits sont en terrasses, couverts à plat, absolument. Pour éclairer suffisamment de vastes temples, de vastes lieux de réunion, on appliqua le dôme, déjà connu des Romains, au-dessus de ces vastes bâtiments; on réunit plusieurs petits dômes autour du principal, et l'architecture byzantine fut fondée; elle ressemble du reste au Roman pour la forme des colonnes, pour les arcades mises au-dessus, etc.

Bientôt après, on vit que les colonnes ayant un grand poids à supporter, devaient être accollées deux à deux ou plus massives; on quitta tout-à-fait les ornements des ordres réguliers, et l'on en adopta d'autres, des dents de loup, des chapiteaux représentant des sujets fantasques ou burlesques. On eut des colonnes torses, contournées, etc. L'église de Sainte-Sophie, bâtie par Justinien, semble le modèle de toutes les églises byzantines.

Les Arabes de Mahomet adoptèrent aussi ce style pour leurs mosquées, mais leur imagination se porta sur les ornements que l'on appela arabesques de leur nom, sur la forme des voûtes que l'on fit renflées, en trèfle, et de toutes sortes de manière. L'Espagne musulmane vit alors se construire ses belles mosquées devenues depuis ses cathédrales.

Dans l'Occident, le style Roman prit beaucoup de hardiesse et même d'élégance de l'an 1000 à 1100. Peu à peu, on vit paraître l'ogive, d'abord autour du chœur des églises où les arcades étaient plus étroites, bientôt elle parut aussi dans les arcades des nefs; des nervures décomposèrent les voûtes et leur donnèrent une bien plus grande solidité, on put avoir des édifices plus élancés et en même temps moins sujets aux accidents; les ornements sculptés devinrent aussi plus élégants: au lieu des feuilles d'Acanthe, on imita les feuilles de chênes, de vigne, les trèfles, les quintefeuilles, on eut une architecture nationale. C'est surtout dans le nord, dans l'est de la France, que l'on vit paraître cette sorte de construction, mais bientôt elle fut adoptée et imitée dans l'Angleterre, l'Allemagne et tout le nord, le midi resta plus longtemps fidèle au style Roman, au plein ceintre, probablement à cause de ses toits plats qui demandaient une architecture moins élancée. L'architecture ogivale, si mal à propos nommée gothique, brilla d'abord par sa sagesse, sa simplicité autant que par son élégance; il est difficile de voir des monuments plus simples, plus nobles que ceux du douzième et treizième siècle, ceux du temps de Philippe-Auguste et de saint Louis, mais bientôt on accumula un trop grand nombre d'ornements, sous le siècle suivant, on eut des fenêtres larges, en rosaces ou dentelle de pierre, plus tard encore, les ogives devinrent plus écrasées, les voûtes moins hardies. On n'eut plus de colonnes, mais de simples nervures partant depuis le bas de l'édifice et s'élançant jusqu'au sommet; on redoubla la profusion d'ornements et parfois aux dépens du bon goût, on eut ce style que l'on appelle à présent le gothique fleuri, que d'autres archéologues nomment le style ogival flamboyant à cause de la forme des ornements des fenêtres. Les monuments anglais sont en partie de ce style trop orné dans lequel on se ressent, jusque dans les églises, des mauvaises mœurs qui régnaient alors; on voit apparaître une grande quantité de figures grotesques, bouffonnes et trop souvent licencieuses.

Les écarts de ce style contribuèrent peut-être à le faire abandonner, peut-être aussi cet abandon provint-il des relations plus suivies alors avec l'Italie qui était presque partout restée fidèle au style Roman; et des Grecs qui, chassés de Constantinople, ranimèrent partout le goût de l'art antique. A cette époque (seizième siècle), on voit une heureuse alliance des deux arts, ce que l'on a nommé le style de la renaissance.

Ces diverses phases de l'architecture furent suivies de celles de la littérature; du temps du style Roman, on voit une latinité barbare dans ses mots, dans sa quantité, mais d'assez belles pensées. L'art payen tombait, et l'on essayait de former un art chrétien, mais ce n'était qu'une époque de transition; il fallait que les vieillards fussent éteints et que leurs robustes héritiers du nord eussent grandi avec les langues modernes et les beaux arts en même temps que les gouvernements renouvelés.

Au dixième, au onzième siècle, époque de la véritable naissance des nations modernes, on voit la poésie du moyen-âge paraître partout. Les romances populaires de l'Espagne nous parlent des hauts faits de Pélage, puis de ceux du Cid, presque contemporains. Charlemagne n'est pas oublié, surtout dans la France, où commencent alors les chroniques sur Rolland, sur Berthe au long pied; les légendes rimées, les romans, les chroniques commencent avec les premiers bégaiements de la langue française. L'Angleterre chante Arthus et ses chevaliers de la table ronde. L'Allemagne voit alors paraître son poème des Nibelungs, qui chante le fameux Théodoric et même Attila; nous avons vu que les Saggas des Scandinaves, encore payens, étaient de bien peu antérieurs à cette époque poétique.

En France et dans quelques autres pays, on voit alors paraître la rime, sorte de versification qui convient mieux à nos langues modernes que la poésie antique; nous avons une prononciation trop variée pour nous plier à ces voyelles brèves ou longues. L'E muet, excessivement bref, demande une autre forme, et cette lettre, rebelle à la quantité ancienne, se plie merveilleusement à la phrase musicale moderne. La rime féminine ne paraît pas encore d'une manière bien constante dans les poëmes, ni dans les chroniques, mais on la voit déjà dans les morceaux destinés à être chantés, dans les triolets, les lays, les ballades des anciens trouvères.

La langue italienne, formée bien plus tôt que la langue française, vit aussi paraître, dès le treizième siècle, son premier grand ouvrage, la sombre et sublime épopée du Dante qui, comme le poète architecte des vieilles cathédrales ogivales, commence par nous décrire les tourments des damnés, et finit par la peinture du ciel et la félicité incompréhensible des élus.

Le quatorzième, le quinzième siècle, époque où l'on vit les mœurs devenir moins sévères et même licencieuses, ne nous offre plus que les chroniques des trouvères dégénérés, les fabliaux licencieux, les poëmes extravagants d'une époque où la chevalerie tombait et s'affranchissait trop des règles de l'honneur et du devoir. Pétrarque est le vrai poète de cette époque.

Au seizième siècle, le poème de l'Arioste marie heureusement la hardiesse gothique, les fabliaux, les chroniques des troubadours avec les beautés des poètes antiques. L'Orlando furioso peut se comparer aux monuments de la renaissance dont nous venons de parler.

A la fin de ce siècle, l'Angleterre nous présente à son tour, dans sa langue nouvelle, son sublime poète dramatique, Shakespeare. On l'a comparé à Homère; j'aime mieux comparer encore son génie à celui des architectes des cathédrales du quinzième siècle; comme eux, il est sublime dans l'ensemble, il a des détails ravissants; mais, comme eux aussi, il en a beaucoup de trop bas et de trop hideux.

Après l'Arioste, l'Italie eut un autre poète plus parfait, mais peut-être moins amusant. Le plan du Tasse est sage, sa versification belle, la beauté de ses idées est telle que ce poème supporte la traduction et même semble parfois y gagner quand il est traduit dans une langue plus forte, plus mâle que l'Italien. Ce pays, non content d'avoir atteint les anciens dans l'épopée, les égalait dans la sculpture, les surpassait dans la peinture, dans l'architecture sous le siècle brillant de Léon X.

La France, épuisée par les guerres de religion, restait un peu en arrière de l'Italie : la langue sortait à peine de son long bégaiement; ce n'est qu'environ un siècle après, sous Louis XIV surtout, qu'eut lieu son époque de gloire et d'apogée. C'est alors qu'elle eut ses superbes tragédies de Corneille, de Racine; ses comédies inimitables de Molière; qu'elle eut Lafontaine, Boileau, J.-B. Rousseau, Fénélon et son Télémaque, mais surtout Bossuet; tout se trouve dans ce siècle : sciences, éloquence, poésie et beaux-arts. L'architecture eut aussi à cette époque son caractère particulier; c'était bien, à la vérité, une imitation de l'art grec, mais avec la majesté de l'art romain mêlée à quelque chose de national. La littérature du siècle de Louis XIV eut un brillant reflet en Angleterre, sous le siècle de la reine Anne, époque où brillaient Swift, Pope, l'heureux traducteur d'Homère, et Adisson, bon auteur, qui tirait alors de l'oubli le poème immortel de Milton.

Le dix-huitième siècle vit Voltaire soutenir un peu la bonne littérature par ses tragédies, inférieures cependant à celles de Racine et de Corneille, par son poème un peu trop privé de merveilleux; mais toutes les autres parties des beaux-arts éprouvèrent une décadence sensible : la peinture, la sculpture, l'architecture, tout porta l'empreinte d'un luxe vain qui se plie aux goûts particuliers des maîtresses, des parvenus enrichis, des courtisans amollis. La prosese soutint mieux, grace à Buffon, à Montesquieu, à J.-J. Rousseau, dont le style inimitable ne contribua pas peu à répandre les erreurs. L'époque de la révolution rendit un peu d'énergie à la littérature amollie par Dorat, à la peinture amollie par Boucher; on voulut, en fait de beaux-arts, revenir à ceux des Grecs et des Romains, comme on voulait y revenir en fait de gouvernement. Ces diverses imitations semblèrent des sortes de parodies, et par le dégoût que la révolution nous a donné des mœurs païennes, on a cherché à faire revivre l'architecture, la littérature chrétienne et nationale.

Châteaubriand sut habilement saisir l'esprit de son siècle; dans son Génie du Christianisme, dans Attala, dans René, il dépassa de beaucoup Bernardin de Saint-Pierre; dans ses Martyrs, il se surpassa lui-même, et nous donna, bien qu'en prose, un véritable poème épique. Par malheur, les nombreux imitateurs de sa muse ont outré ses rares défauts sans atteindre une seule de ses beautés. Le reste de la littérature de l'empire semblait une froide copie de la littérature du siècle de Louis XIV. De nos jours elle a bien changé, mais je ne veux rien dire des contemporains.

La peinture a suivi aussi les phases de la littérature. Copie des Romains sous le pinceau de David, elle s'approchait trop du bas-relief, de la sculpture, mais au moins elle nous délivrait des Boucher et des Vatteau.

En général, on peut voir une tendance à mieux connaître le moyen-âge que l'on avait trop négligé, trop rebuté, peut-être parce que l'on en avait encore quelques abus; à présent qu'il est aussi devenu antiquité, on commence à le voir sous son véritable point de vue et à mieux l'apprécier.

En résumé, on voit la poésie générale chez tout le genre humain. Se manifestant dès l'enfance des sociétés, elle est alors religieuse ou héroïque, puis elle devient fabuleuse et contribue à altérer les traditions antiques; elle arrive à son apogée avec la puissance d'une nation et dégénère avec elle : elle suit le sort des beaux-arts, des lois et des gouvernements.

Ce serait peut-être le cas de parler ici de la musique, de la versification, des jeux publics, de la danse des différents peuples, mais ces arts sont si fugaces pour la plupart, qu'il est difficile de les saisir; si leur influence est profonde sur un peuple tandis qu'il vit, il n'en reste rien ou peu de chose après sa mort. Notre musique moderne peut sembler un art qui va toujours en se perfectionnant. D'Aleyrac a détrôné Lully, a été détrôné par Gluck, celui-ci par Grétry. Depuis lui nous avons vu l'école de Boieldieu, puis celle de Rossini qui voit, de son vivant, se former une nouvelle école. Mozart seul a survécu.

Les jeux publics, amusements d'une nation dans l'enfance, n'ont un peu influés sur la civilisation que dans la Grèce antique. Les Romains ont eu leurs cruels jeux du cirque et de l'amphithéâtre, jeux qui se sont perpétués dans la longue enfance-vieillesse du Bas-Empire, dans leurs factions verte, rouge et bleue; tandis que chez nos peuples naissants de l'occident, ils avaient été remplacés par les combats de taureaux en Espagne, et par les brillants tournois de la chevalerie.

Quant aux danses, on les a retrouvées chez tous les peuples, et profondément empreintes du caractère et du degré de civilisation de ces peuples. Graves, sévères et religieuses chez les peuples les plus antiques, elles ont bientôt dégénéré en danses voluptueuses chez les Bayadères de l'Inde, chez tous les peuples devenus barbares; chez les peuples devenus sauvages, les danses deviennent féroces quand elles sont une image de la guerre, licencieuses plutôt que voluptueuses, quand elles ne sont pas féroces Chez nos peuples civilisés seuls, elles sont gaies, enjouées dans les danses populaires des paysans; graves, sérieuses, nobles et distinguées dans les danses de salon et de la bonne compagnie; mais dans la populace dépravée des grandes villes, on voit reparaître les danses indécentes des sauvages : c'est un degré de barbarie de plus que les danses voluptueuses des orientaux.

XIXe TABLEAU.

CHAPITRE CINQUIÈME. — DES RELIGIONS DIVERSES.

Observer la suite des religions diverses, leur liaison, leurs rapports, leurs différences, rentre dans le sujet que je traite, car on peut dire que les diverses religions sont la base de toute les diverses phases de civilisation que nous avons parcourues. Esquissons d'abord un aperçu géographique et historique de ces religions, nous examinerons ensuite leurs points de contact, leur filiation.

La religion des Assyriens ou anciens Chaldéens nous semble l'une des plus anciennes, c'est aussi une des moins connues. Nous n'avons sur ce sujet que les fragments de Bérose, cités par Polyhistor et quelques récits des auteurs grecs. On y trouve que Bélos leur dieu souverain, connu aussi sous le nom de Baal, existait de toute éternité ; que la colombe céleste, l'une de ses formes visibles, créa un œuf que Baal partagea, et dont il fit le ciel et la terre, que de leur union naquit le second Baal présidant au soleil, Astaroth sa sœur et son épouse présidant à la lune, puis Moloch ou le roi. Ils avaient le souvenir d'un déluge qui arriva après dix générations, ou dix rois célèbres ; ils disent tenir ces dogmes d'un homme-poisson nommé Oannès, qui instruisit les hommes de ce qui s'était passé avant eux. Cette religion se retrouve chez les Phéniciens et les Carthaginois leurs colons. Baal a conservé son nom, Astaroth est devenu Astarté, Moloch y est devenu Adonis (1), et Oannès le dieu Dagon, moitié homme, moitié poisson (2).

Une autre religion voisine de celle des Assyriens, non moins antique et souvent hostile, était celle des Persans anciens. Elle est encore moins connue que le culte de Baal ; tout ce qui nous en reste se trouve dans les écrits de Zoroastre, le réformateur de cette antique religion. On peut croire qu'il l'aura un peu altérée, car l'on retrouve dans ses livres de nombreux morceaux traduits presque mot à mot des livres Indous, quelques autres imités des livres saints des Hébreux si connus dans la Perse, au moment de la captivité de Babylone, époque où vivait Zoroastre.

D'après ces livres, la religion des anciens Perses était la même que celle de la Bactriane et du nord de la Tartarie, elle a les plus grands rapports avec l'ancienne religion des Chinois avant qu'ils ne fussent devenus idolâtres. Tous ces peuples croyaient qu'une divinité puissante régissait chaque planète, origine du Sabbéisme des anciens Arabes.

Un nouveau culte fut donc fondé par Zoroastre et Darius, non sans quelques reproches de la Tartarie et de la Chine du nord, dont le roi Arjasb déclara la guerre à Darius, comme altérateur du culte antique (1). Les livres attribués à ce réformateur existent encore sous le nom du Zend Avestan. Voici leur doctrine. Un seul dieu a créé le ciel et la terre, il est représenté visiblement par le feu et le soleil ; ce grand dieu est bon, deux principes en émanent : Oromase est le bon principe, Ahrimane le mauvais. Mithra est un principe mitoyen (2). Le mauvais principe, puissant à présent, sera vaincu à la fin des temps ; les ames sont immortelles, celles des bons seront réunies au bon principe, celles des méchants punies avec le mauvais. Les Guèbres ou sectateurs de Zoroastre attendaient un réparateur sous le nom de Sozioch (3). Ils reconnaissaient une grande quantité de dieux inférieurs, de génies ; ils avaient régné sur la terre sous le nom de Gins ou de Divs : les Perris étaient les bons génies, les Divs les mauvais. Ces génies gouvernaient les cieux, l'air, les eaux, la terre, les arbres, surtout les planètes, la lune, Vénus, Mercure, Jupiter. Saturne, étaient chacune au pouvoir d'un de ces génies qui exerçaient un grand pouvoir sur la terre, source de l'astrologie. Les signes du zodiaque avaient aussi une grande influence. (Ces signes qui se retrouvent par toute la terre sont pour nous une notion précieuse des premières connaissances astronomiques.)

Les sectateurs de Zoroastre ont conservé dans leurs livres (surtout dans celui nommé *le Dobistan ou Shahnammeh*, traduit par Ferdousi) le souvenir de plusieurs rois antiques : Kaiomors, roi de toute la terre ; Houchong son fils qui régnait à Bamian ; Tahamor, fils d'Houchong, et qui fit la guerre aux Divs ; Djemschid, fils de Tahamor, qui soutint une longue guerre contre Zohâk, roi d'Assyrie. Puis enfin Feridoun, fils de Djemchid, qui vainquit Zohâk, et partagea son empire entre ses trois fils Erij, Selm et Tour (4).

Les Arabes ont conservé plus longtemps le souvenir d'un dieu unique et souverain créateur. Du temps de Job et de Moïse, ils commencèrent aussi à adorer les astres, surtout dans le midi, dans la Sabbée ; ils continuèrent ce culte jusqu'au temps de Mahomet où ils avaient fini par adorer quelques idoles ; dans la Kaabé de la Mecque, ils avaient une pierre sainte de forme conique, et autour 365 idoles consacrées aux jours de l'année.

L'usage d'une semaine de sept jours consacrée aux sept planètes, le souvenir du déluge, l'attente d'un dieu libérateur s'étaient conservés ; chez tous les peuples orientaux, Persans et Arabes, chez

(1) Moloch veut dire le roi ; Adonis, le Seigneur suprême.

(2) *Encyclopédie du dix-neuvième siècle.*—P. Leroux et Reinauld, t. 2, p. 321 et 330.

(1) Danielo, t. 4, p. 528.

(2) Plutarque, *d'Isis et d'Osiris.*

(3) *Dogme consolateur*, par M. l'abbé Gerbet.

(4) Danielo, t. 4, p. 527.

les Ethiopiens et les habitants du nord-est de l'Afrique, même de l'île de Madagascar. Tous ces peuples avaient conservé un souvenir d'Adam, de Noë, d'Abraham, et même quelques-uns de Joseph et de Salomon. Les peuples Arabes se disaient pour la plupart issus d'Ismaël, les Ethiopiens surtout ont eu de tout temps des rapports de culte et de croyance avec les Hébreux. Le zodiaque jouait un grand rôle dans la religion antique de tous les peuples; en réglant le cours de l'année, il réglait les divers sacrifices religieux. On assure qu'il a été inventé en Arménie, dans le nord de l'Assyrie, ou peut-être dans la Bactriane, et cela d'après les noms qu'ils ont donnés à ces signes. Ce grand rôle du zodiaque dans les religions antiques a donné lieu au système de Dupuis, dont nous dirons un mot.

Si de l'Arabie nous passons dans l'Inde, nous y trouvons deux religions différentes, longtemps hostiles et qui se partagent à présent ces deux péninsules : le brahmanisme et le bouddhisme. Examinons rapidement les principaux traits de la première de ces religions, l'une des plus anciennes et la source de presque tous les systèmes idolâtriques. Le fond de cette religion se retrouve dans ses livres religieux, les Veddas; dans leurs extraits, les Brahmanas, les Chastras; dans leurs commentaires et les fables qui y ont été ajoutés, les Purannahs. Les Veddas se composent de quatre livres : 1° le Rig-Vedda; 2° l'Adjour-Vedda; 3° le Sama-Vedda, et 4° l'Adarama-Vedda que l'on connaît encore sous d'autres noms suivant les divers dialectes indous. Les trois premiers ont des recueils de prières, d'hymnes, de préceptes, de théogonies, morceaux réunis ensemble sans aucun ordre historique. Le quatrième contient ce qui a rapport aux sacrifices, aux invocations; il est peu connu, car l'on accuse de magie ceux qui le lisent et l'emploient. Ces livres ont été longtemps inconnus non-seulement à l'Europe, mais aussi aux peuples antiques. Des missionnaires catholiques en ont parlé les premiers. Le célèbre Anquetil, traducteur des livres des Guèbres, eu a eu le premier une connaissance approfondie, et depuis lui les célèbres orientalistes modernes Williams Jones, Colebroke, de Polier, etc. Un calendrier annexé aux Veddas porte Colebroke, Maltebrun et la plupart des savants à croire que ces livres ont été écrits quatorze cents ans avant l'ère chrétienne, deux siècles après Moïse. La tradition indoue est que ces morceaux sont plus anciens, mais qu'environ vers ce temps-là, ces livres, appris par cœur, avaient été rédigés et écrits par un compilateur nommé Vyasa. Ils attribuent aussi au même Vyasa la rédaction des lois de Menou que les orientalistes croient plus nouvelles, 900 ans avant l'ère chrétienne. Voici ce que l'on peut résumer de tous ces livres : un dieu suprême Brahm, ou Parabara-Vastou, qui crée avec la déesse Parachatti (ou sagesse suprême), les trois dieux inférieurs Brahma, Wishnou et Civa le même que Routren. Brahma créa l'homme et le plaça dans le Cuarga ou Chorcam, paradis terrestre. Le serpent Chein répandit du poison sur la terre, Routren voulut un jour noyer tous les hommes, mais Wishnou descendit sur la terre, se changea en poisson, et dirigea la barque d'un homme saint nommé Satia-Varti, qui se sauva avec sept personnes saintes, les sept mounis. Ils parlent ensuite de trois hommes qui se partagent la terre : Sharma, Shema et Yapati; d'Adimo, nom du premier homme, d'Yva, ou Pracriti, nom de la première femme; puis ils y ajoutent une autre création de quatre hommes primitifs, pères des quatre castes, l'une blanche, venue du nord, l'autre jaune, venue de l'est, une rouge, venue du midi, et une noire, venue de l'ouest. Voilà ce qui est dans leurs livres; les Brahmanes et le peuple y ont ajouté ce qui suit :

Chacun des trois dieux Brahma, Vishnou et Routren a un principe femelle sa Maya. Vishnou a souvent pris la forme humaine pour descendre sur la terre, ce qu'ils appellent des Avâtaras; ils en comptent jusqu'à dix. Dans l'une Vishnou était Rama leur Hercule, dans une plus ancienne, nous l'avons vu en poisson comme le Dagon des Phéniciens; il a encore été Krishna leur Apollon, enfin il a été Baoutta ou Bouddha, probablement le même que celui qui a donné lieu à la secte des Bouddhistes. Civa est aussi devenu le principal dieu d'une grande secte dans l'Inde, et ses sectateurs le confondent avec Brahma et Vishnou, confondent aussi leurs formes femelles dans Lachmi, leur Vénus; Vishnou a pareillement un grand nombre de sectaires qui partagent l'Inde actuelle en deux religions principales. Brahma seul a peu d'adorateurs, bien qu'il soit regardé comme le principal des trois dieux inférieurs, mais on pense qu'il est rentré dans le repos, s'est absorbé dans Brahm le dieu suprême et n'a que peu de rapports à ce qui se passe sur la terre (1). Comme ces trois divinités principales se confondent entr'elles, il en est de même de leurs mayas ou déesses; Lachmi est tantôt femme de Routren ou Civa, tantôt de Vishnou; comme Vénus elle est née de l'eau de la mer, elle est la déesse de la génération des fleurs. On l'appelle Parvadi comme femme de Civa, surtout quand ce dernier est adoré comme Roudra ou Routren le principe du mal.

Les Indous ont encore d'autres dieux subalternes, notamment les huit gardiens des huit parties du monde, ce sont : Indra, le dieu des cieux; Agni, le dieu du feu; Yama, ou Jema, celui de la mort; Varoussa, de la pluie; Vayou, dieu des vents, l'Eole indien; Couvera, dieu des richesses; Niroudi et Isaniam, l'une des formes de Civa. Chacun de ces dieux préside à l'un des côtés de la terre : Indra à l'est, Yemen au midi, etc. (en Arabe et en Hébreu, Yemen veut dire aussi le midi, la droite). Chacun des trois grands dieux a un paradis où il reçoit ses adorateurs, paradis qui ressemble à celui de Mahomet. Les Apsaras sont la même chose que les Houris. Ils donnent au monde une durée de plusieurs millions de siècles partagée en plusieurs yougas ou époques; quelques-uns, en comptent jusqu'à 16, d'autres 7, le plus grand nombre 4 seulement, dont 3 déjà écoulés. Le Crita Youga a 1728 mille ans; le Trita Youga, 1296 mille; le Doua Para Youga, 864 mille, et le Kali Youga, époque actuelle en aura 432 mille, en tout 4,320 mille ans, croyance qui se rapporte aux quatre âges des anciens. Tous ces nombres prodigieux, que l'on pourrait croire arbitraires, sont fondés cependant sur la précession des équinoxes, et se rapportent avec ce que Bérose nous dit des Chaldéens qui avaient aussi cette période de 432 mille ans. (2)

D'après M. de Polier, les Indous ont trois principales périodes : la première anti-chaotique, où il n'y avait qu'un dieu supérieur et quelques dieux inférieurs créés par lui; la seconde, dans laquelle fut créé le monde physique, et enfin l'homme, elle finit par un déluge; enfin depuis le déluge le monde actuel. Les Indous croient à la transmigration des âmes, et par suite, s'abstiennent de manger rien qui ait eu vie; ils croient à la nécessité de l'aumône, de la pénitence; l'eau du Gange est encore un objet de leur culte; ils permettent la polygamie, mais les femmes des hautes classes doivent se brûler sur le tombeau de leur époux. Une secte particulière, les Lingamistes portent sur le front ou sur le corps de petites images infâmes qui rappellent les cultes licencieux des Assyriens, des Egyptiens, et même le culte de Vénus des anciens Grecs et Romains. L'Encyclopédie du dix-neuvième siècle retrouve dans les lois de Menou une croyance plus antique; ces lois ont été, suivant elle, rendues avant l'introduction des cultes de Vishnou et de Civa, l'idée de la Trinité y est moins altérée. Suivant Danielo, on retrouve encore cette idée de la Trinité dans leur prière : *Santi, santi, Santi Heri*, qui veut dire : Saint, saint, saint le Seigneur. Il la retrouve aussi dans leur invocation Oum, invocation que les Bouddhistes ont aussi conservée. (3)

Voyons maintenant cette seconde religion des Indes. Non-seulement elle s'étend sur la presqu'île au-delà du Gange, mais aussi sur le Thibet, la Tartarie et partie de la Chine et du Japon; en Chine, elle a presque anéanti l'antique religion des lettrés et de Confucius; elle semble avoir eu pour sectateurs les Huns d'Attila. On en retrouve des vestiges en Laponie et jusqu'en Amérique.

Ce culte bouddhiste est encore très-peu connu, car chose étonnante, nous ne connaissons pas plus les cultes païens encore existants que les cultes éteints. On en peut trouver la raison en ce que ces nations nous ferment l'entrée de leur pays, nous cachent leurs livres comme s'ils rougissaient de leur absurdité. Je dirai d'abord ce que les voyageurs nous en racontent, ensuite je chercherai à les mettre d'accord dans leurs opinions sur cette religion. On sait en gros qu'ils reconnaissent un dieu suprême invoqué sous le triple nom de Om, Ha, Oum! en Chine, d'Omi-to-fo, suivant d'autres, Heu-Mani, Pani, Oum, ce qui veut dire père, parole,

(1) Voyez sur ce sujet le 2e et le 3e volume de l'ouvrage cité de Danielo, c'est le meilleur résumé de tout ce qui a été écrit sur l'Inde.

(2) Danielo, t. 2, p. 477.

(3) V. Danielo, t. II et III.

esprit, suivant les uns; fleur, Nénuphar, esprit, suivant d'autres savants qui s'appuient de la représentation du Nénuphar, berceau de Vishnou, comme il était dans l'Egypte celui d'Horus. Les Indous bramaniques accusent les Bouddhistes d'athéisme parce qu'ils n'ont point d'image pour représenter leur grand dieu, ou plutôt parce qu'ils semblent croire qu'il n'a pas toujours existé et n'existera pas toujours, car ils admettent des époques de vide après lesquelles leur grand dieu renaît et recommence une nouvelle existence de quelques billions ou quadrillions de quadrillions d'années. Les Bouddhistes reconnaissent des génies au-dessus de ce grand dieu supérieur, croient à la métempsycose, croient que leur dieu s'est incarné dans Bouddha que les Chinois appellent Fo, les Siamois, Somonocodon. Ils croient même que cette incarnation se renouvelle souvent et qu'il y a plusieurs Bouddhas; leur grand pontife le Dalaï-Lamma passe pour une de ses incarnations habituelles. On sait jusqu'à quel point ils poussent leurs adorations. Ce Dalaï Lamma a sous lui des Koutouctous, sortes d'évêques, des Lammahs, ou Bonzes, sortes de moines. Vivant en communauté dans des couvents, ils ont des cloches dans leurs temples, disant une sorte de chapelet, allumant des cierges, chantant des cantiques, etc. Plusieurs voyageurs, frappés des ressemblances de ce culte avec le culte chrétien ancien et catholique, ont voulu y voir une religion fondée par les hérétiques nestoriens, qui avaient en 400 et 500, une église chrétienne nombreuse dans la Tartarie, et retrouvent le Prête-Jan du moyen-âge dans le Dalaï-Lamma (1); d'autres trouvent que cette religion est fort antique, bien antérieure au Nestorianisme, puisqu'on la retrouve dans les Samanéens connus du temps d'Alexandre, puisque saint Jérôme parle de Bouddha. Victor Jacquemont croit même qu'elle était antérieure au Brahmanisme et qu'elle aura été expulsée de l'Inde du Gange. Une quatrième opinion est celle qui se retrouve dans les écrits de Danielo chez les auteurs chrétiens, et dans l'Encyclopédie du dix-neuvième siècle chez les auteurs philosophiques. Ces auteurs croient que le Bouddhisme est une religion fille de l'ancien Brahmanisme, remontant à 800 ans avant l'ère chrétienne. Fondée sur les Avataras de Vishnou, cette religion aurait voulu abolir les castes qui tyrannisaient l'Inde; elle se serait combattue avec la religion ancienne, étendue à Ceylan et dans l'Indo-Chine, dans la Tartarie. L'an 60 après Jésus-Christ, elle aurait pénétré en Chine où elle était déjà précédée par la doctrine des Lao-tsé, sectaires précurseurs du Bouddhisme; elle ne serait devenue la religion dominante du Thibet qu'en l'an 632 de notre ère, et ce ne serait qu'en 1200 sous Genghis et Kublaï Kan que le premier grand Lammah aurait régné à Laspa.

Je pense qu'il est facile de concilier ces opinions contradictoires. Je crois qu'il y a eu une première religion régnant sur le nord de l'Asie et de l'Europe : le Samanéisme des auteurs grecs anciens, le Chamanisme des modernes, religion qui aurait conservé les principaux dogmes et même le culte des temps primitifs; qu'un imposteur, profitant de l'attente générale du Messie, d'un rédempteur, aura essayé de se faire passer pour lui, ainsi que l'ont fait plus tard Zoroastre et Mahomet. Bouddha aura passé dans l'Inde pour un Avatar de Vishnou, il se sera fait des ennemis des Brahmanes en voulant abolir les castes. L'importance de ce culte se sera accrue à l'époque où le Rédempteur était le plus universellement attendu, et cette nouvelle vie de ce culte aura été cause de son expulsion de l'Inde occidentale et de son extension en Chine et dans la Tartarie où cette religion nouvelle aura pris les formes antiques du Chamanisme. Plus tard, Genghis aura copié plusieurs coutumes aux Nestoriens et aux Catholiques, et aura donné un pape à ces états. On doit donc distinguer le Chamanisme antique, le Bouddhisme indien et le Dalaï-Lammisme mogol.

Ce culte bouddhiste n'est pas seul en Chine, il y a encore quelques vestiges du culte le plus ancien : il reconnaissait un grand faîte, le Tien, le Changti, le roi suprême; au-dessous étaient les Chens ou génies inférieurs Ils attendaient un juste et un saint par excellence qui devait naître dans l'Occident, qui, suivant Mincius, devait paraître 500 ans après Confucius. Leurs livres saints, l'appui de cette religion, disent que un a produit deux, deux a produit trois, et trois a produit toutes choses; M. Danielo trouve dans cette antique religion chinoise les plus grands rapports avec celle des anciens Persans avant Zoroastre; d'autres avec le culte des Tartares avant qu'ils ne fussent devenus Bouddhistes. En Chine, l'empereur était le seul prêtre, le seul sacrificateur; tous les ans il offrait le célèbre sacrifice d'un cheval, ainsi que cela avait aussi lieu en Tartarie et chez plusieurs peuples du nord de l'Europe, ainsi que cela avait quelquefois lieu dans l'Inde, où l'Assoua-Méda était un des sacrifices les plus saints, et passait pour le plus efficace.

Le Japon nous présente deux ou trois religions, dans l'une desquelles on retrouve Bouddha sous le nom de Budso; dans une autre, on retrouve une imitation de la Chine antique, l'empereur y était aussi prêtre et sacrificateur

De tous les cultes éteints, celui qui a le plus de rapports avec les Brahmes est celui des Egyptiens. Nous n'avons plus leurs livres saints, les écrits des Trisajmégistes, les fameux Pymanders, mais nous voyons encore leurs statues, leurs peintures, leurs temples et leurs hiéroglyphes que Champollion commence à pouvoir déchiffrer. Plutarque, prêtre des dieux, nous parle avec détail d'Isis et d'Osiris. Les travaux de l'institut d'Egypte nous donnent aussi quelque lumière sur ce peuple antique, dont la civilisation est la mère de la nôtre, comme celles de l'Inde et de la Perse sont les mères de celles de l'Orient. En Egypte comme dans l'Inde, une absurde idolâtrie populaire est venue altérer les dogmes de ses prêtres, ses traditions; quelques initiés seuls ont retenu un vestige du culte ancien. Voici ce que l'on connaît de leur religion. Un dieu tout puissant, nommé Kneph, créateur de l'univers et des autres dieux; on le représente sous la forme d'un globe ailé, d'autres fois sous celle d'un globe d'où sortent deux germes, emblème où l'on croit retrouver l'œuf sacré des Assyriens et quelques autres symboles des autres religions antiques. Un autre dieu, nommé Osiris, présidant au soleil, représenté sous plusieurs formes différentes, tantôt avec des jambes de poisson, tantôt avec des cornes de bélier, et il devient Ammon; tantôt avec des cornes de taureau, et il devient Apis, ressemblant au dieu Mandou des Indiens; le plus souvent avec une tête de lion, enfin tous les attributs des signes du zodiaque par où passe le soleil; parfois avec une tête de chien, et il devient Anubis; d'autres fois avec une tête d'épervier. Une divinité femelle, connue sous le nom d'Isis ou d'Athor, dont ils faisaient la sœur et l'épouse d'Osiris, était censée présider à la terre et à la lune; comme Osiris, elle prenait les signes des diverses constellations, mais le plus souvent avait une tête de vache; parfois elle était armée, parfois elle tenait des balances à la main ou des épis. Les chats, les hiboux lui étaient consacrés comme à la déesse de la nuit. Souvent elle est représentée, allaitant Horus enfant qu'elle avait eue d'Osiris. Suivant quelques-uns, Horus était le symbole de la fertilité de la terre et de la reproduction; tantôt il est représenté en enfant, tantôt en homme fait, et alors il se nomme Harpocrate. L'escarbot, symbole de la reproduction, lui était consacré.

Outre ces trois grandes divinités, ils avaient encore Typhon, dieu du mal, qui présidait à la mer, au désert, à la stérilité, l'ennemi d'Osiris qu'il avait même fait mourir, mais Osiris avait été ressuscité par le dieu supérieur. Le cochon, l'hippopotame étaient les animaux consacrés à Typhon; le nord, la constellation de la Grande-Ourse lui étaient aussi attribués. Les Egyptiens avaient encore Nephtis, Vénus ou la matière, et le premier Horus, dieu du soleil; c'étaient là, suivant Plutarque, les cinq enfants du grand dieu et de Rhéa (1). Le même Plutarque retrouve l'Oromase des Perses dans Osiris, Ahrimane dans Tiphon, et Mithra dans Horus. On peut aussi voir dans Isis-Athor la même déesse qu'Astaroth ou Astarté, la grande divinité femelle appelée la reine du ciel.

Son culte avait en Grèce de nombreux sectateurs; on en retrouve des vestiges chez les Romains, les Gaulois; et Tacite, dans son livre sur les mœurs des Germains, nous apprend qu'Isis était adorée jusque chez les Barbares du Nord.

Les Egyptiens admettaient encore dans leurs dieux : Sérapis, le même qu'Osiris suivant Plutarque, Bacchus, Hercule, autres formes de la même divinité; Hérodote nous apprend que l'Hercule-

(1) Maltebrun.

(2) *Encyclopédie nouvelle* article Thibet, 35e livraison, page 487.

(1) Plutarque, *d'Isis et d'Osiris*.

Dieu Egyptien étaient bien différent du héros grec qui a pris le même nom. Ils avaient encore Thott ou Mercure l'inventeur des lettres et des arts; d'autres dieux inférieurs présidaient aux fleuves et surtout au Nil, gouvernaient les astres et la vie des hommes. Ils nous rappellent les Divs de la Perse, les Chens de la Chine, les Apsaras de l'Inde, les génies de partout. Les prêtres conservaient le souvenir d'un déluge auquel le peuple mêlait ses fables, en disant que leurs dieux, en ayant eu peur, s'étaient changés en divers animaux qu'ils adoraient par cette raison. Ils croyaient à l'immortalité de l'âme, à un jugement après la mort; ils embaumaient les corps de leurs parents décédés, les déposaient dans les hypogées, quand ils avaient été déclarés gens de bien dans les jugements qui se rendaient après leur mort, et dont leurs rois eux-mêmes n'étaient pas exemptés.

Lorsque les Egyptiens eurent envoyé des colonies dans la Grèce, les Hellènes perdirent bientôt l'explication des symboles, car les prêtres étaient restés dans la mère-patrie; les artistes grecs, avec plus de goût pour les beaux-arts que les Egyptiens, ne copièrent plus avec exactitude les statues de leurs dieux, ils mirent les animaux symboliques à côté des figures, le peuple inventa des fables pour les expliquer, tandis que le souvenir de l'origine égyptienne semblait se conserver dans les mystères d'Eleusis où la famille des Eumolpides continuait une sorte de sacerdoce.

Osiris devint donc, suivant ses attributs, Jupiter ou Dios, Apollon ou Phœbus, et resta dieu du soleil, Dyonisios ou Bacchus, etc.; Isis devint Junon ou Héphéstia, Minerve ou Pallas ou Athénée. Sous cette forme, elle était la sagesse divine et conserva le Hibou; sous celle de Diane (Phébée), elle continua de présider à la lune, à la chasse, à la chasteté, tandis que sous celle d'Aphrodite, Vénus ou Astarté, elle continua de présider à la génération et aux plaisirs; comme Astaroth et Lachmi, elle resta mère d'Horus enfant dont on fit l'amour, d'Horus adulte ou Harpocrate dont on fit une divinité infâme; son culte honteux rappelle celui des Hindous lingamistes. Iris devint, de plus, Cérès ou Déméter, la Terre ou Cybèle, mère des dieux, en la confondant avec Rhéa. Sous le nom de Diane, elle fut particulièrement adorée à Ephèse où sa statue avait conservé les traits d'une idole égyptienne; sous le nom de Cybèle dans l'Asie-Mineure, sous celui de Junon à Samos, à Carthage sous celui de Céleste, d'Uranie que l'on confondit avec Junon. Partout on voit qu'elle était la grande divinité femelle des anciens. On lui donna, sous sa forme de Cybèle, Chronos ou le temps pour époux.

Thott devint Mercure, Sérapis devint Adès ou Pluton, Typhon devint Neptune (par une petite transposition de syllabes ordinaire aux peuples d'occident, à cause de leur écriture de gauche à droite, le Poséidon des Grecs. Ils adoptèrent aussi d'autres divinités des peuples voisins. Arès ou Mars leur vient des Thraces, ils reçurent des mages le culte du feu, leur Héphestios ou Vulcain, comme Agni chez les Hindous.

Les Grecs eurent, de plus, une foule de dieux inférieurs, des Nymphes divisées en Dryades, Hamadryades, Napées, Oréades, des Muses, des Graces, des Parques, des Syrènes, des Harpies, des Furies, tout prit un corps et devint divinité; les passions, les vices, tout fut adoré, on adora l'homme même, on divinisa les héros, et on ne sait souvent si ces héros divinisés ne sont pas purement symboliques. Ce que l'on peut croire de plus raisonnable, c'est que leurs rois, leurs chefs prenaient souvent le nom de leurs dieux, et le peuple les confondait dans une commune adoration (1). C'est ainsi que le nom de l'Hercule, dieu des Egyptiens, se trouva donné à plusieurs héros grecs, gaulois, phéniciens, et que toutes les nations ont eu leurs hercules presque contemporains. Au-dessus de tous ces dieux, les Grecs avaient le Destin, divinité aveugle et inflexible, suivant les auteurs modernes; mais suivant les anciens, leur *Hoira*, *Lisa*. *Kèr*, *Chréon*, le *fatum* des Latins voulaient dire autre chose. Hoira voulait dire sort; Lisa, décrets immortels; Kèr, destinées, avenir; Chréon, dette. Le fatum latin voulait dire un objet parlé, décidé, peut-être le verbe (2). Leurs poètes nous racontent encore d'autres traditions dogmatiques; on y retrouve un souvenir de la création, de Japhet, appelé Japet, de l'âge d'or qui ressemble au Crita Youga des Hindous. on y retrouve un souvenir du déluge, de l'arche; dans leurs mythes, on voit les géants qui ont jadis combattu contre le ciel; Prométhée, attachée à un roc, et attendant un dieu sauveur (1), Pandore (2), douée de tous les dons, punie pour avoir ouvert une boîte mystérieuse, d'où s'échappèrent à la fois les biens et les maux, et il ne resta que l'espérance. Ils croyaient qu'après la mort, l'ame et l'ombre de la personne décédée étaient conduites aux enfers situés loin à l'occident, au centre de la terre suivant Virgile (3). Le Tartare, les Champs-Elysées, Caron, les trois juges des enfers, le Styx, le Léthé et l'Achéron sont connus même des enfants.

La religion des Grecs était aussi celle des Romains, mais avec quelques différences provenant du culte ancien des peuples d'Italie. Uranus ou le ciel était le grand dieu, Saturne (rassasié d'années) se confondait avec le Chronos des Grecs, mais avait régné sur l'Italie pendant l'âge d'or; Janus, dieu à deux ou à quatre têtes, présidait à l'année, et était inconnu aux Grecs; le culte de Vesta semblait purement oriental. Dans les divinités secondaires particulières aux Romains étaient Flore, la déesse des fleurs et de la génération, leur antique Lachmi avant qu'ils n'eussent adopté l'Aphrodite des Grecs; Pomone était la divinité des fruits, Palès, celle des moissons, des troupeaux; les Sylvains étaient les génies des forêts, les Pénates, les Lares ceux des maisons et des familles. Tel était ce culte hellénique si gracieux, si poétique, mais si immoral et si absurde; les poètes l'ont tellement dénaturé que l'on ne peut savoir au juste ce qui était cru comme divin ou chanté comme fabuleux, ce qui était allégorique, ce qui était historique, ce qui était purement mythique.

A la fin, cette religion absurde et infâme s'est éteinte devant la lumière du christianisme, malgré les flots de sang chrétien dont il a abreuvé les idoles de ses fausses divinités.

Dans les Gaules antiques, nous voyons deux systèmes religieux: 1° l'ancien, celui des Druides, qui a de grands rapports avec celui des anciens Mages, rapports si sensibles, qu'ils ont frappé les anciens si peu observateurs. Les enceintes sacrées à ciel ouvert, les grosses pierres servant d'autel sont les mêmes. Ces prêtres associés, formant un collège mystérieux, reconnaissaient des symbôles dans le gui de chêne, usage que nous retrouverons chez les peuples gothiques, dans les serpents, trait remarquable de presque toutes les religions antiques. Ils croyaient que les ames de leurs aïeux étaient emmenées dans les îles de l'Océan, qu'elles planaient sur les nuages; ils attribuaient aux femmes quelque chose de divin, les croyant parfois en communication avec les génies tant bons que mauvais. Leurs rassemblements religieux avaient ordinairement lieu dans des forêts, sur des hauteurs incultes, dans ces cirques de grosses pierres si communs en Angleterre, dans la Bretagne, dans le centre de la France, et qui se retrouvent aussi dans l'orient, surtout dans la Perse. L'antique religion des Druides s'altéra dans la Gaule par les idolâtries phéniciennes et grecques, mais elle semble s'être conservée plus pure et plus longtemps en Angleterre et en Islande (4); 2° une partie du peuple gaulois avait un polythéisme à peu près semblable à celui des Grecs et des Romains. Esus était leur Jupiter, Dis leur Pluton, Teutatès leur Mercure ou le Thott égyptien, Bélénus leur Apollon, peut-être leur Bel ou Baal; Camul répondait à Mars, et une divinité femelle que les anciens comparaient à Minerve, était comme leur Isis, car ce polythéisme gaulois rappelle celui des nations très-antiques: un dieu souverain, puis en second ordre, un dieu du soleil, une déesse, la reine du ciel; on y retrouve surtout l'idée assyrienne et égyptienne.

Les traditions des peuples gothiques et scandinaves nous sont connues par leurs poëmes, l'Edda, le Voluspa. Leur olympe, composé de douze dieux, offre quelque rapport avec celui des Grecs. Odin est leur Jupiter, Thott répond à Mars, Sunna est la déesse du soleil, Munn le dieu de la lune, Frya est leur Vénus, Herta est la terre ou Cybèle, Fosseté appaise les querelles des hommes; ils

(1) Hérodote, Euterpe, 43.

(2) Bonnety, *Annales de Philosophie chrét.*, vol. IV, p. 393.

(1) Eschyle.

(2) Hésiode.

(3) *Enéide*, liv. VI.

(4) Botidoux, *Commentaires* de *César*, p. 98. — De La Mennais, *Essai sur l'indifférence*, t. III, p. 301.

connaissaient les jours de la semaine et les dieux présidant aux planètes qui réglesaient ces jours; ils faisaient de grands feux aux époques des solstices, surtout celui d'été; ils croyaient l'ame immortelle. Les braves étaient reçus dans le Valhalla, le palais d'Odin, où ils assistaient à de continuels combats contre le loup Feuris, de génie du mal, où ils buvaient la cervoise divine, l'hydromel, l'ambroisie, dans le crâne de leurs ennemis; un coq lumineux était leur guide, tandis qu'un coq noir conduisait les lâches et les méchants dans un lieu de ténèbres.

Les Scaldes, prêtres des peuples gothiques, leur racontaient que le géant Jmmer (toujours) avait été tué par les trois fils de Bore, Odin, Vie, et Vélie; la chaire du géant a formé la terre, son sang la mer, et son crâne le ciel. Now était le père de la nuit, sa jument se nommait Skin Fax (crinière gelée); Skin Fax, (crinière lumineuse), était celle du dieu du jour. Ils joignaient à leurs dieux douze divinités femelles, les Valkiries. Suivant les oracles de la prêtresse (la Voluspa), de l'aïeule (l'Edda), le monde devait finir par un embrâsement.

Suivant Maltebrun (1), plus à croire encore sur ce sujet, attendu sa connaissance profonde de la langue scalde, le loup Feuris devait manger le soleil, le grand serpent devait enlacer la terre; Balder, le fils d'Odin, le dieu actuel, devait mourir empoisonné par une branche de Gui que lui donnerait Lokke, le génie du mal; mais par le secours d'un dieu bien plus puissant que tous ceux de l'Edda, la résurrection de Balder était annoncée.

Ce culte, qui a quelques rapports avec celui des Gaulois, tels que les Coqs, le Gui, comme plante sacrée, etc., a fini comme lui devant le Christianisme.

Le culte des Sclavons nous est peu connu, on sait seulement que les anciens Polonais adoraient quelques dieux qui avaient quelque rapport avec les principaux dieux des Grecs. Jessa était leur Mars, Leda leur Jupiter, Marzana leur Pluton, Dziédzilia leur Vénus, et Dziévana leur Diane; Zivié était le souffle qui anime tout, Pogoda la déesse du beau temps, et Pockwist le dieu des vents (2).

Leur Jupiter se nommait aussi Peroun ou la foudre. Le Biélobog ou dieu blanc, le Czernobog ou dieu noir rappellent aussi les deux principes des Persans depuis Zoroastre; le Triglaff des Obotrites et des Poméraniens, dieu à trois têtes, était un souvenir grossier de la Trinité. Les peuples sclaves avaient en outre des divinités inférieures présidant aux troupeaux, aux abeilles, à leurs récoltes de suc de bouleau.

Tels étaient les cultes de l'ancien monde, auxquels on peut joindre celui des Lapons, chrétiens seulement depuis quelques siècles, et qui joignaient quelques restes du culte d'Odin et de Thor, avec celui de la grande divinité Youmala, le grand dieu des nations Tchoudes, et les mêlaient encore avec des souvenirs du Chamanisme des anciens Tartares. Nous allons voir à présent ceux du monde nouveau découvert par les Espagnols et les Portuguais.

En Amérique, le Mexique nous rappelle les cultes de l'Asie orientale par son culte détruit totalement par le Christianisme. Des temples pareils, des idoles encore plus semblables, quelques dogmes, quelques cérémonies qui avaient de nombreux rapports avec les traditions et les dogmes chrétiens, semblables en cela au Lamisme, tel est le récit que les Espagnols nous font de la religion de ces peuples. Ils adoraient un dieu irrité contre les hommes; on ne pouvait l'appaiser que par le sang des victimes humaines, mais on attendait un meilleur temps dans lequel un conquérant venu de l'Orient gouvernerait la terre. On sait qu'ils appliquèrent cette tradition, cette prophétie à Cortès, lorsqu'il arriva dans leur pays. Les Mexicains avaient encore la tradition d'un premier homme créé de la terre ainsi que la première femme, d'un déluge dans lequel un Américain nommé Tezpi se sauva seul avec sa famille dans un grand coffre de bois, et toutes les autres circonstances de la Genèse (3). Au lieu d'avoir une semaine de sept jours comme tous les autres peuples de la terre, ils avaient une petite période de 13 à 14 jours dont deux formaient un mois lunaire. Suivant d'autres auteurs, cette période se partageait en deux semaines; chaque jour ayant le nom de quelques-uns des animaux de leur zodiaque (1).

Dans l'Amérique du Sud, l'état de Condina-Marca (*senta Fé de Bogota*), avait des peuples moins civilisés que les Mexicains. Ils avaient deux chefs, l'un religieux, l'autre militaire; ils croyaient que leur dieu était bon, mais qu'il avait une mauvaise femme nommée Yacca-Mama, qui était la déesse de la lune. Elle avait suivant eux inondé la terre, mais son mari avait sauvé une seule famille de laquelle étaient sortis tous les hommes (2).

Le Pérou reconnaissait un grand dieu résidant dans le soleil, dont leurs rois, les Incas, étaient les prêtres et les enfants; les filles de ces princes, sous le nom de vierges du soleil, étaient enfermées dans des sortes de monastères, celles qui se mariaient ne pouvaient épouser que des Incas. Ce culte est aussi totalement éteint. Le petit nombre de sauvages qui errent encore dans le centre de l'Amérique du Sud, et qui n'ont pas été convertis par les missionnaires chrétiens, ont une croyance vague dans un grand esprit, quelques génies inférieurs et un pays où vont les ames; ils ont quelques jongleurs qui prétendent guérir les malades par des sortiléges et faire pleuvoir à volonté; ils racontent qu'il y avait autrefois dans leur pays des gens très-méchants qui avaient été engloutis par les volcans, et c'est même ce qui a donné lieu à la fable des géants Patagons chez les premiers voyageurs européens. Les Araucans, les Puelches, un peu moins barbares que les autres Américains, ont quelques idées plus étendues sur le grand Dieu et sur les divinités inférieures, à qui ils donnent les noms de leurs dignités républicaines (3). Les sauvages du nord de l'Amérique avaient à peu près les mêmes croyances. Les Natchès rendaient aussi un culte au soleil; au milieu du camp principal de la nation était un temple bâti en troncs d'arbres recouverts de chaume, au centre duquel un feu sacré était toujours entretenu (4); mais malgré cette adoration du feu, ils avaient toujours l'idée du grand esprit, des génies connus sous le nom de Manitous; le génie de la guerre se nommait Arès comme celui des Grecs. Ils avaient aussi la tradition générale sur les premiers hommes, le déluge et la vague croyance dans le pays des ames. Les jongleurs se retrouvent aussi chez les sauvages du Nord de l'Amérique et même sur la côte occidentale, où l'Amérique s'approche de l'Asie. Ces jongleurs sont absolument les mêmes que les Chamanes du nord de la Sibérie (5).

Les nègres de l'Afrique ont moins de traditions religieuses que les autres peuples; ils ont pourtant l'usage de la semaine, mais sans y attacher d'usages religieux ou astronomiques; ils ont une vague croyance dans un esprit grand et bon, mais ils craignent davantage plusieurs esprits méchants résidant dans des serpents, des idoles, dans une infinité de petits objets qu'ils croient sacrés, ce que les Portuguais ont nommé fétiches. Leur religion est tout à la fois l'une des plus absurdes et des plus cruelles. Les nègres qui sont conduits en Amérique adoptent facilement la religion chrétienne, mais elle a fait peu de progrès en Afrique, où le mahométisme gagne tous les jours davantage dans les pays nègres.

Les Hottentots n'ont aussi que des notions très-vagues sur leurs divinités, mais ils ont conservé un grand nombre de cérémonies absurdes pour leurs mariages, leur naissance, leurs funérailles, etc.

Les Malais non mahométants, comme les Otaïtiens, etc., ont quelque idée d'un grand dieu auquel ils en adjoignent deux autres souvent confondus avec lui; ils ont des Étuas ou divinités inférieures, croient à l'immortalité des ames, font en conséquence des funérailles à leurs morts, offrent des sacrifices au grand dieu ou aux génies, et souvent déclarent plusieurs choses sacrées ou *Tabou* : nul d'entre eux n'oserait alors y toucher.

Quant aux Nègres océaniens de la Nouvelle-Hollande, on ne leur connaît qu'une idée vague sur un être souverain qui leur envoie les pluies, les inondations, les tonnerres et les vents brûlants de l'intérieur.

Ce résumé de religions diverses a pu nous offrir plus d'un point de ressemblance entre elles : Baal ressemble à Brahm comme le

(1) *Précis de la géologie*, tome VIII, liv, 170, p. 726.
(2) *Pologne pittoresque.*
(3) La Harpe, *Histoire des Voyages*, t. XI, p. 286.

(1) Voyez plus loin, article *Astronomie antique.*
(2) Humboldt, cité par Maltebrun, *Annales des Voyages.*
(3) *Annales des voyages*, Maltebrun, t. VXI.
(4) Charlevoix.
(5) Kotzebue.

second Baal à Brahma ; tous deux ressemblent au Kneph et à l'Osiris égyptien, comme Maya, Astarté, Isis et Athor se ressemblent entre elles, comme Horus, Adonis, Mithra, Wishnou et Balder semblent être des noms divers d'une même divinité. Il en est de même d'Ahrimane, de Roudra, de Typhon et de Lokke, le génie du mal; toutes ces religions ont donc la même origine.

Un examen plus approfondi nous fait distinguer deux formes antiques dans ces religions. Les anciens Persans, avant Zoroastre, les Chinois avant le Bouddhisme et les Taossé, les Tartares anciens et en général tous les peuples de la Haute-Asie, avaient eu une religion moins altérée qui semble encore se retrouver chez les Druides gaulois et s'être aussi conservée en Arabie sous le nom de Sabbéisme. Dans l'une de ces deux religions générales, celle des Indous, des Assyriens, des Egyptiens, le bœuf, le taureau, sont un des symboles de la divinité; le dragon, les serpents jouent un plus grand rôle dans l'autre. Les Indous, les Egyptiens avaient des idoles, les autres nations n'adoraient que le soleil, les astres, le feu, la lumière, encore c'était pour eux des formes de la grande divinité, des symboles plutôt que la divinité elle-même. Il semble que cette religion, issue de celle des Perses, serait celle des enfants de Sem et de Japhet, tandis que celle des Indous et des Egyptiens serait plutôt celle des enfants de Cham, qui, maudits par leur père, ont dû altérer plus vite le culte pur et saint de Noé.

Les deux cultes se seront plus ou moins mêlés et confondus par les conquêtes, les colonies, les mélanges des nations et les imposteurs qui auront créé de nouvelles formes religieuses.

La religion des Persans antiques aura produit le Sabbéisme, ou peut-être c'est le Sabbéisme qui aura commencé à l'altérer; elle aura produit à l'est la religion tartare et chinoise primitive, à l'ouest celle des Druides et peut-être le fond de celle des Scaldes.

La religion des Assyriens aura produit à l'est celle des Brahmines, à l'ouest celle des Phéniciens et des Egyptiens; cette dernière se sera unie plus intimement encore avec celle des Indous, soit par des colons de ce pays qui, établis d'abord en Ethiopie, dans l'île de Meroë, auront de là colonisé l'Égypte, soit par les conquêtes de Sésostris, soit encore auparavant par les Palis indiens. Le culte des Egyptiens se sera uni dans la Grèce et l'Italie avec celui des Phéniciens; le second, culte des Gaulois, a probablement la même origine.

Dans le nouveau culte persan de Zoroastre et de Darius, on voit un mélange sensible des idées hindoues, des Veddas, avec le culte antique du pays et peut-être avec les écrits des Hébreux : le mot de Zend Avesta veut dire l'écriture du Sind ou de l'Inde; mais une différence maintient l'hostilité de ces deux cultes : les Devis hindous, les dieux, deviennent les Devis persans, les démons (*devil*, diable en anglais). Quant à l'imitation des livres saints des Hébreux, elle est frappante, mais on ne peut décider si elle provient d'anciennes traditions pareilles, ou si c'est une imitation de ces livres saints si connus à cette époque en Orient, époque où Daniel, Néhémias et d'autres célèbres israélites occupaient des emplois distingués à la cour de Perse. Probablement ces deux causes réunies auront contribué à la fondation de cette nouvelle religion.

L'idée des deux principes peut avoir été portée chez les Thraces, pères des peuples slaves, par les conquêtes de Darius; les rapports de ces peuples avec la Grèce peuvent avoir produit leur polythéisme ainsi que celui des peuples gothiques, mais dans ce dernier on trouve bien davantage de vestiges de celui des Assyriens.

Le brahmanisme a produit le bouddhisme qui s'est mêlé avec les cultes tartares et chinois, avec le chamanisme, le culte des hérétiques, par quelques rapports communs, comme l'absence des castes, l'abolition de l'idolâtrie. Les peuples sémitiques, attendant vaguement un libérateur, peuvent avoir pris Bouddha pour le culte nouveau que leurs pères leur avaient prédit. Ce serait ainsi que l'idolâtrie et les religions diverses qu'elle a enfantées auront fini par couvrir la terre depuis l'occident phénicien jusqu'à la Chine et au Japon.

Ces deux formes différentes de la religion, le chamanisme et l'idolâtrie, viennent-elles d'une origine commune? Je crois qu'il n'y a pas, qu'il ne peut y avoir de doutes lorsque l'on considère tout ce qu'elles ont de commun.

Toute religion se compose de trois parties : le dogme, le culte, la morale.

La morale est la même par toute la terre. Les fausses religions ont bien pu offrir des dieux dépravés, des Routren, des Mercure, etc., mais un reste de conscience a toujours empêché les hommes de les louer. Ces traits de mauvaises mœurs, de fourberies, d'ivrognerie, de mauvaise foi, n'étaient même souvent que des fables des poètes, des légendes, des emblèmes symboliques adoptés par les traditions populaires, par le vice qui était bien aise de s'appuyer des exemples de ses dieux, de ses héros ou demi-dieux.

Le culte : il est aussi le même par toute la terre, dans toutes les religions, même dans les plus imparfaites; dans celle des Chinois antiques comme dans celle des nègres, dans l'Amérique comme en Grèce, dans la Polynésie, chez les Juifs eux mêmes, toujours et partout le culte a consisté dans le sacrifice : dans toutes ces religions le sacrifice se rattachait au dogme.

Le dogme : partout on a cru à un grand dieu, unique, créateur, souverain, à un grand esprit, même chez les nations les plus sauvages, et parfois ce sont même ces peuples qui ont moins altéré ce grand dogme universel, en adorant moins les dieux inférieurs, cause de la grande erreur des nations. Partout on retrouve des vestiges de la croyance à la Trinité.

L'immortalité de l'ame est encore un des dogmes universels ; mais chez les Indous, les Egyptiens, et chez quelques autres peuples, il a été altéré par le dogme de la transmigration des ames, par la métempsycose. Le dogme de la chute des anges, de leurs combats contre le grand dieu est tout aussi universel.

Il en est de même de celui de la chute de l'homme ; partout on croit à un état ancien plus heureux, partout on pleure à la naissance de l'homme, partout on a purifié l'enfant nouveau-né.

Par suite de ce dogme, on a attendu partout un dieu réparateur, partout on a offert un sacrifice expiatoire, mais partout aussi on n'a considéré ce sacrifice que comme un symbole d'un plus grand sacrifice à venir.

Partout on a cru à la nécessité de la pénitence, partout on a cru à des peines et à des récompenses futures. Le paradis, l'enfer, sont de toutes les religions; toutes ont des rites funéraires, depuis les pyramides et les hypogées de l'Egypte, jusqu'aux Toupapows des îles de l'Océanie; partout on a prié pour les morts et cru qu'ils en éprouvaient du soulagement.

Dans toutes les religions, même dans les plus licencieuses, on a honoré la chasteté, surtout dans les prêtres. Presque toutes ont conservé l'usage de la semaine, toutes ont conservé la tradition du déluge.

Par malheur, tous ces dogmes, très-vrais et très-saints, ont souvent été mal interprétés, et quelques-uns sont devenus la cause de l'idolâtrie; c'est ainsi que la croyance mal interprétée de la Trinité a amené quelques peuples à croire à l'existence de trois Dieux; que la croyance aux anges a induit presque toutes les nations à leur rendre un culte, surtout aux mauvais, que l'on craignait, plutôt qu'au grand dieu, à qui l'on n'osait s'adresser.

Quelques nations ont étendu cette adoration jusqu'à des hommes et surtout à des rois, prêtres de ces temps antiques, symboles de la divinité. D'autres ont adoré les astres ou plutôt les divinités que l'on croyait y résider. Alors l'astrologie est devenue la base de plusieurs des fausses religions.

Quelques imposteurs ont voulu se faire passer pour le rédempteur promis et annoncé universellement.

Enfin le dogme du sacrifice, mal interprété, a causé les sacrifices humains et les religions sanguinaires de presque tous les peuples antiques.

DES LIVRES SAINTS DES NATIONS ANTIQUES.

Nous avons pu voir que plusieurs nations ont écrit leurs dogmes, leurs théogonies, leurs traditions; il ne sera pas hors de propos de jeter un coup d'œil sur ces écrits. Un grand nombre de ces livres sont perdus, nous ne connaissons plus que de nom les écrits des Egyptiens, les livres sybilliens des Romains passent pour avoir

(1) Roselli de Lorgues, *La Mort avant l'homme*, p. 517 et suiv.

été altérés. Les livres des Scandinaves ne sont que des traditions poétiques et fort nouvelles, comparées à celles des Indous, des Chinois et des Persans, les seules dignes de nous occuper. Le Coran des Arabes est si récent qu'il est facile d'y voir une altération des livres saints des Hébreux et des Chrétiens. Les Veddas de l'Inde ne sont qu'une compilation de traditions, de prières, d'hymnes, de théogonies, nous en avons déjà dit un mot, et l'on peut voir dans l'histoire et tableau de l'univers, par Danielo, de plus amples détails si l'on a cette curiosité. On y verra que bien que ces livres semblent fort anciens, une partie, les Purranahs, est fort nouvelle et ne remonte qu'au dixième siècle de notre ère. Les Kings, qui sont les livres sacrés des Chinois, sont au nombre de cinq : le 1er, le Y-King, ne contient que 64 figures symboliques attribuées à Fohi Signes, dans lesquelles Confucius prétendit trouver une profonde doctrine ; le 2e est le Chou-King, livre historique qui commence à Yao et Xun après le déluge ; il remonte à l'an 2207 avant Jésus-Christ, et n'a été clos que 250 avant notre ère chrétienne ; le 3e est le Chi-King, recueil d'odes, de poésies composées sous la 3e dynastie chinoise, la 1re certaine, celle qui commence 1122 ans avant notre ère et qui va jusqu'à l'époque de Xi-Hoang-Ti, 250 ans avant Jésus-Christ ; le 4e est le Chou-Tsiyu, composé du temps de Confucius, peut-être par lui, ainsi que le 5e, le Li-Ki, recueil de cérémonies. Outre ces 5 livres, ils ont les 4 livres de morale, 3 de Confucius, et 1 de Mincius, son disciple. On retrouve dans ces livres le souvenir du déluge, de la semaine de 7 jours, l'attente du saint dans l'occident, le sacrifice comme dans tout l'univers, mais ces livres sont plutôt historiques et moralistes que religieux. C'est la source de la civilisation formaliste et pétrifiée des Chinois, de ces cérémonies toujours observées, bien que l'idolâtrie et le bouddhisme aient envahi tout le pays ; d'autres livres, attribués au philosophe Lao-Tsé, imitent les traditions des bouddhistes et ont d'assez grands rapports avec celles des premiers persans : ils parlent de la haute antiquité, du règne des génies, des 1ers hommes, des 10 Ki qui sont tantôt 10 rois, tantôt 10 dynasties. Les livres de Confucius ont éprouvé bien des vicissitudes qui les rendent suspects auprès de quelques esprits. Brûlés sous Xi-Hoang-Ti, 250 après Confucius, ils seraient restés cachés jusqu'à l'an 600 de notre ère, où on les aurait retrouvés en Perse et au Japon. 400 ans plus tard, de 1000 à 1100, ils auraient été commentés par Tchou-Hi, dont il ne nous reste que le commentaire. D'autres auteurs chinois disent qu'après la mort de Xi-Hoang-Ti et de son fils, on retrouva un vieillard qui les savait par cœur, et qu'on les écrivit sous sa dictée.

Le Zend Avesta remonte au temps de Darius et a toujours, depuis ce temps, été conservé par les Guèbres, j'en ai déjà parlé ailleurs ; ces Guèbres ont encore un autre livre, le Dobistan, Shah Nammeh ou livre des rois, livre historique dont j'ai aussi parlé, mais qui ne remonte qu'au temps de Mahmoud-le-Ghaznévide, en l'an 1000 environ. Il semble qu'à cette époque, où le Coran commençait à s'étendre en Asie, les peuples antiques aient cherché à faire revivre leurs anciennes traditions. C'est l'époque des Purranahs, des livres de Confucius retrouvés, comme c'est aussi celle des livres des Scandinaves, l'Edda et la Voluspa. Ce livre du Dobistan a cependant cela de remarquable que sa chronique ressemble au fragment que Eusèbe nous a conservé de Sanchoniaton ; elle ressemble aussi à celle de la Chine de Lao-Tsé et des Tao-Ssé. Ainsi la Perse, Tyr, l'Inde et la Chine ont conservé la même tradition sur les temps anti-diluviens.

On peut dire que ces livres antiques se rapportent aux grandes régions de l'ancien continent dont nous avons parlé page 4, ainsi qu'aux différents systèmes d'écriture. Les Veddas se rapportent aux caractères sanscrits et à la région des Indes ; les Kings, à celle de la Chine et à son écriture hyéroglyphique ; les livres saints des Hébreux, à la région méditerranéenne et à l'écriture alphabétique. Le Zend Avesta et le Coran sont écrits dans une écriture tirée des lettres hébraïques et phéniciennes, ainsi que le fond de leur doctrine.

Tous ces livres ont entre eux de grandes ressemblances et de grandes différences. Ils s'accordent surtout sur l'histoire ancienne, celle avant la dispersion des hommes ; là est le fondement de vérité défiguré plus ou moins par les traditions. Les articles dont conviennent tous ces livres sont la création du ciel et de la terre, celle de l'homme et de la femme, le séjour du bonheur, ce paradis terrestre perdu par la couleuvre d'Ahrimane, le serpent Chein, le dragon que la femme doit écraser, la promesse d'un rédempteur qui doit être Dieu, fils d'une vierge.

Puis viennent les longues guerres des divinités inférieures contre la grande divinité, les hommes inventant les divers arts, l'architecture, la musique, etc., les guerres des géants ou des hommes méchants, puis enfin le déluge après dix générations ou dix rois, un saint homme sauvé dans une barque avec sept personnes, le partage de la terre entre eux, un souvenir confus de la tour de confusion, et le rapport s'arrête là.

Les livres des peuples antiques, Indous, Persans, Chinois, diffèrent alors entre eux comme leurs langues, comme leurs mœurs, comme leurs pays.

On peut dire de ces faux livres saints, vous les reconnaîtrez à leurs fruits. Les Veddas, créés par une caste sacerdotale, tout d'imagination, ont abouti chez les Brahmes au mysticisme et au panthéisme, chez le peuple à l'idolâtrie ; ils sont la source de toutes les idolâtries.

Les Kings, tout positifs, ont abouti à une sorte de matérialisme, d'épicuréisme ; le pouvoir du roi est la seule règle, le seul frein, ils ont préparé le bouddhisme et livré la Chine à l'idolâtrie étrangère.

Le trait qui distingue profondément ces faux livres sacrés des véritables, c'est qu'ils ne sont pas prophétiques. Leurs auteurs n'ont pas osé prédire l'avenir.

Les livres des Hébreux, des Chrétiens, au contraire, sont prophétiques d'un bout à l'autre, et leurs prophéties se sont vérifiées, accomplies.

Les Veddas, les Kings étaient pour des nations isolées, parquées dans un coin du monde ; les livres des Hébreux étaient pour le monde entier.

Les Kings, les Veddas, le Zend Avesta, le Coran, ont été faits par un seul homme plutôt politique que religieux ; les livres des Juifs et des Chrétiens ont été faits par une longue suite de prophètes qui prouvaient leur mission par des miracles, ont été adoptés par cette synagogue, puis par cette église qui remonte sans interruption depuis Moïse jusqu'à nos jours.

Ces livres des nations païennes ne sont donc que des altérations de la vérité, des imitations des livres saints de Moïse. On peut dire que ces religions hindoues, égyptiennes etc., ne sont que des hérésies du culte de Noé, du culte catholique avant le Christ.

Ce serait le cas de parler des hérésies depuis le Christ, erreurs qui ont souvent renouvelé les erreurs antiques, mais ce sujet a déjà été souvent traité. Le tableau en regard expose leur dates. Je dirai seulement ici un mot de la religion de Mahomet qui est la plus considérable de ces hérésies.

Arius avait en l'an 325 nié la divinité du Christ, Constance l'empereur avait adopté son erreur, par ses soins elle se propagea en Arabie où se trouvaient déjà de nombreux chrétiens qui avaient conservé les préceptes judaïques. Mahomet voyant l'affaiblissement de l'empire romain voulut y substituer sa nation ; les Arabes alors, outre les chrétiens, avaient des sabbéistes, quelques idolâtres. Voulant en faire une nation forte et unie, Mahomet se fit une religion de toutes ces religions diverses, il publia son coran, mélange informe de vérités et d'erreur, alliage où l'on retrouve la bible et les veddas. Le nouveau prophète adopta le paradis des Hindous, prit aux brahmes l'horreur du vin, aux Chrétiens leur carême dont il fit la ramazan, le Pape dont il fit un calife ; il résuma en une seule toutes les hérésies orientales qui avaient déjà paru. L'histoire nous a appris les résultats de cette entreprise : cette religion imposée par la force des armes semble être arrivée à son déclin, à présent que ses armes sont tombées.

PHILOSOPHES ANCIENS ET NOUVEAUX.

Nous avons vu les législateurs antiques des nations, leurs prophètes vrais ou faux ; les faux prophètes faisant un mélange des traditions qui conservaient un reste de vérité avec les erreurs de leurs nations, les vrais qui annonçaient des évènements arrivés de leur vivant, gages de la promesse d'autres évènements à venir aussi réalisés. Il nous reste encore à voir une autre sorte d'hommes célèbres, moins influents que les législateurs, meilleurs que les imposteurs mais bien au-dessous des vrais prophètes. La source de la science de ceux-ci était surnaturelle, un don de la divinité; la science des philosophes était dans la raison humaine livrée à elle-même.

Quelques-uns de ces philosophes ont fondé des sectes assez nombreuses, mais n'ont jamais régi une nation entière. Toujours réservée aux classes instruites, la philosophie n'a eu cours qu'auprès des grands et des savants; les philosophes dédaignaient le vulgaire qui leur rendait ce dédain.

Née dans les castes sacerdotales, la philosophie a été longtemps religieuse; les Brahmines-hindous, les Mages de la Perse, les Prêtres de l'Egypte ont longtemps été les seuls gens instruits; l'astronomie, la physique, la chimie, la médecine, la morale, les mathématiques elles-mêmes leur étaient réservées. C'est donc à des temps inconnus qu'il faut faire remonter la source de la philosophie, c'est chez les Brahmines-hindous que nous en trouverons les premiers éléments.

C'est en effet chez eux que nous trouvons, comme dans Thalès l'eau reconnue comme le premier être créé, une sorte de principe; chez eux que nous retrouvons le système de Pythagore, ses connaissances sublimes aussi bien que ses préceptes, sa diette, sa métempsycose et ses principes; chez eux nous retrouvons le grand principe des Epicuriens, un Dieu qui a bien, à la vérité, créé le monde, mais qui rentré dans son repos ne s'en mêle plus. De l'Inde on voit ces idées passer dans l'Egypte, la Perse, dans notre Orient où les Grecs ont été les chercher.

Dans la Grèce comme dans l'Inde l'absurdité de l'idolâtrie populaire a engagé les gens instruits à avoir une autre croyance, à voir des symboles dans les fables, à rechercher l'auteur de la nature et les lois qui devaient régler les rapports des hommes avec lui et ceux qu'ils devaient avoir entre eux.

De là toutes les sectes philosophiques diverses : les unes qui ne s'occupaient que de la morale et des lois, les autres qui ne s'occupaient que des hautes sciences, tandis que d'autres encore se créaient des systèmes, ne s'occupaient que de métaphysique, de physique, trop souvent de sophismes et d'idées erronnées. Parler avec détail de toutes ces sectes serait sortir de mon sujet; je dirai seulement un mot de leur histoire, de leur origine qui semble devoir être dans l'Inde ainsi que celle de l'idolâtrie; je l'envisagerai comme une aurore du christianisme chez quelques philosophes, comme un résultat de la corruption du paganisme chez quelques autres en plus grand nombre.

L'Hindoustan possédait depuis longtemps plusieurs systèmes philosophiques divisés en deux sectes principales : l'une la plus ancienne tirée de ses livres saints et attribuée comme eux à Wyasa; elle se rattache au panthéisme. L'Inde habituée à voir Dieu dans tous ses ouvrages a vu facilement Dieu dans la nature. Cette erreur, commencement de la philosophie humaine, en est aussi la fin. Cette école tirée des Veddas se partage en deux sectes : la première est celle de Gotama et se fonde sur une division de tous les êtres métaphysiques et physiques classés par catégories; la seconde est celle de Kanada, elle contient la doctrine des atômes qui auraient formé le monde par leur réunion.

La deuxième école traitée d'hérétique parce qu'elle est contraire aux Veddas, se divise en trois sectes principales : Kapila est le chef de la première; les Brahmes le traitent d'athée parce qu'il fait Dieu immatériel, ou peut-être parce qu'il croit ses dieux sujets à la naissance, à la vieillesse, à la mort; il reconnaît cependant un esprit du monde, un *animus mundi* comme plusieurs philosophes grecs. On ignore le temps de sa vie, mais il doit être antérieur au bouddhisme puisque ses principes se retrouvent dans cette hérésie du brahmanisme. La seconde secte de l'école hétérodoxe indoue est celle de Patandjali; il croit à un Dieu bien au-dessus des Dieux du vulgaire, à des esprits inférieurs qu'il croit que l'on peut enchaîner à des corps par de certaines formules; il croit que l'on peut dégager son esprit du corps et faire voyager au loin son âme séparée de la matière. Son livre se nomme *Yoga sastra*, ses sectateurs se nomment les *Yoguins* et sont traités de magiciens par le vulgaire; on trouve plus d'un rapport entre cette secte et le magnétisme animal de Mesmer. La troisième secte hétérodoxe hindoue est plus récente que les autres, on la nomme la secte Puranica, peut-être un souvenir de la secte de Pyrrhon qui avait été dans l'Inde; cette secte va jusqu'à nier l'existence de soi-même, puisque rien n'assure qu'elle n'est pas un rêve.

Les philosophes de l'Inde ont étendu leurs doctrines dans l'Orient et dans l'Occident, dans la Chine, et dans l'Egypte. En Chine ils ont produit Lao-tseu qui croyait à la magie, à l'astrologie, à la divination, à la pierre philosophale, à l'immortalité possible, à toutes ces chimères si souvent renouvelées dans d'autres pays. Confucius et Mincius, son disciple, ont aussi la même origine hindoue, mais ils ont cherché aussi à matérialiser leurs croyances; négligeant le pouvoir des esprits ils fondent leur morale sur les coutumes des ancêtres, les cérémonies minutieuses, sur le respect profond dû au père chef de famille, au roi chef de l'Etat. On dirait que Confucius ait voulu chercher à atténuer les conséquences tirées des idées de Lao-tseu; en voulant éloigner l'homme des esprits, il les reconnaît dans ses livres; il voit en Dieu le souverain empereur du ciel, le grand faîte, mais il se retranche dans le culte de la seconde majesté; il se rejette de l'idéalisme dans le positivisme, l'utilité matérielle. Aussi fut-il le philosophe favori des empereurs; si quelques-uns, poussés par l'esprit des Taosséé des Bouddhistes poursuivaient sa doctrine, elle était trop ancrée dans l'esprit de la nation pour ne pas résister aux persécutions.

Dans l'occident de l'Inde, la Perse, l'Egypte, la philosophie resta cachée dans les temples. Les prêtres savants n'indiquaient au peuple qu'un petit nombre de connaissances chimiques nécessaires aux arts, tenant les autres connaissances pour inutiles ou dangereuses. Ces peuples n'étaient pas inventeurs et furent de mauvais conservateurs; ils laissèrent éteindre chez eux le dépôt des sciences; et du temps des empereurs romains, les auteurs anciens parlent avec mépris de l'ignorance dans laquelle étaient tombés leurs antiques instituteurs.

Si les connaissances primitives transmises en Grèce ne s'y éteignirent pas, elles s'y dénaturèrent. Les petites nations grecques, colonies militaires ou mercantiles ne savaient que peu de chose de ces sciences élevées, et ce peu se dénatura par l'esprit de sophisme naturel à ce peuple, cause de tous leurs systèmes divers, absurdes pour la plupart, et qui n'ont dû leur éclat qu'à la beauté de la langue grecque, à la magie du style, de l'éloquence et du nom de leurs auteurs.

Dans les temps antiques, lorsque la Grèce avait encore quelque chose d'oriental, leurs premiers sages avaient aussi quelque chose d'asiatique; ces sages, au nombre de sept comme les sept mounis hindous, cherchaient la cause du premier principe comme Thalès, à bien vivre comme Byas, Chylon, Pittacus et les autres. Solon, presque contemporain de Confucius, ne chercha qu'à être le législateur de son peuple.

Pythagore parut près d'un siècle après les sept sages. Né à Samos, il voyagea en Egypte du temps d'Amasis, dans la Chaldée et dans plusieurs contrées encore plus reculées en Orient; retourné en Europe, il se fixa à Crotone dans l'Italie grecque où il enseigna son système. Ses disciples, habillés de blanc, s'abstenaient, comme les Brahmes, de vin et de nourriture animale, croyaient comme eux à la métempsycose, et se livraient avec ardeur aux connaissances mathématiques, à l'astronomie. Le véritable système planétaire ne leur était pas inconnu. Tout le monde connaît la sublime découverte du carré de l'hypothénuse, et la table de Pythagore est connue des enfants eux-mêmes. Les préceptes de ce philosophe, mis en vers comme ceux de Menou, étaient sus de tous les disciples. Les Grecs, incapables de comprendre sa doctrine élevée, ont prêté à Pythagore de nombreux ridicules, soit par une haine dérisoire, soit par une admiration outrée.

Plus d'un siècle après ce philosophe célèbre, Socrate, disciple d'Archelaüs, disciple lui-même d'une école qui remontait à Thalès, commence à prêcher sa doctrine. Si Pythagore a évidemment puisé ses idées, ses préceptes dans l'Inde, ceux de Socrate me semblent tirés de la Perse, ennemie comme lui de l'idolâtrie populaire. Ces deux philosophes sont les chefs des deux célèbres sectes : italique et ionique.

La secte ionique se partage après Socrate en cinq sectes, dont trois, celles d'Euclide, de Phédon et d'Aristippe furent bientôt éteintes. Les deux qui survécurent furent la secte académique de Platon et celle d'Anthistènes, père des Cyniques et des Stoïciens qui en étaient si différents.

La secte italique se partagea en trois autres; 1° celle de Démocrite qui adopta le système des atômes ; 2° celle d'Epicure qui voyait le bonheur dans la volupté, et croyait le grand Dieu rentré dans le repos ; enfin celle de Pyrrhon dont l'esprit était le doute universel. En lisant ces idées ne semble-t-il pas voir la répétition de ce qui s'est passé dans l'Inde. Démocrite ressemble à Kapila, comme les Pyrrhoniens aux Puranikas. Socrate, sa logique serrée, son art d'embarrasser ses adversaires en leur faisant dire des absurdités, conséquences d'une idée fausse, nous sont connus principalement par Platon; c'est par lui que nous connaissons ses idées sur l'immortalité de l'âme, sa morale si pure, si semblable à celle des livres saints, si bien conservée de celle de Noë, de la religion primitive au milieu des ténèbres du paganisme, cette morale qui l'a fait appeler un précurseur de la vérité, une sorte de prophète des Gentils. Ce titre lui serait donné à bon droit sans un vague soupçon sur ses mœurs, plus relâchées que sa morale. Socrate fut martyr de sa doctrine trop pure pour le paganisme qui ne put lui pardonner son mépris pour la croyance populaire, peut-être aussi d'avoir révélé au peuple les mystères que l'on tenait cachés dans les secrets d'Eleusis.

Platon approche encore plus de la vérité que Socrate : à sa morale il joint des connaissances sur quelques dogmes ; la trinité ne lui était pas tout-à-fait inconnue. Son logos est presque le verbe des Chrétiens ; il parle davantage de la vie future, des récompenses, des punitions que doivent recevoir les âmes immortelles ; il s'est instruit davantage des sciences de l'Orient, aussi dans les premiers siècles de l'Eglise y eut-il un certain rapprochement entre ses disciples et les Chrétiens. Les Néoplatoniciens d'Alexandrie étaient des philosophes payens qui avaient adopté presque tous les dogmes du Christianisme.

Aristote, disciple de Platon, s'occupa plus de la nature, de la logique, de la politique, de la poétique que du dogme. Il voyagea en Orient avec Alexandre, son disciple, parla de sciences, de philosophie avec les Brahmes de l'Inde, avec les Gymnosophistes et les Samanéens ; ses catégories rappellent celles de Gotoma. La secte nombreuse fondée par Aristote a survécu à toutes les autres, Ses œuvres, traduites par les Arabes, ont envahi tout le moyen-âge, elles régnaient sur l'Orient et l'Occident. On croyait ce philosophe sur parole, et rien n'a plus nui à l'avancement des sciences que ce respect aveugle pour ses écrits.

Nous avons vu la division des deux sectes principales, voyons leur histoire, c'est-à-dire les conséquences que l'on a tirées de leurs divers principes. Ceux des Pyrrhoniens, prêtant au ridicule, n'eurent pas beaucoup de sectateurs avoués, mais le doute devint général sur le dogme, comme sur la morale, et ce système a aidé beaucoup les systèmes voluptueux d'Aristippe et d'Epicure. Ce dernier se mêla avec celui de Démocrite, adoptant l'idée des atômes arrangés par le hazard ou par une divinité quelconque, qui ayant une fois pour toutes arrangé l'univers, laissait les choses aller toutes seules. La conséquence que leurs disciples en tirèrent, fut que l'homme pouvait, impunément, se livrer à ses penchants. La débauche, la dépravation, puis la ruine des pays où prévalurent ces systèmes en furent bientôt les fruits amers.

Reprenons l'histoire des sectes philosophiques. Alexandrie, devenue la ville savante ainsi que la ville commerciale des temps qui ont suivi Alexandre, vit la science grecque devenir moins frivole en devenant plus orientale. Les livres saints des Hébreux furent traduits en grec et influèrent sur la philosophie en même temps que la philosophie influa aussi sur les Hébreux. Les Saducéens, épicuriens juifs, nièrent la résurrection. Les Esséniens furent une sorte de copie des Brahmes ou des Pythagoriciens ; les Pharisiens eux-mêmes, tout en s'attachant à la lettre de la loi, la surchargeaient des rêveries que l'on voit blamées dans l'Evangile et consignées dans le Thalmud.

En Grèce, les cyniques enchérirent sur la dépravation d'Epicure, déclarèrent toutes les actions humaines licites, se raillant des systèmes des autres philosophes, se piquant d'avoir moins de besoins que les autres hommes. Ils présentèrent le spectacle de véritables sauvages au milieu d'Athènes; sans maisons, sans femmes, sans pudeur et sans loi, ils auraient pu être dangereux sans leur petit nombre et sans le juste mépris qu'ils inspiraient. Les Stoïciens, partis de la même branche du grand rameau Ionien, offraient heureusement une morale plus pure bien qu'outrée par Zénon et son sage imaginaire insensible à toute douleur. Cette philosophie se propagea chez les Romains ; les écrits de Sénèque, le Manuel d'Epictète en sont les écrits. Dans les ouvrages de Sénèque on voit paraître un grand nombre d'idées chrétiennes, et sans pouvoir réclamer ce philosophe comme un chrétien, on ne peut douter qu'il ait eu connaissance de leur doctrine (1).

Les Romains adoptèrent les systèmes philosophiques des Grecs, mais avec assez d'indifférence. La Grèce alors fourmillait de sophistes peu considérés ; un certain bon sens occidental mit les Romains à l'abri de la plupart de ces erreurs ; les soins du gouvernement les occupaient davantage. Cependant Lucrèce fut un Romain épicurien comme Sénèque en fut un stoïcien. L'épicurianisme fit de grands progrès à Rome et n'a pas peu contribué à la dépravation, à la faiblesse de cette nation sous les derniers temps de l'Empire.

Le monde romain étant devenu chrétien, on vit les saints Pères si illustres renouveller la philosophie en l'épurant, et les hérétiques chercher à gâter la religion en y introduisant l'esprit de secte.

Les nations neuves de l'Occident furent longtemps sans avoir de philosophes ; ils ne se montrent guère dans l'enfance des nations. Dans l'âpre verdeur des peuples français, allemand, anglais, on voit une foi vive si l'on y voit peu de science, des mœurs assez pures, de l'honneur, s'il y reste encore quelque chose de la férocité des peuples du Nord; mais le commerce, le luxe, commencent après les croisades, au quatorzième siècle, les mœurs se perdent, et au quinzième l'esprit de secte reparaît.

Dans l'Orient, il avait déjà reparu dans l'Arabie, du temps de la splendeur des califes Abassides. En Occident, on le vit commencer dès le douzième dans la vaine querelle des Réalistes et des Nominaux, où l'on vit d'un côté saint Bernard et la raison, de l'autre Abaillard et l'éloquence.

Les premiers commencements de la philosophie en Occident se portèrent principalement sur les sciences occultes, sur l'astrologie, la pierre philosophale. Raymond Lulle mêlait ces absurdités à de grandes connaissances. Albert, savant chimiste, passait aussi pour sorcier ainsi que la plupart des savants de ce temps. Ces chercheurs de la pierre philosophale firent cependant des découvertes chimiques importantes : on leur doit le phosphore, la poudre à canon, etc., etc.

Dans la Grèce du Bas-Empire, l'esprit de secte s'était porté sur la religion, de là tant d'hérésies diverses dans ce pays. Après les croisades, mais surtout après la chûte de la Grèce, elles s'introduisirent dans l'Occident.

Après les troubles des Vaudois, des Albigeois, sectaires du Languedoc qui introduisirent dans notre pays le manichéisme, (infames mélanges que, dans les premiers siècles du christianisme, Manès avait fait du système Indo-Persan des deux principes avec la religion chrétienne), on vit paraître Wiclef, puis son sectateur Jean Huss, précurseurs du Protestantisme. Les arts et les sciences faisaient à cette époque d'étonnants progrès, annonces de notre civilisation actuelle : l'imprimerie, si immense dans ses effets, mit l'instruction à la portée de tous les hommes ; la découverte des lunettes d'aproche nous fit mieux connaître les astres et nous en fit découvrir de nouveaux, comme celle de la boussole nous découvrit un nouveau monde et rapprocha de nous les parties éloignées de l'univers. La science antique devint insuffisante et l'on put prévoir un nouveau monde moral comme on avait un nouveau monde physique.

Les troubles religieux du protestantisme arrêtèrent un instant ce grand mouvement de progrès; cependant, malgré cette préoccupation des esprits, de grands hommes parurent encore : Bacon commença à fonder une nouvelle philosophie, Copernic trouvait un défenseur dans Galilée, le baromètre faisait soupçonner la pesanteur de l'air, et les sciences exactes, si longtemps confondues avec la magie, s'en affranchissaient et commençaient à devenir populaires.

La réforme ayant réellement réformé les mœurs des catholiques,

(1) *Soirées de Saint-Pétersbourg*, tome II, p. 210, IXe entretien.

l'Europe étant devenue plus tranquille sous le siècle de Louis XIII, la France et le monde entier reprirent le mouvement civilisateur un moment arrêté par les troubles. Les nouveaux systèmes de Descartes, de Mallebranche, de Pascal s'élevèrent, soit dans les sciences astronomiques, soit surtout dans les sciences morales et métaphysiques ; un peu plus tard Leibnitz devint le chef de la philosophie spiritualiste, Newton de la philosophie mathématique ; et tous les deux étaient religieux bien que protestans, Leibnitz surtout penchait vers le catholicisme cherchant à s'entendre avec Bossuet.

L'esprit de secte vivait cependant toujours ; l'esprit de doute prit bientôt une audace extrême et se porta sur des sujets respectés jusquelà. Rabelais, dans un ouvrage immoral, fut le premier porte-étendard des incrédules et fut à la fois cynique et satirique. Montaigne parfois aussi cynique mais plus grave, porta encore le doute plus loin, mais avec bonhomie. On voit en lui un esprit réellement penseur qui commence à s'apercevoir de l'insuffisance des anciens, qui respecte la religion, en parle même en bons termes, mais qui l'attaque sans le savoir en portant le doute dans les esprits ; à qui le bon sens fait faire quelques objections faciles à lever, mais qui par incurie ne veut pas en prendre la peine.

Ce que Rabelais avait dit en énigmes, les écrivains protestans le dirent plus tard à découvert. Bayle, dans son dictionnaire, pousse le pyrrhonisme plus loin encore que Montaigne. Spinosa, Juif Hollandais, revient au Panthéisme des Hindous et voit Dieu dans la nature, dans ses ouvrages ; il fait la matière éternelle, progressive jusqu'à l'intelligence, l'intelligence progressive jusqu'à la divinité. Tolland, Hobbes en Angleterre ont des principes à peu près pareils; Voltaire les met à la portée de tout le monde. Locke avance que Dieu peut donner l'intelligence à la matière, il commence à soutenir que l'on ne peut avoir d'idées que par les sens. D'Alembert, Diderot, Condillac, puis ensuite Lalande, Boulanger, Volney et Dupuis arrivent au pur matérialisme, mais je ne veux pas parler des auteurs presque contemporains.

C'est aussi pourquoi je ne dirai qu'un mot de la philosophie Allemande, dans ce pays où l'on était encore ému de la réponse de Leibnitz à Locke (il disait qu'il n'y avait rien dans l'intelligence que par les sens, Leibnitz lui répondait : à moins que l'intelligence elle-même *nisi intellectus ipse*), dans ce pays, dis-je, le matérialisme se modifia considérablement. Kant distingua les idées immatérielles et les *sensations* purement matérielles. Fichte rapporte tout à l'âme, ne voit dans la matière que l'opposé, la limite de l'âme. Schelling, après lui Hégel, Hermes rapportent tout à la nature, et élèvent comme Locke la matière jusqu'à l'âme, devenant aussi panthéistes comme Spinosa, comme les anciens philosophes Hindous.

L'école religieuse leur oppose M. de Bonald, M. de Maistre.

Voilà à peu près le cercle continuel des opinions philosophiques ; elles vont sans cesse du spiritualisme au matérialisme, s'arrêtent souvent dans le doute absolu et vont finir par se perdre dans le panthéisme. Cercle vicieux dont la religion seule peut faire sortir.

DES PHILOSOPHES MATÉRIALISTES.

Dans ce résumé des principales sectes philosophiques, nous avons pu remarquer deux tendances générales, l'une aux idées matérialistes et panthéistes, l'autre tournée au contraire vers une spiritualité trop excessive qui a engendré des idées mystiques ; jetons un coup d'œil sur ces deux erreurs.

L'opinion des matérialistes est bien abandonnée à présent dans les écoles nouvelles, chez les éclectiques, les sectateurs humanitaires de Pierre Leroux, et même chez les anciens Saints-Simoniens et chez les Fouriéristes actuels ; mais le fond de leurs principes se voit encore dans quelques ouvrages, surtout dans ceux des naturalistes. Le système de Dupuis surtout est encore suivi par quelques gens, c'est pourquoi je vais en dire un mot. Son système est qu'il n'y a d'autre Dieu que le soleil, que c'est la divinité qui se retrouve au fond de *tous* les cultes sans en excepter un seul ; que les noms donnés aux principales constellations, aux signes du zodiaque sont l'origine de toutes les fables.

Suivant lui, l'Ours qui est au nord représente le génie du mal, le sanglier qui a tué Adonis, Typhon qui a tué Horus. Le Dragon qui est à côté est aussi bien que l'Ours le génie du mal. Suivant encore ce système, le Bouvier est Osiris et la Vierge est Isis ; elle est près des Balances, origine d'Astrée ; un Poisson est auprès de la constellation d'Andromède, origine de la fable de Persée, de Pégase, de Céphée, de Cassiopée ; le Bélier et le Taureau jouent un grand rôle dans les religions égyptienne et persane. Allant plus loin, Dupuis voit Adam dans le Bouvier, Eve dans la Vierge placée près du Serpent, l'Agneau pascal dans le Bélier, l'arche de Noé dans le navire Argo ; enfin il retrouve aussi dans les constellations le culte chrétien, voyant surtout le Christ et ses douze apôtres dans le soleil et les douze signes du zodiaque.

Il est possible qu'il y ait quelque chose de vrai dans une partie de ce système ; les constellations étant l'almanach des peuples primitifs, les fêtes annuelles ont pu être réglées sur le lever de telle ou telle étoile. Il peut être vrai, jusqu'à un certain point, que l'on puisse retrouver Osiris dans le soleil, ainsi qu'Apollon, et peut-être Bacchus; que Diane, Isis, Astarté se retrouvent aussi dans la lune, et même les travaux d'Hercule dans le zodiaque ; le sabbéisme, le culte tout astronomique des Chaldéens, des Persans peut avoir tiré quelques enseignements du grand livre du ciel. Cependant tout semble au contraire porter à croire que ces fables étaient antérieures au nom donné aux constellations et que ce seraient les fables qui auraient donné le nom aux divers amas d'étoiles loin d'en avoir été tirées. Ce qui confirme cette idée, c'est la grande ressemblance des fables antiques, hindoues, égyptiennes et grecques tandis que les noms des constellations, les figures diffèrent, (excepté les 12 signes du zodiaque à peu près les mêmes partout). On peut voir dans les noms de ces constellations deux origines, l'une populaire et pastorale, comme le poussinière, le rateau, le charriot, chez nos paysans; les boisseaux etc., chez les Chinois etc; l'autre religieuse et savante, inventée par les prêtres pour rappeler les mythes qu'ils enseignaient. Dans tous les livres sacrés des anciens, on voit d'ailleurs toujours un Dieu supérieur à ceux du soleil et de la lune. Baal supérieur au 2e Baal, à Astaroth, à Moloc ; Kneph, supérieur à Osiris, à Isis, à Horus et celà partout. Comme tous les gens à systèmes, Dupuis tira de fausses conséquences de ces vérités ; il alla jusqu'à nier l'existence de héros dont nous parle l'histoire positive ; jusqu'à nier l'existence du Christ lui-même bien qu'elle soit attestée par Tacite et d'autres auteurs payens, par Julien qui voulait détruire sa religion, qui en niant son existence comme Dieu prouvait son existence comme homme ; jusqu'à nier l'existence des apôtres, à voir la constellation de l'aigle dans saint Jean, qui a vécu si longtemps avec les romains et que Julien appelle un bon homme, *(bonus Joannes)*. On a répondu à Dupuis en lui montrant autant de rapports entre le soleil et Charlemagne avec ses douze pairs, on aurait pu lui répondre plus sérieusement qu'il peut y avoir une certaine harmonie entre le cours de l'année et la religion ; que le Christ a pu vouloir naître au renouvellement de l'année solaire, comme il est né à une époque séculaire et millenaire ; on aurait pu lui répondre surtout que le signe très-ancien de la Vierge se rapportait à une prophétie encore plus ancienne, à la prophétie si générale par toute la terre que le Sauveur devait naître d'une vierge, tradition qui se trouve consignée dans le Pollion de Virgile : *Jàm, redit et Virgo. (Ec IV, v. 6,)* ; on aurait pu lui répondre que la religion primitive avait placé les principaux articles de sa croyance dans le livre immortel des constellations.

Une des objections des incrédules modernes est la ressemblance des signes religieux. J'ai fait voir que les dogmes se ressemblent, faut il s'étonner que les signes, les symboles soient les mêmes, c'est une nouvelle preuve de l'universalité de la religion antique ; le christianisme, en les adoptant, n'a fait que reprendre son ancien bien et son ancienne forme.

Ces signes sont principalement les figures destinées à donner une figure sensible à la Trinité, la colombe, son rapport avec le globe ailé des Egyptiens, le Tau des Egyptiens, figuré en sorte de croix ⊤ ou ♀.

Dans ce signe de la colombe pour la troisième personne divine, ne retrouve-t-on pas la fable assyrienne de l'œuf couvé par la colombe divine bien expliquée ; c'est presque la Genèse.

On a encore objecté les cloches, l'eau lustrale, les offrandes du pain et du vin, les chapelets, etc. Parmi ces choses, les unes sont des formes indifférentes comme les cloches, les chapelets imités des bouddhistes, les autres de précieux souvenirs du culte antique.

D'autres incrédules veulent que la terre soit d'une antiquité reculée ainsi que le genre humain, et ils s'appuient sur les listes des rois égyptiens données par Manethon. La géologie s'est chargée de leur répondre que l'homme est nouveau, que l'époque de son apparution ne peut remonter à plus de soixante et quelques siècles, que même le dernier cataclysme est encore plus récent. La saine critique peut leur objecter que ces listes de rois antérieurs sont des traditions générales dans tout l'Orient sur les temps où l'homme n'existait pas, le règne des génies; que depuis la création de l'homme, ces traditions s'accordent toutes pour placer dix rois ou dix dynasties : Bérose avec ses dix rois depuis Alaros jusqu'à Xixouthros, rois qui vivaient des milliers d'années; les Chinois avec leurs dix Ky ou dynasties, ainsi que les Egyptiens qui par là ont voulu expliquer la longue vie des premiers hommes outrée par les Assyriens. Ces peuples faisaient des années avec des semaines au moyen du signe primitif ⊙ ou ⊡ qui veut dire révolution solaire. Toutes ces traditions, nous l'avons vu, se ressemblent, se rapportent, toutes placent l'époque du déluge à peu près dans le même temps, et ce temps se rapporte avec la géologie, avec l'histoire, les monuments, et avec les livres saints des Hébreux et des Chrétiens.

Les incrédules ont aussi objecté l'astronomie comme n'ayant pu parvenir à un point aussi avancé qu'elle le paraît dans les temps primitifs, sans une longue suite d'observations. On peut leur objecter avec M. Al. Bertrand que quand même il aurait fallu deux mille ans pour avoir idée de quelques faits astronomiques tels que la précession des équinoxes, les hommes échappés au déluge pourraient avoir conservé les traditions des observations faites avant eux; avec Bailly, qui explique par là l'état de l'astronomie chez les peuples anciens qui avaient plutôt les débris de cette science que ses éléments.

PHILOSOPHIES SPIRITUALISTES OUTRÉS ET MYSTIQUES.

En lisant l'histoire et les voyages, parcourant le temps et l'espace, on ne peut s'empêcher d'être frappé de voir partout une croyance presque générale à ces sciences nommées *occultes*. Partout on craint ceux qui s'y livrent, partout on a cru que l'on pouvait transmuter les métaux, prolonger la vie humaine, se mettre en rapport avec les esprits, savoir les événements futurs ou éloignés, enfin procurer des maux à ses ennemis. D'où peut venir cette croyance si générale à la magie, à la divination, à l'alchimie, à l'astrologie? Je pense qu'elle vient des temps religieux, et que ces mêmes sciences en ce qu'elles ont de vrai, ont pu servir à leur tour à la propagation des fausses croyances. La première question qui s'élève, c'est de savoir s'il y a du vrai dans ces sciences occultes : l'alchimie est fondée sur de véritables transmutations physiques, et les savants qui s'y livraient ont pu profiter de la crédulité des gens riches, des princes pour avoir les fonds nécessaires à leurs grandes expériences. Ce qu'il y a de vrai sur les autres sciences occultes peut être fondé sur les faits du magnétisme, faits sur lesquels les savans sont loin d'être d'accord, mais qui présentent cependant quelques expériences que l'on ne peut nier, que l'on cherche à expliquer physiquement par un certain fluide analogue au fluide électrique. Quoiqu'il en soit, on retrouve des faits presque semblables au magnétisme chez les brahmines; en Chine, dans la secte des Lao-Tsé; chez les sorciers chamanes de la Laponie, du nord de l'Asie, de l'Amérique, jusque dans la Guinée. Hyppocrate parle d'une médecine divine qui procède par des songes. On rattache même au magnétisme divers phénomènes vrais ou faux, tels que la fascination des oiseaux par les serpents, le don de seconde vue, le don de trouver des sources cachées ou des métaux, et même l'état d'extase produit par certaines plantes enivrantes.

Ces faits étant admis, on conçoit la folie de la magie, folie qui a survécu à celles de l'alchimie, de l'astrologie, qui est encore vivace chez les paysans et même chez quelques personnes de classes plus relevées. Le nom de cette superstition indique assez son origine persane; elle vient en droite ligne du culte d'Ahrimane. mais elle a changé de formes, suivant les temps et les lieux, surtout suivant les diverses fausses religions dont elle est encore un reste, un souvenir altéré.

On peut en effet distinguer : 1° les sorciers bouddhistes ou chamanes auxquels se rattachent les jongleurs américains, sibériens et Lapons, les Taossé de la Chine, les Yogguins de l'Inde avec leur livre secret, l'Adarana-Vedda; 2° les sorcières des anciens Grecs et Romains : Médée, Circé, Canidia, les Thessaliennes. On croit que dans la Thessalie, dans la Thrace antique, il y avait quelques peuplades Mongoliques et Chamaniques (1); elles opéraient principalement par des *charmes*, des vers magiques, des herbes suspectes, etc.; 3° les sorciers cabalistiques qui se sont formés chez les Juifs dispersés, qui, en mêlant le culte du vrai Dieu avec les superstitions païennes, croient opérer des miracles au moyen des lettres de la Bible combinées de façon à enchaîner ou déchaîner les démons; 4° la magie des Arabes, des Musulmans, reste de celle des mages, mêlée de beaucoup de croyances populaires ou poétiques; 5° celle du moyen-âge de l'Europe, commune dans quelques campagnes, mélange informe des diverses sorcelleries dont j'ai parlé et d'un reste des cultes celtique et gothique. Jadis les fées, souvenir des péris de l'Orient, les fées (fairis) de l'Angleterre et de la Suède, les feux follets; jadis les sylphes et les gnomes inconnus à présent y jouaient un grand rôle; les maléfices, la croyance au sabbat, les paroles qui guérissent les maladies des hommes et des troupeaux, la divination, etc., s'y sont encore conservés.

Une 6me sorte de magie est celle de cette caste si singulière connue sous le nom d'Athinganes, dans le Bas-Empire, à présent de Zingari, Zigeunen, Bohémiens, Gypsies, Gittanos, etc. On connaît à présent leur langue qui est un dialecte purement hindou. On s'est épuisé en conjectures sur l'origine de ce peuple hindou au milieu de l'Europe, on l'a rapportée aux invasions de Genghis, d'Attila, mais on voit dans les auteurs anciens des Zigari tout pareils aux Zingari et antérieurs à ces deux conquérants. C'est peut-être aux expéditions de Sésostris qu'il faut faire remonter leur séjour en Europe, d'où peut-être leur nom d'Egyptiens, Gypsies et Gittanos. Leur moyen de divination est la chiromanie, l'inspection des lignes de la main, phrénologie du moyen-âge. Ils y joignent la divination par les cartes à jouer; en seraient-ils les inventeurs?

On trouve dans Plutarque (d'*Isis et d'Osiris*), la description d'un sacrifice à Ahrimane, qui se rattache à notre sorcellerie moderne; on croit lire la scène des sorcières de Macbeth. On peut voir que chaque fausse religion a produit une différente sorte de magie, que c'est bien un reste des différentes superstitions idolâtriques. Je ne parle pas ici de la sorcellerie des classes élevées, celle de Cagliostro, du comte de Saint-Germain, de Mlle Lenormand, etc.; elle tient à la fois de la magie cabalistique et de celle des Zingari; les jeux de carte sont un de ses principaux moyens. Dans l'Italie, l'Illyrie, la Grèce, etc., on redoute les malheurs attirés par un œil envieux, ce que l'on appelle la Jettatura, croyance qui se rapporte au magnétisme à distance, ainsi que l'envoûtement dont on parlait dans le moyen-âge.

Il existe bien encore quelques autres sectes de rêveurs, mais qui sont plus religieux : presque tous se rattachent aux sectes chrétienne, protestantes ou grecque; aussi je n'en parlerai que pour nommer les principales. Ce sont surtout en Suède et en Angleterre les Svéden-borgiens, en Russie les Martinistes, partout les Quiétistes. Plus d'une hérésie antique, plus d'une secte politique nouvelle se rattache à ces sectes trop pieuses; mais ce n'est pas ici le lieu d'en parler, parlons plutôt d'une autre partie des religions antiques et nouvelles, je veux dire des associations de gens pieux, de leurs sectes de moines, véritables philosophes pratiques.

De tous temps les hommes d'une même croyance ont aimé à se réunir entr'eux, soit qu'ils aient senti le bien-être qui résulte des associations, soit qu'ils se soient ainsi déchargés des embarras des affaires. Ces associations d'hommes soumis à une même règle se trouvent dans l'Inde depuis les temps les plus reculés. Les Mounis ou solitaires, les Sannyas y sont fort anciens; dès le temps d'Alexandre, ils étaient déjà dans les mœurs de la nation. Le

(1) Wiseman, *Discours sur les sciences*.

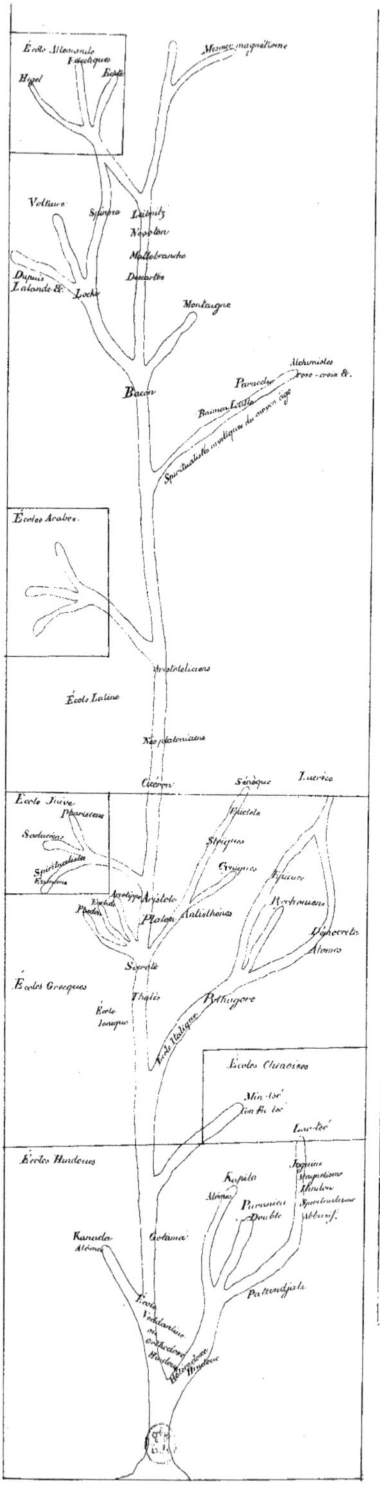

bouddhisme surtout a eu ses communautés de Lammas dans le Thibet, de Bonzes dans la Chine, véritables couvents où ils vivent dans le célibat, refuge des livres de ces pays, où seuls ils possèdent des bibliothèques. Des particuliers n'ont pu les former et les entretenir dans un pays où il n'y a point de noblesse héréditaire.

Le mahométisme a imité le brahmanisme et le bouddhisme plutôt que d'avoir imité le christianisme. Les nombreux ordres de Derviches, de Santons, de Kalenders, ses nombreux marabouts dans l'Afrique et surtout ses Fakirs dans l'Inde sont de vrais Sannyas indous. On peut dire en gros que les Sannyas sont un ordre contemplatif, les Fakirs un ordre pénitent, les Bonzes un ordre mendiant vivant en communauté, les Santons, les Marabouts, des sortes d'hermites. Tous en général sont des gens mendiants, importuns, imposteurs, inutiles, souvent dangereux par leur fanatisme, surtout les Akhalis, derviches de la secte des Seiks, dans le royaume de Lahore (1). Comme des faux livres saints, on peut dire d'eux, vous les reconnaîtrez à leurs fruits. Tous par principe devaient garder la chasteté, et ils en sont loin par le fait; tous sont inutiles à la société de leur pays, et ne servent qu'à nous faire voir combien la vie commune est agréable à certains hommes qui trouvent plus commode d'être menés et privés des ennuis de la vie que de diriger eux-mêmes leur famille.

Il était réservé au seul Christianisme de profiter de ces idées générales, de ce mérite reconnu universellement aux prières, à la pénitence pour servir à la conservation, à l'accroissement, à la propagation des sciences, pour servir par là à l'utilité générale de l'Eglise, et par elle, à celle de l'humanité, de la société. On en retrouve les vestiges dès les temps du judaïsme, où les Nazaréens se retiraient de la vie ordinaire, se privaient de vin et de certains aliments; où les enfants du prophète vivaient en communauté sur le Carmel; dans les Esséniens, puis dans les Thérapeutes, les Ascètes, peut-être chrétiens, et même les Gnostiques, qui joignaient à un christianisme mal entendu les idées mystiques qui ont formé le manichéisme. La longue et terrible persécution de trois siècles ne permit pas aux premiers chrétiens de se réunir en commun, mais l'histoire ecclésiastique nous montre alors les premiers solitaires, le Carmel, habité par des reclus associés comme du temps des prophètes. Bientôt les disciples des Antoine, des Paul, des Macaire se réunirent en véritables communautés nommées Laures. Saint Basile leur donna une règle dans l'Orient et fut imité dans l'Occident par saint Benoît et saint Augustin, au moment où commençait l'invasion des Barbares. Leurs monastères furent le refuge des arts, des sciences, de la civilisation; ils convertirent les Barbares, défrichèrent les Gaules encore sauvages, étendirent leurs colonies civilisatrices en Angleterre, en Allemagne, et par leur servitude volontaire remplacèrent l'esclavage qui s'éteignait.

Dès qu'un mal nouveau attaquait l'Eglise, on voyait se former de nouveaux ordres religieux pour la défendre. C'est ainsi que les ordres mendiants de saint François furent opposés aux Vaudois qui prêchaient la pauvreté; que les ordres militaires furent opposés aux musulmans d'Espagne et de Syrie, aux barbares du Nord. Lorsque le mal qu'ils avaient été appelé à combattre était passé ou affaibli, ces ordres devenaient moins utiles et plusieurs ont pu être abolis sans inconvénient. Quelquefois même certains ordres étaient devenus complètement inutiles ou abusifs, mais les ordres hospitaliers seront toujours utiles, il y aura toujours des pauvres et des malades.

(1) Victor Jacquemont.

XXIIe CARTE.

SPHÈRE CÉLESTE DES GRECS.

ZODIAQUE DE DENDÉRAH.

Voir la note ci contre.

Je joins à ces tableaux celui du zodiaque de Dendérah, composé de la sphère grecque, afin d'en faire voir les rapports et les différences, afin surtout de donner une idée des divinités égyptiennes, qui se trouvent presque toutes dans ce zodiaque astrologique. Outre les 12 signes du zodiaque semblables à ceux des Grecs, on y voit 13, Iris, avec Horus enfant, 14; Osiris, 15. Dans les figures du tour, on peut remarquer Horus sortant de la fleur de Nénuphar, comme Wishnou dans l'Inde, 16. Le bœuf Apis, 17; Harpocrate, 18; Anubis, 19, et Typhon au milieu, place de la grande ourse, 20. Dans les figures qui semblent avoir un rapport éloigné avec celles des constellations grecques, on peut voir Céphée et Cassiopé dans les figures assises, 21; Pégase dans une sorte de cheval sans tête, 22, et peut-être Orion et son lièvre dans la figure 22, près du Taureau. Ces rapports mêmes peuvent paraître bien douteux; cependant on sait que c'est des Egyptiens que les Grecs ont tiré leur sphère céleste. De plus, ce zodiaque égyptien n'est pas très-ancien; Champollion l'attribue aux temps de Tibère et de Néron. Malgré cette double influence, on voit que les différences sont grandes, elles ne seraient bien davantage avec une sphère céleste chinoise ou hindoue.

Dupuis, dans son système, rapporte tout à la sphère grecque qu'il persanise. Il voit le génie du mal dans la grande ourse dont il fait Typhon, le sanglier et Ahrimane, mais il ne sait pas ou il oublie que chez les Indous cette constellation malfaisante est celle des sept mounis sauvés dans l'Arche, tandis qu'en Chine elle est le pacifique boisseau du Nord.

Noms des constellations grecques. De 1 à 12, les signes du zodiaque; 13, petite ourse; 14, grande ourse typhon; 15, Cassiopée; 16, Céphée; 17, Persée; 18, Andromède; 19, Pégase; 20, Cygne; 21, Aigle-Saint-Jean, suivant Dupuis; 22, Hercule; 23, Dragon; 24, Serpent, Ahrimane (1); 25, Bouvier, Osiris (2); 26, Dauphin; 27, Corbeau; 28, Nil; 29, Coupe; 30, Hydre; 31, Navire, Argo, Arche; 32, Procyon; 33, Sirius; 34, Lièvre; 35, Orion.

La fable d'Andromède et de Persée, toute grecque, se suit bien; il en est de même de celle d'Hercule entre les serpents, il n'en est pas ainsi des autres. D'ailleurs, comme je l'ai dit plus haut, ces noms des constellations ont plutôt été imposés d'après les fables que les fables ne sont venues des constellations. L'origine des fables se trouve chez les Indiens, qui ont donné d'autres noms aux constellations. Chez ce peuple et chez ses imitateurs, tels que les Mogols, les Chinois, les Japonais, les constellations ne sont marquées que par des lignes unissant les étoiles qui les composent (1); un caractère hiéroglyphique sert à les distinguer. Tous ces peuples asiatiques, auxquels il faut joindre les Arabes et les Egyptiens, ont une division de la sphère céleste qui n'est point parvenue dans notre occident; outre les douze maisons du soleil, ils ont les 27 ou 28 maisons de la lune. Leur écliptique est partagé en 28 portions ayant chacune un nom. Sept forment le quart de la sphère et correspondent à trois signes du zodiaque solaire. Les Hindous ayant observé que les 4 semaines ne correspondaient pas tout-à-fait à la révolution lunaire, ont changé depuis ce nombre des maisons lunaires qu'ils nomment les Nashatrons. L'année indoue était composée de 52 semaines juste, et par conséquent de 364 jours. (Les Egyptiens, qui ont tiré leur sphère de l'Inde étaient arrivés à l'année juste ainsi que les Hébreux). Dans les lignes qui unissent les étoiles du zodiaque dans les sphères de la haute Asie, on reconnaît l'origine de la figure donnée à quatre ou cinq de ces signes ♈, ♉, ♊, ♋, ♑. D'autres signes, tels que ceux du Verseau, des Poissons, de la Balance, du Sagitaire, sont semblables aux hiéroglyphes qui les distinguent dans la sphère Indo-Chinoise. Ce que l'on connaît de la sphère mexicaine a des rapports étonnants avec celle de la Haute Asie.

A ces notions sur l'astronomie des divers peuples antiques, on peut joindre leurs différentes formes de l'année, indiquant leurs connaissances plus ou moins avancées.

Quelques peuples n'avaient qu'une année vague, c'est-à-dire que le renouvellement de l'année se promenait dans tous les mois pendant un certain laps de temps. L'année primitive paraît avoir été celles de douze lunes, origine des douze signes du zodiaque, c'est encore celle des Musulmans; ces douze lunes ne font que 354 jours et cette année à onze jours de moins que l'année solaire; ainsi tous les trente trois ans on voit le premier de l'an faire le tour de l'année réelle.

Les juifs arrivèrent, du temps de Moïse, à faire cadrer l'année lunaire avec la solaire au moyen d'un mois intercallé le deuxième Nisan.

Les autres peuples anciens crurent d'abord que l'année juste était de 360 jours; ils inventèrent les signes du zodiaque marquant les 12 mois plus justes que les douze lunes, et partagèrent leur horison en 360 degrés.

Les Hindous eurent une année composée de 52 semaines juste

(1) M. Dupuis.

(2) M. Dupuis.

(1) Rapport de MM. Cuvier et Ampère sur un ouvrage de M. Paravey. *Annales de philosophie chrétienne*, tome IV, page 55. 1832.

ou 364 jours. Il fallait donc un pareil nombre d'années pour que le 1er jour ait parcouru tout le cercle annuel.

Les Chinois eurent l'année presque juste en la portant à 365 jours. Il n'y avait plus de différence avec la vérité que dans les bissextiles. Leur horizon fut divisé en 365 degrés au lieu de 360 comme les autres peuples. Ils connurent même de bonne heure ces jours bissextiles. (1)

Les Egyptiens virent que leur année de 360 jours était trop courte, ils continuèrent leurs 12 mois de 30 jours mais ajoutèrent 5 jours complémentaires, ce qui fut suivi plus tard par les peuples de l'occident. Un peu plus tard, remarquant un retard réel, bien que peu sensible, ils connurent que le tour du soleil se faisait en 365 jours et un quart ; ils ajoutèrent tous les 4 ans un jour bissextile aux jours complémentaires. César, réformateur du calendrier romain, adopta d'eux ces jours bissextiles. Il mêla les jours complémentaires dans toute l'année, faisant quelques mois de 31 jours ; par une bizarrerie fondée sur les superstitions de Rome, il laissa février n'avoir que 28 jours comme le mois lunaire, reportant les 2 jours qui manquaient sur d'autres mois. Ce ne fut que longtemps après César, (1600 ans) que son calcul fut reconnu encore un peu fautif. Le Pape Grégoire XIII, arriva à l'année juste en supprimant une bissextile tous les 100 ans, excepté une tous les 4 siècles. Les romains avaient leur indiction, cycle de 15 ans, le quart du grand cycle Chinois ou Mogol, et le partageaient en 3 lustres de 5 ans ; ils avaient supprimé la semaine et la remplaçaient par les Ides et les Calendes. Les Grecs aussi supprimèrent la semaine antique et la remplacèrent par la décade ; leur cycle était le cycle lunaire de 19 ans, comme celui des Assyriens, le Saros qui servait à calculer les éclipses.

Toutes ces années diverses de l'ancien monde ont donc les plus grands rapports entre elles. Partout une année de douze mois, lunaires d'abord, ensuite solaires chez les peuples restés policés ; partout le mois lunaire divisé en 4 semaines qui sont restées chez les sauvages de l'Amérique comme chez ceux de l'ancien continent.

Un seul peuple nous présente un calendrier tout-à-fait différent des autres. Ce sont les Mexicains ou Aztèques dans leur année civile. Ils la divisaient en 18 mois de 20 jours chacun, comme les Egyptiens ils y ajoutaient cinq jours complémentaires. Leurs mois étaient divisés en petites périodes de 5 jours chacune. Treize de leurs années formaient un cycle, 4 de ces cycles ou 52 ans faisaient un grand cycle qu'ils nommaient Xirehmolpilli, et deux de ces grands cycles formaient leur siècle de 104 ans, ou Cehuehnetliztli. Cette forme singulière de l'année a cependant quelques rapports avec celle des peuples asiatiques ; leur cycle de treize ans en a quelques uns avec le cycle Mogol et Chinois de douze ans : chez ces peuples Mongoliques, cinq de leurs cycles formaient un grand cycle de 60 ans. Les 52 années des Mexicains sont représentées par des signes presque semblables à ceux qui désignaient les 52 semaines de l'année Hindoue. L'année religieuse Mexicaine avait une autre division, ils la partageaient en 28 périodes de treize jours chacune, ce qui fait 364 jours comme l'année Hindoue. Chaque cycle de 13 ans rétablissait l'harmonie entre l'année civile et l'année religieuse, (en comptant une période de 13 jours de plus.)

Les Muyscas et les Péruviens ainsi que tous les autres peuples Américains un peu civilisés, avaient le cycle Mogol de 60 ans.

Les noms que les Aztèques donnaient à leurs 13 années du petit cycle sont (comme nous l'avons vu) presque les mêmes que les Mogols donnent à leurs signes du zodiaque et à leurs douze années cycliques ; je pense donc que les différences que présente leur calendrier Aztèque sont une réforme que leurs prêtres auront fait subir au calendrier ancien, réforme dans le genre du calendrier républicain des Français en 1793. Comme les Grecs ils auront substitué la demi décade et la double décade à l'antique semaine universelle. Tâtonnemens pour parvenir à la vérité qui pourront (peut-être) indiquer l'époque où ces nations américaines ont quitté l'ancien monde pour peupler le nouveau. (1)

(1) Voyez le père Gaubil écrivant à Fréret.

(1) Tiré de Humboldt et des *Annales de philosophie religieuse*. T. VII, page 317.

SIGNES ET HIÉROGLYPHES DES VINGT JOURS DU MOIS AZTÈQUE. — CALENDRIER TROUVÉ A MEXICO EN 1790 DANS LES FONDATIONS D'UN TEMPLE ANTIQUE.

1 Maison, Calli.
2 Lézard, Cuetzpallin.
3 Couleuvre, Cohuatl.
4 Tête de mort, Miquitzli.
5 Chevreuil, Mazatl.
6 Lapin, Tochtli.
7 Eau, Atl.
8 Chien, Itzcuintli.
9 Singe, Ozomatli.
10 Herbe, Malinalli.
11 Canne à sucre, Acatl.
12 Tigre, Ocelotl.
13 Aigle, Quauhtli.
14 * Vautour (poule des Mogols), Cozcaquauhtli.
15 Révolution solaire, Ollin.
16 Caillou, Tecpotl.
17 Hiéroglyphe de la pluie, Quiahuitl.
18 Fleur, Xochitl.
19 Monstre marin, Cipactli.
20 Vent (hiéroglyphe), Eheratl.

* Les peuples d'Amérique ne connaissaient pas les Poules et ils en avaient la figure dans leur zodiaque. Ils en avaient fait leur Vautour qui a quelque rapport avec les Coqs par sa crête, et que les espagnols d'Amérique appellent le Gallinazzo.

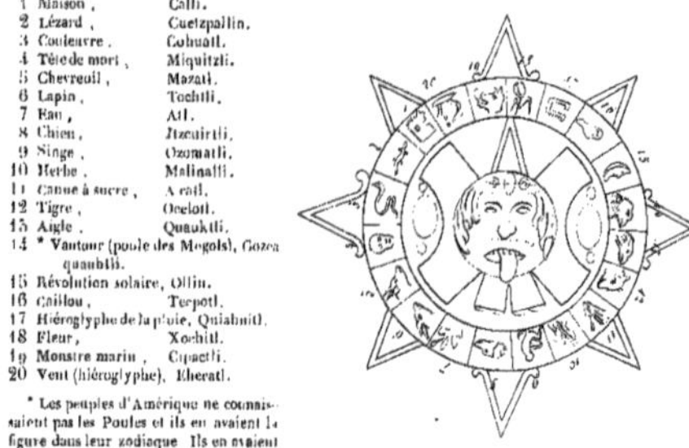

La figure difforme qui est au milieu représente Ternatiuh, le Dieu du soleil des Mexicains; les quatre cornes qui l'accompagnent indiquent, suivant Humboldt, les quatre mouvements (les deux équinoxes et les deux solstices). C'est aussi un symbole du temps comme le Kali des Hindous : « Kali engloutit les mondes, ouvrant une bouche enflammée armée de terribles dents, et tirant une langue énorme: » dit le Baghava-gita. N'est ce pas aussi le Khronos des Grecs et le terrible Saturne latin et phénicien.

Je n'ai copié que le milieu de cette pierre sculptée, le tour est formé de plusieurs rangs concentriques, partagés par huit rayons pyramidaux ⁄, dont 4 plus grands et 4 petits. Autre souvenir des cultes de l'ancien monde où partout 4 grands rayons indiquent la divinité, tandis que les divinités inférieures n'ont que le nymbe simple, symbole qui se retrouve jusque dans l'archéologie chrétienne.

Dans cette représentation du Dieu du soleil mexicain ne peut-on pas aussi retrouver le signe universel du soleil et de l'année ⨀, le plus ancien et le plus répandu des hiéroglyphes. Nous nous en servons encore et les Chinois en ont fait leur 日 en lui donnant une forme carrée.

Partout ce signe a voulu dire révolution solaire. On l'a pris ainsi : 1° pour le jour, 2° pour la semaine, 3° pour l'année et 4° pour la grande année formée par la précession des équinoxes.

Comme chez les peuples asiatiques, quatre couleurs étaient affectées chez les Mexicains aux quatre points cardinaux et aux quatre saisons, mais elles étaient différentes de celles des Hindous. Le bleu* marquait le midi, le rouge** le levant, le jaune*** marquait le nord, et le vert**** l'occident. (*Histoire des Voyages*, tome VI).

*rouge, **jaune, ***blanc, ****noir, chez les Hindous.

Les Chinois et les Mogols ont aussi le vert pour marquer l'occident.

Les noms des jours de la semaine dérivent de ceux des planètes. La raison de leur ordre dérive de la manière dont les anciens les classaient, suivant l'ordre de la durée de leurs révolutions ; ils avaient donc Saturne, Jupiter, Mars, le Soleil, Vénus, Minerve et la Lune. Attribuant à Saturne la 1re heure du sabbat ou samedi, la 2e l'était à Jupiter et ainsi de suite; au bout des 24 heures la 1re heure du jour suivant était attribuée au soleil et le jour prenait son nom; en continuant ainsi, chaque jour de la semaine vient à son tour prendre son nom de la planète qui présidait à sa 1re heure. *(Leçons d'Astronomie* par Arago, p. 311*).* Les Hindous, les Arabes, les Goths, avaient ces mêmes noms planétaires de la semaine comme les Chaldéens, Égyptiens et Romains.

L'importance des signes du zodiaque sous le rapport des religions antiques m'engage à donner ici leur nom Égyptien, Grec et Arabe.

GREC.	Épiphi.	Mesori.	Thôt.	Paophi.	Athór.	Choak.	Tobi.	Mechyr.	Phamenoth.	Pharmoutis.	Pachón.	Faons.
COPTE.	Épep.	Mesoré.	Thoout.	Paopi.	Athor.	Choiak.	Tobi.	Chery.	Phamenoth.	Faramour.	Pachour.	Fayans.
ARABE.	Hehheb.	Masour.	Thohout.	Fofo.	Thour.	Choak.	Teb.	Chery.	Faminoth.	Faramour.	Bachary.	Fayans.
SIGNIF.	Chevreuil.	Pluie.	Poisson.	Bélier.	Taureau.	Amans.	Reculer.	Chaleur, férocité.	Femme féconde.	Regle, poids.	Venin.	
LATIN.	Capricorne	Verseau.	Poissons.			Gémeaux.	Écrevisse.	Lion.	Vierge.	Balance.	Scorpion.	Sagittaire.

Les Chinois, les Tartares, les Japonais et tous les peuples de la Haute-Asie donnent d'autres noms à ces signes. Ce sont 1° la souris; 2° le bœuf; 3° le léopard; 4° le lièvre; 5° le crocodile; 6° le serpent, 7° le cheval; 8° le mouton; 9° le singe; 10° la poule; 11° le chien; 12° le porc. (*Histoire des Voyages*, Laharpe, t. VIII. p. 440.) Par malheur l'auteur ne dit pas auxquels de nos signes ils se rapportent.

Ces signes se retrouvent aussi dans le zodiaque des Mexicains; ils ont surtout le tigre, le lièvre, le serpent, le singe, le chien et la poule. Les signes qui ne leur sont pas communs avec ceux des Tartares se retrouvent dans les zodiaques Indous : ce sont la maison, le couteau, la canne à sucre et trois empreintes de pied. (Wiseman, *Discours sur les sciences*, etc., p. 38.)

RÉCAPITULATION.

L'influence du climat peut se réduire à ce qui suit. Les peuples du nord sont plus sujets à se livrer à l'ivrognerie que ceux du midi (1); parfois le froid excessif peut les abrutir par la misère; lorsque le froid est moins vif, les habitants de ces pays sont plus belliqueux que ceux du midi. Ceux-ci sont plus indolents, plus voluptueux. Dans les climats où la chaleur est tempérée, ils ont en général plus de goût pour les beaux-arts que pour les sciences. Les pays tempérés qui conviennent à la culture du froment ont généralement un grand avantage sur les autres sous le point de vue de la civilisation.

Ch. II. Tous les hommes ne forment qu'une seule famille, qu'une seule espèce, ce qui peut se prouver, non-seulement par l'histoire naturelle, mais encore par une grande communauté d'idées, de traditions, d'usages, par la numération, la même sur toute la terre, par une grande quantité de mots pareils ou semblables dans tous les langages, par les formes grammaticales et les locutions communes et générales (2). Ils forment trois grandes races distinctes dont la famille arabe paraît être le lien commun, il en est de même des langages.

Ch. III. L'histoire nous montre les anciens empires égyptiens, assyriens, perses, grecs et romains se succédant les uns aux autres dans leur prééminence: les Romains, vaincus par des barbares partis des extrémités du globe, mouvement qui a sa cause dans les pays au nord-ouest de la Chine. On voit ensuite les pays chrétiens former une sorte de confédération, de république pour s'opposer aux peuples musulmans et les attaquer chez eux. Depuis trois siècles, on voit les chrétiens d'Europe étendre leur domination sur presque tout le globe et peupler l'Amérique.

Ch. IV. La civilisation a paru la première; l'état de barbarie, l'état sauvage, ne sont que des dégradations d'une civilisation primitive, dégradation causée par les diverses formes de gouvernement, par le despotisme, l'esclavage et la polygamie. La dégradation des sauvages a pu provenir d'abord du climat froid, de l'isolement, mais une fois tombés dans cet état, ils ne s'en sont pas relevés en rentrant dans des climats plus doux; quelques familles d'esclaves fugitifs, de bannis, ont pu produire encore le même effet dans les climats chauds ou tempérés. La civilisation chrétienne se maintient dans les climats les plus froids. L'état sauvage s'est présenté pareillement dans les trois grandes races principales, Caucasienne, Mogole et Chamique. C'est par l'Orient que la civilisation est venue aux peuples européens; elle semble être partie des Indes, de la Perse, de l'Assyrie; de là elle a passé de bonne heure en Egypte, en Phénicie, en Grèce, en Italie. Le despotisme s'est étendu sur l'Orient par suite de la polygamie; l'Occident resté fidèle à l'ancienne loi du mariage, a conservé plus de civilisation et est arrivé au gouvernement libre et souvent républicain. Les peuples du Nord ou des déserts ont souvent cherché à envahir les pays cultivés et civilisés, cause principale des guerres défensives et offensives, cause du mélange des nations, en y joignant les colonies des peuples civilisés au milieu des pays sauvages ou barbares. Le commerce a encore contribué à ces mélanges des nations; les beaux-arts aussi, et ces arts ont eu des moments de splendeur suivis de stagnation chez quelques nations, tandis que d'autres brillaient à leur tour.

Ch. V. Deux religions antiques, parties toutes les deux d'une plus antique et plus vraie, se sont d'abord partagé la terre. L'Assyrie, l'Inde et l'Egypte ont infesté l'Orient et l'Occident de leur idolâtrie qui semble avoir été la même dans l'origine; l'autre religion qui s'est changée de bonne heure en sabbéisme ou adoration des astres, a régné sur la Perse, la Tartarie, la Chine, l'Arabie, le nord de l'Europe, et a fini presque partout par se mêler avec les sectes de l'idolâtrie indo-assyrienne. Au milieu des dogmes altérés de ces fausses religions, on peut retrouver les dogmes anciens et catholiques, c'est-à-dire, universels, ceux de la religion pure des premiers hommes. C'est principalement dans les livres saints de ces nations que l'on retrouve ces traditions générales qui se trouvent aussi chez les peuples sauvages qui n'avaient plus d'écriture. Parmi ces livres saints, les seuls vrais sont ceux des chrétiens, parce qu'ils sont les seuls prophétiques et les seuls dont les prédictions se soient réalisées.

Les sectes philosophiques sont parties de l'Inde, de l'Orient, comme les fausses religions dont elles semblent une des conséquences; parfois elles ont été meilleures que l'idolâtrie, en remontant à la source commune, parfois elles ont été pires en tirant plus vite la conséquence des erreurs.

Si j'ai attaqué l'idée généralement répandue que les hommes ont commencé par l'état sauvage, si j'ai cru à l'existence d'une nation primitive civilisée, j'ai de graves autorités pour appuyer cette opinion, non-seulement dans l'école religieuse, mais aussi dans l'école philosophique. Bailly reconnaît que les peuples anciens n'avaient, en fait d'astronomie, que des débris de cette science, et qu'ils avaient dûs les avoir reçus d'un peuple primitif. Buffon reconnaît aussi l'existence de cette nation primitive et la place dans le plateau de l'Asie du 40e au 55e degré de latitude (*Epoques de la nature*, page 279, Ed. de Detterville). Il attribue à ce peuple la civilisation ancienne de l'Inde, de la Perse et de la Chine. Plusieurs autres auteurs ont aussi été amenés à reconnaître que tous les peuples actuels venaient d'une nation primitive, ou plutôt de la grande famille humaine non dispersée encore.

(1) Cette influence du nord et du midi est plus sensible encore sur les animaux sauvages et domestiques que sur les hommes, et cependant ces animaux à long poil du plateau de l'Asie, ceux à poil laineux ou doux de l'Afrique, sont de la même espèce entr'eux.

(2) Les dégénérations de la race humaine sont causées par le climat qui donne un teint noir aux Indous caucasiens, comme aux Nègres chamiques.

ERRATA.

Page 4	Colonne 1re	Ligne 6 du 3me alinéa.	Au lieu de: Nearbuddah, lisez: Nerbuddah.
— 4	— 2	— 14	Au lieu de: Tongatobou, lisez: Tongatabou.
— 9	— 2	— 1 du 5me alinéa.	Au lieu de Kurriliens, lisez Kuriliens.
Tableau VII, Note,	Colonne 1re	Ligne 10.	Lisez: ɔx est *I* en Anglais, *ich* en Allemand, *i* en Hébreu, *io* en Italien.
Page 14	Colonne 2	Ligne 14	Au lieu de: *H*avas, lisez: Navas.
— 18	— 1	— 11	Au lieu de: Lucomons, lisez: Lucumons.
— 18	— 2	— 15	Au lieu de: *des* druides et *des* bardes, lisez: les druides et les bardes.
— 25	— 1	— 4	Lisez ainsi: La ville de Bamian, autrefois si grande ; dans le moyen âge, celle de Samarkand, lui doivent leur splendeur.
— 30	— 1	— 18	Lisez: et devinrent nefs collatérales.
— 34	— 1	— Dernière ligne avant le premier alinéa,	au lieu de: Las*pa*, lisez: Lassa.
— 34	— 2	— 5 Alinéa 2.	Tris*aj*mégistes, lisez: Trismégistes.
— 36	— 1	— 12	Lisez: la chair du géant a formé la terre, son sang la mer, et son crâne le ciel. Now était le père de la nuit, sa jument se nommait Rhim Fax, (crinière gelée) etc.
— 36	— 1	Note (1).	Au lieu de: précis de la *géologie*, lisez: précis de la géographie.
— 37	— 1	— 8 du 4me alinéa.	Au lieu de: le second, culte des Gaulois, a probablement, lisez: le second culte des Gaulois a probablement.
— 37	— 2		Mettez le renvoi de la note (1) à la fin du 5e alinéa: l'enfant nouveau né (1).
— 37	— 2	— Dernière ligne.	Au lieu de: sybilliens, lisez: sybillins.
— 38	— 2	— 10 en remontant.	Au lieu de: la ramazan, lisez: le ramazan.
— 40	— 1	— 5 alinéa 3.	Au lieu de: Gotoma, lisez: Gotama.
— 44	— 1	— 1	Au lieu de: *composé de* la sphère grecque, lisez: comparé à la sphère grecque.
— 11	Avant-propos.	— 3 dernier alinéa.	Au lieu de: Daniel*s*, lisez: Daniélo.
— 26	Colonne 2	— 6 du 3e alinéa.	Au lieu de: trad*uc*tion, lisez: tradition
— 33	— 1	— 12 du 2e alinéa.	Au lieu de: *ont*, lisez: sont.
— 34	— 1	— 10	Au lieu de: *dessus*, lisez: dessous.
— 40	— 2	— 5	Au lieu de: *écrits*, lisez: traités.
Tableau X, Colonne des inventions.			Au lieu de: *papurs*, lisez: papyrus
— id. Colonne des empereurs romains.			Au lieu de: *Tibur*, lisez: Tibère.
— XIII, Ligne 10 du texte.			Au lieu de: *premiers*, lisez: les pionniers.
Même Tableau, Dernière ligne du texte.			Au lieu de: *avec*, lisez: et.
— XV,			Au lieu de: Ta*l*sis en Espagne, lisez: Tarsis.
Même Tableau.			Au lieu de: Satrapie des 13 Saccas, lisez: 15e Satrapie des Saccas.
Enfin Tableau XXII, dans la figure à gauche de la Vierge 6.			Au lieu du *chiffre* 2, lisez: 25.

Moulins, imp. de P.-A. Desrosiers.

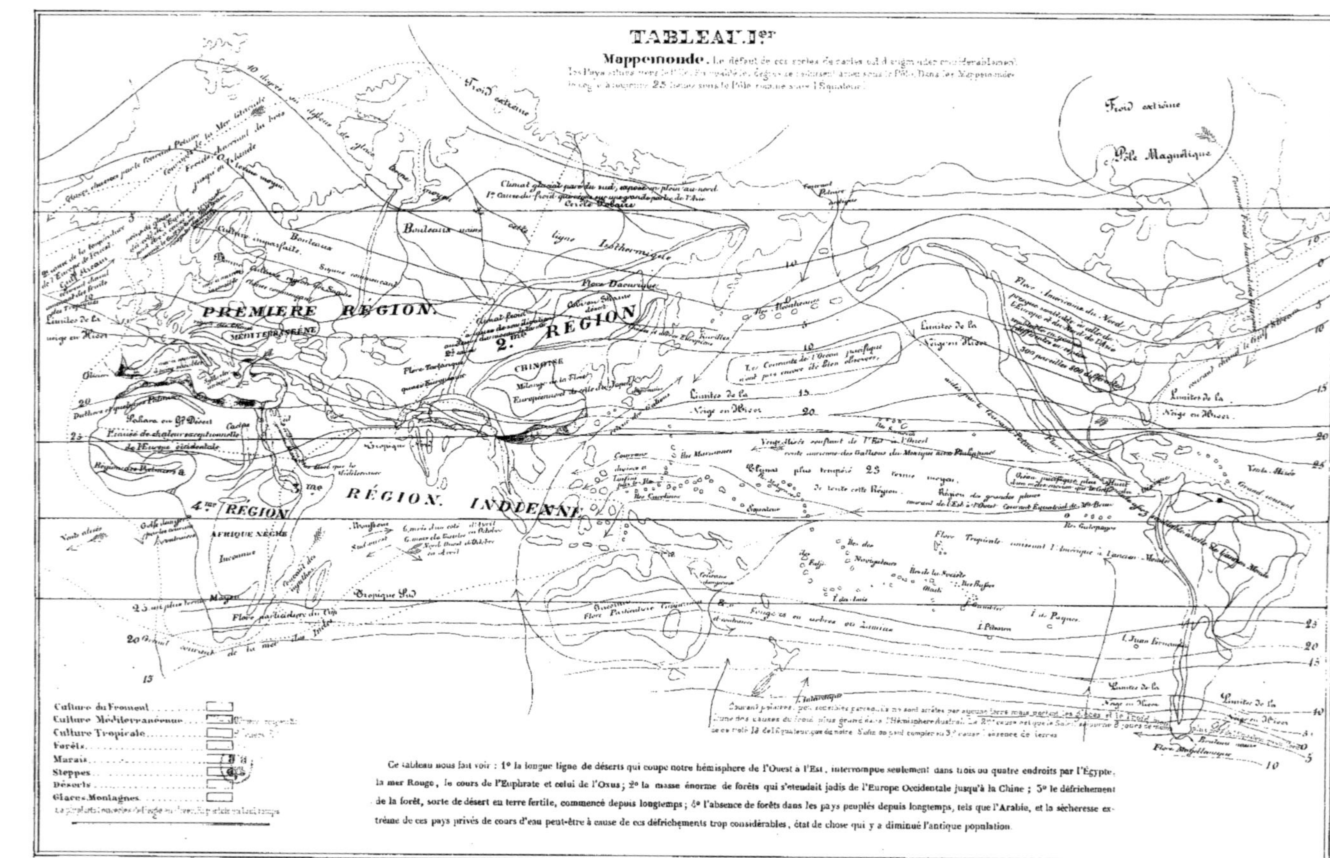

Ce tableau nous fait voir : 1° la longue ligne de déserts qui coupe notre hémisphere de l'Ouest à l'Est, interrompue seulement dans trois ou quatre endroits par l'Égypte, la mer Rouge, le cours de l'Euphrate et celui de l'Oxus ; 2° la masse énorme de forêts qui s'étendait jadis de l'Europe Occidentale jusqu'à la Chine ; 3° le défrichement de la forêt, sorte de désert en terre fertile, commencé depuis longtemps ; 4° l'absence de forêts dans les pays peuplés depuis longtemps, tels que l'Arabie, et la sécheresse extrême de ces pays privés de cours d'eau peut-être à cause de ces défrichements trop considérables, état de chose qui y a diminué l'antique population.

TABLEAU III

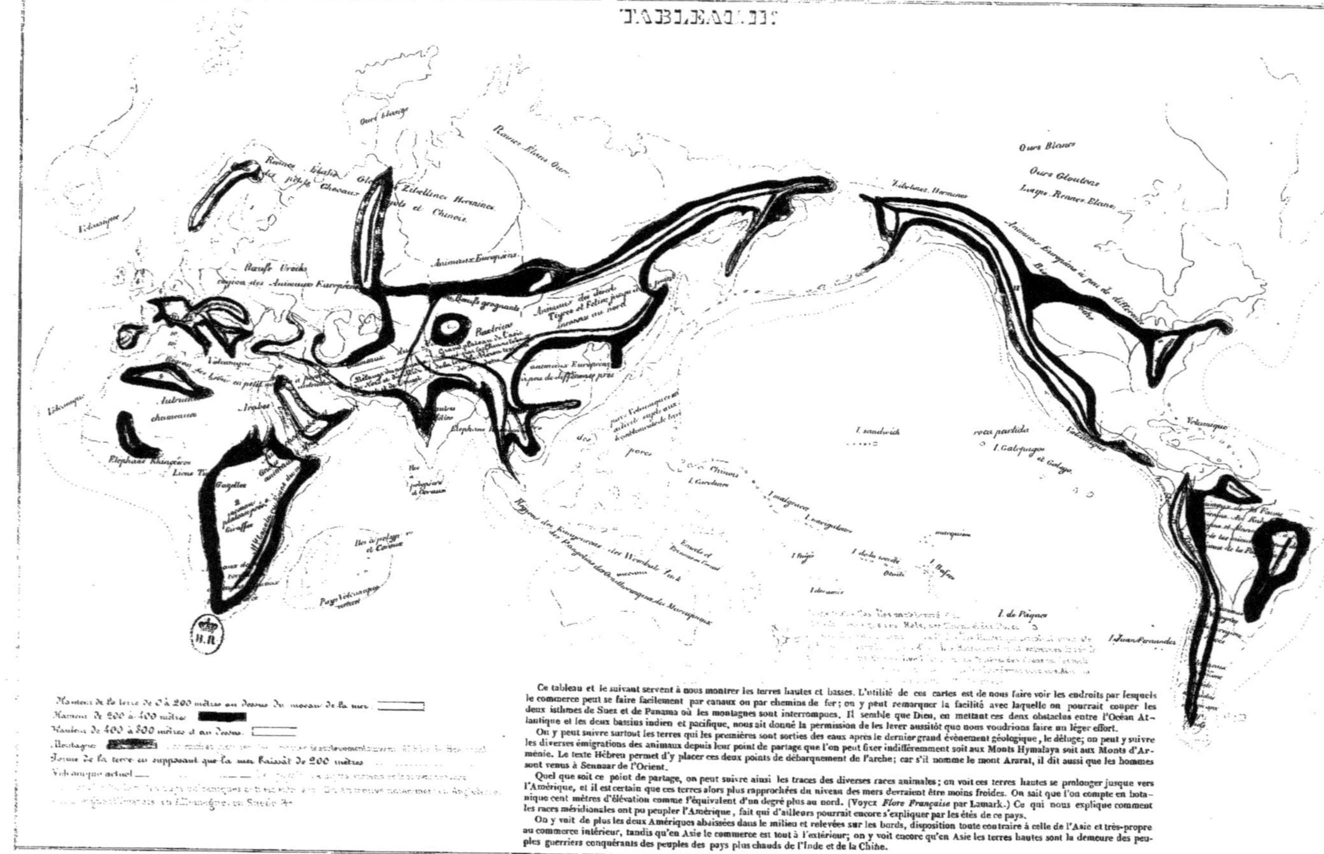

Ce tableau et le suivant servent à nous montrer les terres hautes et basses. L'utilité de ces cartes est de nous faire voir les endroits par lesquels le commerce peut se faire facilement par canaux ou par chemins de fer; on y peut remarquer la facilité avec laquelle on pourrait couper les deux isthmes de Suez et de Panama où les montagnes sont interrompues. Il semble que Dieu, en mettant ces deux obstacles entre l'Océan Atlantique et les deux bassins indien et pacifique, nous ait donné la permission de les lever aussitôt que nous voudrions faire un léger effort.

On y peut suivre surtout les terres qui les premières sont sorties des eaux après le dernier grand évènement géologique, le déluge; on peut y suivre les diverses émigrations des animaux depuis leur point de partage que l'on peut fixer indifféremment soit aux Monts Hymalaya soit aux Monts d'Arménie. Le texte Hébreu permet d'y placer ces deux points de débarquement de l'arche; car s'il nomme le mont Ararat, il dit aussi que les hommes sont venus à Sennaar de l'Orient.

Quel que soit ce point de partage, on peut suivre ainsi les traces des diverses races animales; on voit ces terres hautes se prolonger jusque vers l'Amérique, et il est certain que ces terres alors plus rapprochées du niveau des mers devraient être moins froides. On sait que l'on compte en botanique cent mètres d'élévation comme l'équivalent d'un degré plus au nord. (Voyez *Flore Française* par Lamark.) Ce qui nous explique comment les races méridionales ont pu peupler l'Amérique, fait qui d'ailleurs pourrait encore s'expliquer par les étés de ce pays.

On y voit de plus les deux Amériques abaissées dans le milieu et relevées sur les bords, disposition toute contraire à celle de l'Asie et très-propre au commerce intérieur, tandis qu'en Asie le commerce est tout à l'extérieur; on y voit encore qu'en Asie les terres hautes sont la demeure des peuples guerriers conquérants des peuples des pays plus chauds de l'Inde et de la Chine.

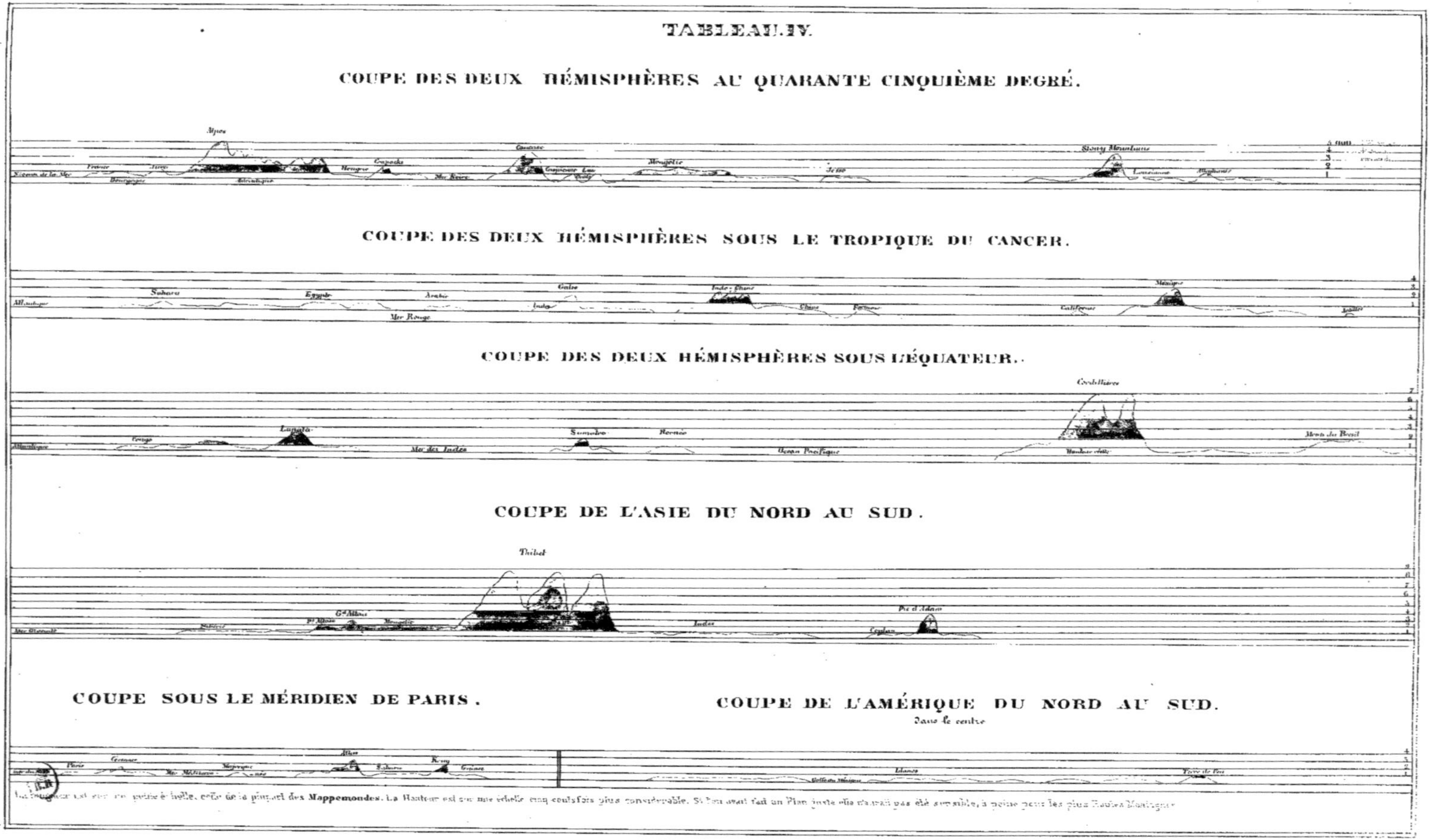
TABLEAU IV.
COUPE DES DEUX HÉMISPHÈRES AU QUARANTE CINQUIÈME DEGRÉ.
Alpes
Niveau de la Mer
France
Bourgogne
Hongrie
Crapacks
Caucase
Mer Noire
Mongolie
Jesso
Stony Mountains
Louisiane
COUPE DES DEUX HÉMISPHÈRES SOUS LE TROPIQUE DU CANCER.
Sahara
Egypte
Arabie
Mer Rouge
Gates
Indes
Inde-Chine
Chine
Formose
Californie
Mexique
COUPE DES DEUX HÉMISPHÈRES SOUS L'ÉQUATEUR.
Cordillières
Congo
Lupata
Mer des Indes
Sumatra
Bornéo
Océan Pacifique
Monts du Brésil
COUPE DE L'ASIE DU NORD AU SUD.
Thibet
Mer Glaciale
Sibérie
Mongolie
Indes
Pic d'Adam
Ceylan
COUPE SOUS LE MÉRIDIEN DE PARIS.
Paris
Atlas
Sahara
Kong
Guinée
COUPE DE L'AMÉRIQUE DU NORD AU SUD.
dans le centre
Golfe du Mexique
Llanos
Terre de Feu
La Longueur est sur une petite échelle, celle de la plupart des Mappemondes. La Hauteur est sur une échelle cinq cents fois plus considérable. Si l'on avait fait un Plan juste elle n'aurait pas été sensible, à peine pour les plus Hautes Montagnes

TABLEAU .V.

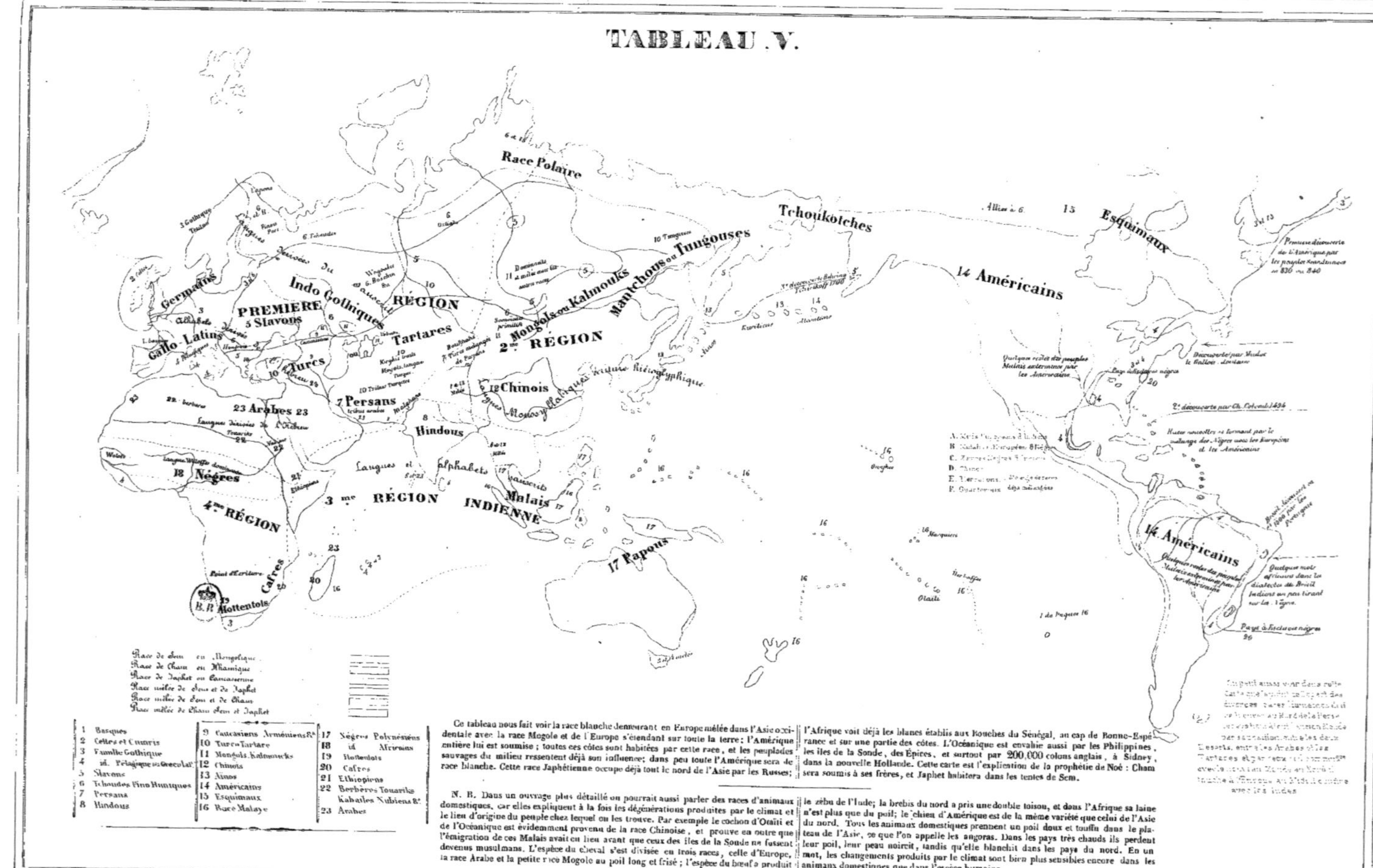

1	Basques	9	Caucasiens Arméniens &c.	17	Nègres Polynésiens
2	Celtes et Cimris	10	Turco-Tartare	18	id. Africains
3	Famille Gothique	11	Mongols Kalmoucks	19	Hottentots
4	id. Pélagique ou Greco-lat.	12	Chinois	20	Cafres
5	Slavons	13	Aïnos	21	Ethiopiens
6	Tchoudes Finno-Hunniques	14	Américains	22	Berbères Touariks Kabailes Nubiens &c.
7	Persans	15	Esquimaux	23	Arabes
8	Hindous	16	Race Malaye		

Ce tableau nous fait voir la race blanche demeurant en Europe mêlée dans l'Asie occidentale avec la race Mogole et de l'Europe s'étendant sur toute la terre; l'Amérique entière lui est soumise; toutes ces côtes sont habitées par cette race, et les peuplades sauvages du milieu ressentent déjà son influence; dans peu toute l'Amérique sera de race blanche. Cette race Japhétienne occupe déjà tout le nord de l'Asie par les Russes; l'Afrique voit déjà les blancs établis aux Bouches du Sénégal, au cap de Bonne-Espérance et sur une partie des côtes. L'Océanique est envahie aussi par les Philippines, les îles de la Sonde, des Épices, et surtout par 200,000 colons anglais, à Sidney, dans la nouvelle Hollande. Cette carte est l'explietion de la prophétie de Noé : Cham sera soumis à ses frères, et Japhet habitera dans les tentes de Sem.

N. B. Dans un ouvrage plus détaillé on pourrait aussi parler des races d'animaux domestiques, car elles expliquent à la fois les dégénérations produites par le climat et le lieu d'origine du peuple chez lequel on les trouve. Par exemple le cochon d'Otaïti et de l'Océanique est évidemment provenu de la race Chinoise, et prouve en outre que l'émigration de ces Malais avait eu lieu avant que ceux des îles de la Sonde ne fussent devenus musulmans. L'espèce du cheval s'est divisée en trois races, celle d'Europe, la race Arabe et la petite race Mogole au poil long et frisé; l'espèce du bœuf a produit le zébu de l'Inde; la brebis du nord a pris une double toison, et dans l'Afrique sa laine n'est plus que du poil; le chien d'Amérique est de la même variété que celui de l'Asie du nord. Tous les animaux domestiques prennent un poil doux et touffu dans le plateau de l'Asie, ce que l'on appelle les angoras. Dans les pays très chauds ils perdent leur poil, leur peau noircit, tandis qu'elle blanchit dans les pays du nord. En un mot, les changements produits par le climat sont bien plus sensibles encore dans les animaux domestiques que dans l'espèce humaine.

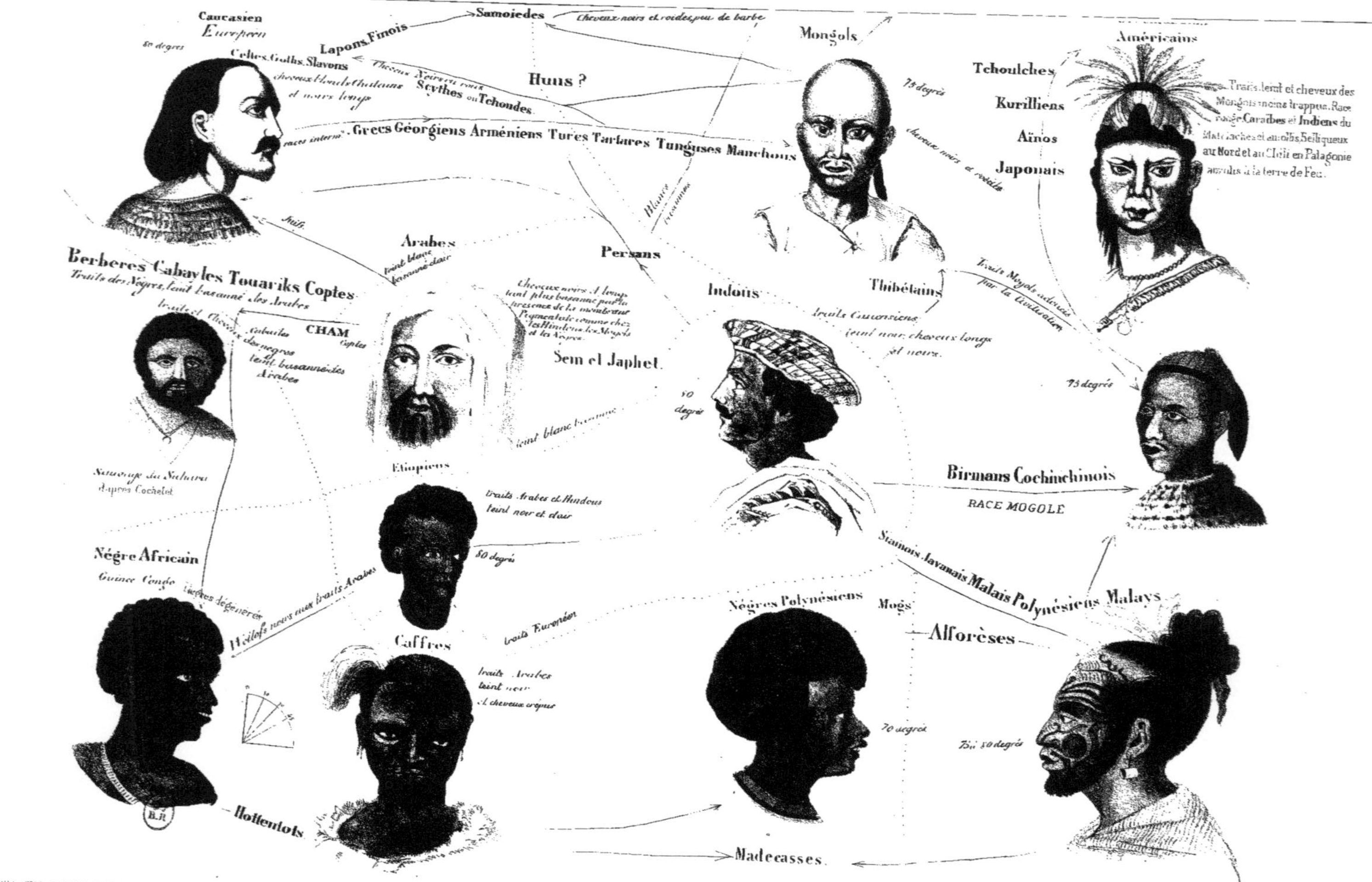

Caucasien
Européen
80 degrés
Lapons Finois
Samoiedes
Cheveux noirs et roides, peu de barbe
Mongols
Américains
Celtes Goths Slavons
cheveux blonds châtains et noirs longs
Huns ?
Scythes ou Tchoudes
Tchoulches
Kurilliens
Aïnos
Japonais
75 degrés
races interm. Grecs Géorgiens Arméniens Turcs Tartares Tunguses Manchous
cheveux noirs et roides
Juifs
Arabes
teint blanc basanné clair
Persans
Berberes Cabayles Touariks Coptes
Traits des Nègres, teint basanné des Arabes
CHAM
Coptes
Sem et Japhet
Indous
Thibétains
traits Caucasiens teint noir, cheveux longs et noirs
Traits Mongols adoucis par la Civilisation
75 degrés
90 degrés
teint blanc basanné
Sauvage du Sahara d'après Cochelet
Etiopiens
traits Arabes et Hindous teint noir et clair
80 degrés
Birmans Cochinchinois
RACE MOGOLE
Négre Africain
Guinée Congo
Nègres dégénerés
Négres Polynésiens
Mogs
Siamois Javanais Malais Polynésiens Malays
Alforèses
traits Européen
Caffres
traits Arabes teint noir et cheveux crépus
70 degrés
Bis 80 degrés
B.R
Hottentots
Madecasses.

TABLEAU DE QUELQUES MOTS LES PLUS USUELS DANS LA PLUPART DES LANGAGES CONNUS.

Observer les changements qu'un même mot radical a éprouvé dans les divers idiômes fait le fond de la science de la Linguistique et de l'Etymologie. Ces changements sont considérables, mais cependant ne sont pas arbitraires comme on a pu le croire par des Etymologies forcées. Il y a des règles certaines dans ces altérations : 1° les voyelles sont nulles, changeant souvent dans le même langage et toujours dans ses dérivés ; dans toutes les langues de l'Orient on ne les écrit même presque jamais ; 2° les consonnes changent aussi mais suivant des règles fixes. Les Allemands, les Chinois et quelques autres peuples changent les douces en fortes, exemple, le B en P, le D en T, le G dur en K, le V en F,. Les Arabes, au contraire, changent les fortes en douces, exemple, Bedra pour Petra (ville romaine antique d'Arabie). Les Espagnols, les Gascons, les Grecs modernes, les Russes changent le V en B et vice versa. L'S se change en T en Grec dans plusieurs cas, la même chose a lieu d'Allemand en Anglais : exemple, *sals* fait *salt*, *gass* fait *gate*, *wasser* fait *watter*. Le G dur se change en J, le K se change en CH, l'R se change en L chez les Chinois et chez beaucoup d'autres peuples, et le contraire a souvent lieu aussi. D'autres nations suppriment une lettre et la remplacent par une aspiration. En Grec c'est l'S qui est remplacé par l'esprit rude ou l'H : *Us* pore pour *sus* etc.; en Espagnol c'est l'F; ex: *hijo* pour *fils*, *hoja* pour *feuille* etc. Dans le bas Breton et les langues Celtiques on change fréquemment suivant l'harmonie le B en V, *bara* ou *vara* pain. Le K en G, *guloun* ou *kaloun* cœur ; le D en Z *doué* ou *zoué* Dieu ; l'M en V, *vap* pour *map* fils; le B en P, *benn* ou *penn* tête; le T en D. *dod* et *tod* père etc.

Pour faire voir la parenté de toutes les langues je vais prendre une centaine de mots les plus usuels dans le petit nombre de celles que je sais et dans les vocabulaires des voyageurs.

Dieu.
- Sanscrit. *div.*
- Persan. *dev. Koddah.*
- Celtique. *doué.*
- Latin. *deus. divinus.*
- Espagnol. *dios.*
- Italien. *dio. iddio.*
- Français. *dieu. divin.*
- Grec. *theos.*
- Mexicain. *théo.*
- Hébreu. *Iehovah.*
- Chinois. *yao.*
- Latin. *Iu. iovis.*
- Gothique. *gott.*
- Anglais. *god.*
- Kamtchadole. *kutta.*
- Sclavon. *bog.*
- Hébreu. *el elohim.*
- Arabe. *allah.*

Diable.
- Persan. *devi.*
- Anglais. *devil.*
- Celtique. *diaoul.*
- Latin. *diabolus.*
- Français. *diable.*
- Espagnol. *diablo.*
- Italien. *diavolo.*
- Allemand. *teufel.*

Père
- Sanscrit. *pida.*
- Grec. *pator. pater.*
- Latin. *pater.*
- Ital. Espag. *padre.*
- Français. *père. papa.*
- Américain. *ap.*
- Hébreu. Arabe. *ab.*
- Chinois. *po.*
- All. *vatter*, pr. *fâtre.*
- Anglais. *father.*
- Celtique. *vattair.*
- Groënlandais. *atta.*
- Tartare. *atta.*
- Sclavon. *oeza otsche.*

Mère.
- Sanscrit. *matri.*
- Grec. *méter.*
- Latin. *mater.*
- Italien. Espag. *madre.*
- Allemand. *mutter.*
- Anglais. *mother.*
- Universel. *mama.*
- Hébreu. *am.*
- Chinois. *mou.*
- Géorgien. *mamao.*
- Améric. *naua* ou *ana.*
- Tartare. *ana.*

Frère
- Sanscrit. *bradar.*
- Allemand. *bruder.*
- Anglais. *brother.*
- Sclavon. *braczl.*
- Persan. *prater.*
- Latin. *frater.*
- Italien Espag. *fradre. fray hermano.*
- Français. *frère.*
- Gallique. *bradair* ou *bruthair.*
- Hébreu. *ach.*

Sœur
- Sanscrit. *suastri.*
- Slavon. *siostra.*
- Anglais. *sister.*
- Allemand. *schwester.*
- Latin. *soror.*
- Italien. *sorella.*
- Français. *sœur.*

Fils
- Latin. *filius filiolus.*
- Espagnol. *hijo.*
- Italien. *figluolo.*
- Français. *fils.*
- Grec. *uios.*
- Sclavon. *wits.*
- Celtique. *fitz.*
- Allemand. *sohn.*
- Anglais. *son.*
- Sanscrit. *sunn.*
- Hébreu. *ben.*
- Arabe. *ben, iba.*

Fille
- Persan. *togader.*
- Grec. *togather.*
- Allemand. *daugther.*
- Anglais. *daughter.*
- Latin. *filia.*
- Espagnol. *hija.*
- Italien. *figlia.*
- Français. *fille.*

Homme.
- Latin. *homo.*
- Italien. *homo.*
- Français. *homme.*
- Espagnol. *hombre.*
- Latin. *humanus.*
- Goth. *man.* femme *wo-*
- Sanscrit. *menou manou*
- Finois. *suom.*
- Hongrois Baskir. *mari*
- Latin. *vir.*
- Celtique. *fir.*
- Hébreu. *aish.*

Femme
- Arabe. *famenoth.*
- Egyptien. *famenoth.*
- Latin. *femina.*
- Français. *femme.*
- Anglais. *woman.*
- Malais. *wahine.*

Soleil.
- Sanscrit. *souriah. chouria.*
- Latin. *sol.*
- Italien. *solo.*
- Français. *soleil.*
- Allemand. *sonn.*
- Anglais. *sun.*
- Sclavon. *slonce.*
- Mandchou. *shun.*
- Américain. *souou.*
- Grec. *helios.*
- Celtique. *heol.*

Lune.
- Latin. *luna.* lux una.
- Italien. Espag. *luna.*
- Français. *lune.*
- Allemand. *munn.*
- Anglais. *moon.*
- Sanscrit. *masi.*
- Malais. *malama.*
- Slavon. *miesatz.*
- Mexicain. *mexthi.*
- Grec. *séléné.*

Mois
- Grec. *meni.*
- Français. *mois.*
- Allemand. *monat.*

Astre
- Sanscrit. *stara.*
- Latin. *aster.* str.
- Grec. *aster.*
- Goth. *stern.*
- Italien. *stella.*
- Espagnol. *estrella.*
- Français. *estoile.*

Feu
- Hébreu. *ur* lumière.
- Grec. *pur.*
- Allemand. *feuer*
- Anglais. *fire.*
- Français. *feu.*
- Goth. *fuoco.*
- Espagnol. *fuego.*
- Sanscrit. *agni.*
- Sclavon. *ogien.*
- Latin. *ignis.*

Eau
- Sanscrit. *ab anogha.*
- Valaque. *apa.*
- Celtique. *eva eve.*
- Malais Polynésien. *evi eva.*
- vieux Francais. *aigue.*
- Ital. Esp. *agua aqua.*
- Latin. *aqua.*
- Mexicain. *aël.*
- Anglais. *watter.*
- Allemand. *wasser.*
- Slavon. *woda.*
- Grec. *hudor* d'où *sudor*
- Turc. Tartare. *son.*

Vent
- Sanscrit. *vayou.*
- Slavon. *viatz.*
- Allemand. *wind.*
- Latin. *ventum.*
- Francais. *vent.*
- Italien Esp. *vento.*
- Américain. *uo wo.*
- Hébreu. *rouah.*

Terre
- Sanscrit. *dharra.*
- Latin. *terra.*
- Français. *terre.*
- Espagnol. *tierra.*
- Allemand. *erden.*
- Anglais. *earth.*
- Hébreu. *arets.*
- Grec. *gé.*
- Géorgien. *zé.*
- Slavon. *zemla.*

Mer.
- Hébreu. *maria* amertume.
- Lat. Ital. Esp. *mare.*
- Arabe. *bahar.*
- Slavon. *mor.*
- Celtique. *mor.*
- Allemand. *meer.*
- Anglais. *moor* marais.
- Francais. *mer*
- Généralement racine de AMER AMERTUME.

Fleuve Rivière.
- Allemand. *fluss.*
- Francais. *fleuve.*
- Lat. *fluere* couler. flots, etc.
- Celtique. *rod rivien.*
- Fr. *rivière.* Patois. *ru.*
- Ital. Espag. *rio.*
- Anglais. *river.*
- Persan. *rout.*
- Sanscrit. *arrivi.*
- Hébreu. *nahar.*

Lac.
- Latin. *lacus.*
- Celtique. *loch lough.*
- Aroucan. *laugher.*
- Sclavon. *zelo. zero.*
- Allemand. *sée. zée.* LAC et MER.
- Anglais. *sea* mer.

Hiver
- Latin. *hiems.*
- Slavon. *simv. zimo.*
- Sanscrit. *hima* (neige).

Blanc.
- Hébreu *laban.* bln.
- Francais. *blanc.* bl.
- Lat. *albus albanus* lbn. alpes.
- Italie. *bianco.*
- Portugais. *branco.*
- Slavon. *biélo.*
- Allemand. *weiss.*
- Anglais. *white.*

Rouge.
- Celtique. *roy.*
- Breton. *ru.*
- Latin. *ruber.*
- Italien. *rubio.*
- Francais. *rouge.*
- Anglais. *red.*
- Allemand. *roth.*

Jaune.
- Allemand. *gelb.*
- Anglais. *yellow.*
- Italien. *giallo.*
- Francais *jaune.*
- Latin. *flavus.*

Bleu.
- Allemand. *blau.*
- Anglais. *blue.*
- Francais. *bleu.*
- Arabe. *azur.*
- Espagnol. *azul.*

Noir.
- Latin. *niger.*
- Ital. Espag. *nigro.*
- Francais *noir.*
- Grec. *melan.*
- Anglais. *black.*
- Allemand. *schwartz.*
- Hébreu. *shakhor.*
- Slavon. *czerno.*
- Turc. *kara.*
- Chili. *kouri.*

Nuit.
- Sanscrit. *nischa.*
- Grec. *nux.*
- Latin. *nox noctis.*
- Allemand. *nacht.*
- Anglais. *night.*
- Italien. *notte*
- Espagnol. *noche.*
- Slavon. *noç nots.*

Jour.
- Latin. *dies. diurnus.*
- Italien. *djiorno.* pron. *giorno.*
- Français. *journée. jour*
- Anglais. *day.*
- Sclavon. *dzia*
- Allemand. *tag. dag.*
- Kamtchadale. *ta.*
- Woloff-nègres. *ta*

Non
- Sanscrit. *na.*
- Latin. *non.*
- Franç. Ital. Esp. *non.*
- Allem. *nein. nichts.*
- Anglais. *no.*
- Hébreu. *no. lo.*
- Slavon. *nié.*
- Celtique. *nan.*
- Privatif *in* en latin, et dérivés en anglais et allemand, *un.*

Oui
- Esp. Ital. Franç. *si*
- Français. *oui.*
- Sanscrit. *oum.*
- Allemand. *ya.*
- Américain. *ya.*
- Tartare. *ya.*
- Anglais. *yes.*

Un.
- Sanscrit. *mouni.*
- Grec. *monos.*
- Latin. *unus.*
- Italien. *uno.*
- Espagnol *unos.*
- Allemand. *ein.*
- Anglais. *one.*
- Slavon. *ieden.*
- Chinois. *y.*
- Celtique. *unan.*

Deux.
- Sanscrit. *dua.*
- Celtique. *daou diou.*
- Latin. *duo.*
- Italien. *due.*
- Espagnol. *dos.*
- Allemand. *zwey.*
- Anglais. *two.*
- Grec. *di duo.*

Trois.
- Sanscrit. *tri.*
- Celtique. *tri ter.*
- Grec. *tri treis.*
- Latin. *ter.* dérivés *tri tres trois.*
- Allemand. *drey.*
- Anglais. *thry.*
- Slavon. *trzi.*
- Malais. *torou tellou.*
- Syriaque. *teri.*
- Hébreu *shelichi.*

Quatre.
- Sanscrit. *khatur.*
- Latin. *quater.* dérivés, *quatro quatre quarto.*
- Grec. *tettara tessares.*
- Slavon. *czteri.*
- Celtique. *peder.*
- Chinois. *ssé.*
- Hébreu *arbé.*

Cinq.
- Sanscrit. *pend.*
- Celtique. *pemp.*
- Slavon. *piec pients.*
- Latin. *quinque.*
- Espagnol. *cinque*
- Italien. *quinto.*
- Allemand. *funf.*
- Anglais. *five.*
- Hébreu. *hems.*

Six.
- Sanscrit. *shush.*
- Persan. *shesh.*
- Celtique. *ch'ouech'.*
- Allemand. *sechs.*
- Anglais. *six (pron.* sex)
- Latin. *sex.*
- Français. *six.*
- Italien. *sesso.*
- Espagnol. *seis.*
- Grec. *hex.*
- Sclavon. *szesc*
- Hébreu. *shish* ou *sis.*

Sept
- Sanscrit. *septa.*
- Latin. *sept* (is). dérivés. *septe. siette.*
- Grec. *hepta.*
- Hongr.-tchoude *hétou*
- Malais-otaïti. *hétu.*
- Slavon. *siedm.*
- Allemand. *sieben.*
- Celtique. *seiz.*
- Hébreu. *saba. sabet.*

Huit
- Sanscrit. Celtique. *eis.*
- Grec. *ochta.*
- Latin. *octo.*
- Dérivés. *otto. ocho huit.*
- Allemand *acht.*
- Anglais. *eight*
- Slavon. *osm.*
- Chinois. *pa.*

Neuf.
- Sanscrit. *nona.*
- Grec. *ennea.*
- Latin. *nov em.*
- Italien. *nove.*
- Espagnol. *nuevo.*
- Francais. *neuf.*
- Allemand. *neun.*
- Anglais. *nine.*
- Celtique. *nao.*

Dix.
- Grec. *deka.*
- Latin. *decem.*
- Francais. *dix.*
- Italien. *dieci.*
- Espagnol. *dies.*
- Allemand. *zenn.*
- Anglais. *ten.*
- Slavon. *dziesiac.*
- Celtique. *deeg.*

Cent.
- Celtique. *ciad cant.*
- Latin. *cent(um).*
- Italien. *cento.*
- Français. *cent.*
- Sclavon. *sto.*
- Allemand. *hundert.*
- Anglais. *hundred.*
- Grec. *hecaton (hekto).*

Mille.
- Celtique. *millia.*
- Latin. *millia.*
- Français. *mille.*
- Grec. *myria* p. 10,000 *kilo* 1,000.
- Gothique. *thousand.*
- Sclavon. *tisiane.*

Neuf nouveau
- Sanscrit.
- Grec. *neo (s).*
- Latin. *nov (us).*
- Italien. *nuovo.*
- Espagnol. *neuvo.*
- Allemand. *neu.*
- Slavon. *nowi.*
- Hébreu. *nov.*

Sac.
- Hébreu. *sak.*
- Turk. *sak.*
- Grec. *sakk (os).*
- Latin. *saccus.*
- Allemand. *sack.*
- Celtique. *sak.*
- Français. *sac*
- Ital. Espagnol. *sacco.* (Presque général).

Bourg Ville
- Allemand. *burgh.*
- Anglais. *borough.*
- Français. *bourg.*
- Sanscrit. *pour.*
- Grec. *polis.*
- Hongrois. *for* (fort fr.)
- Grec. *purg - os.* Fort Tour.

Ville en français et autres dérivés du latin a aussi la même étymologie à laquelle se joint le mot *Fou*, ville en Chinois, etc.

Château
- Celtique. *choistel.*
- Arabe. *cazal.*
- Latin. *castra* camp. *castellum.*
- Italien. *casa.*
- Anglais. *castle.*
- Français. *castel.*

Maison
- Latin. *dom (us).*
- Grec. *dom* (os).
- Slavons. *dom.*
- Allemand. *hauss.*
- Anglais. *house.*
- Hébreu. *beth.*
- Celtique. *ti.*

Nef vaisseau
- Hébreu. *anauth.*
- Sanscrit *nao.*
- Grec. *nao (s).*
- Latin. *navis.*
- Italien. *nave.*
- Français. *nef.*
- Allemand. *schaff.*
- Anglais. *schip.*
- Kurilles Aïno. *chip.*

Plaine plat feuille.
- Allemand. *blatte.*
- Français. *plat.*
- Sclavon. *pole.*
- Grec. *phylle* feuille.
- Français. *feuille.*
- Italien. *foglia.*
- Espagnol. *haja.*
- Français. *plaine.*

Nom
- Latin. *nomen.*
- Grec. *onym (a).*
- Gothique. *name.*
- Sclavon. *imiona.*
- Français. *nom.*
- Hébreu. *sam.*

Poids
- Latin. *pond (us).*
- Sclavon. *poud.*
- Gothique. *pfund.*
- Français. *poids.*
- Persan. *bar.*
- Grec. *bar (os).*

Jardin
- Latin. *hortus.* h.r.t.
- Celte. *korté.* k.r.t.
- Patois. *cortil.*
- Italien. *corte.* cour.
- Allemand. *garden* g.r.d
- Espagne. *jardin* kh.r.d.
- Italien. *giardino.*
- Français *jardin.*
- Persan. *pardes.* p.r.d. d'où paradis.
- Hébreu. *gan.*

Corne. Couronne
- Héb. *Korn. Kra.*
- Lat. *cornu. corona.*
- Goth. *Horn. Kron.*
- Persan. *Karn.*
- Grec. *Keras.*

Roi Riche Régir
- Sanscrit. *roy. raya.*
- Malais. *rahié.*
- Latin et dérivés. *rex. Rege. rey. re.*
- Français. *roi.*
- Français. *riche.*
- Allemand. *reich.*
- Celtique *ric.*
- Hébreu. *mélec. mlk.*

Roi Pouvoir
- Allem *kan* pouvoir d'où *kœnig*, roi.
- Anglais. *king.*
- Tartare. *khan.*
- Slavon. *krol.*
- Persan. *shah. sheik.* vieux.
- Hébreu. *zahen.*

Seigneur Héros.
- Sanscrit. *heri.*
- Allem. et Goth. *herr.*
- Latin. *herus.*
- Grec. *heros.*

Neige
- Sanscrit. *hima.*
- Latin. *niv (is).*
- Italien. *nieve.*
- Français. *neige.*
- Allemand. *schnée.*
- Anglais. *snow.*
- Slavon. *snieg.*
- Hébreu. *sleg.* renversé fait g.l.s. d'ou glace.

Glace
- Allemand. *glass.* aussi verre.
- Latin. *glacies.*
- Français. *glace.*

Verre
- Hébreux. *kra.*
- Latin. *vitr (eum).*
- Italien. *vedro.*
- Français. *verre.*
- Grec. *hyal (os),* d'où fiolle.

Vin
- Hébreu. *sin.*
- Grec. *oin* (os).
- Latin. *vin (um).*
- Italien. Espagnol. *vino.*
- Français. *vin.*
- Allemand. *wein.*
- Sclavon. *vina.*
- Celte. *gouin.*

Pain
- Latin. *pan (is).*
- Italien. *pane.*
- Français *pain.*
- Hébreu. *lehem.*
- Sclavon. *kleba.*
- Allemand. *brod.*
- Anglais. *bread.*
- Celtique. *bara.*

Dent
- Hébreux. *ssan.*
- Allemand. *zahn* prononcez *dzanes.*
- Latin. *dens.*

Huile Olive
- Grec. *elaia.*
- Latin. *olea.*
- Sclavon. *oley.*
- Goth. Allem. *oil.*
- Italien. *oglio.*
- Français. *huile.*
- Espag. *aceitun-es.*
- Arabe. *zaitoun.*
- Hébreu. *zeit.*

Lait
- Celtique. *lac.*
- Grec. *lact-os.*
- Latin. *lact-is.*
- Italien. *latte.*
- Espagnol. *lecho.*
- Français. *lait.*
- Allemand. *milch.*
- Anglais. *milk.*
- Slavon. *mlek.*
- Lat. *mulgere* traire.

Beurre
- Sanscrit. *ambroutam* ou *amroutam,* d'où ambroisie.
- Allemand. *butter.*
- Latin. *butirus.*
- Français. *beurre.*

Œuf
- Latin. *ova.*
- Italien. *uova.*
- Français. *œuf.*
- Anglais. *egg.*
- Allemand. *eyer.*
- Slavon. *iaie.*
- Grec. *don.*

Pied
- Sanscrit. *ped.*
- Latin. *pes pedis.*
- Grec. *pus podos.*
- Italien. *pede.*
- François *pied.*
- Allemand. *fuss.*
- Anglais. *foot.*

Tête
- Grec. *képhalé.*
- Allemand. *kopfe.*
- Latin. *caput.*
- Italien. *capo.*
- Français vieux. *chef.*
- Slavon. *glowa.* d'ou globe.
- Anglais. *head.*

Œil
- Héb. Ar. *ajin*, p. *akhin*
- Latin. *oculus.*
- Italien. *ochio.*
- Espagnol. *ojo* p. *okho.*
- Slavon. *oko.*
- Allemand. *augh.*
- Anglais. *eye.*
- Français. *œil.*
- Grec. *ophtalmus.*

Nez
- Sanscrit. *nasiqa.*
- Latin. *nas (us).*
- Italien. *naso.*
- Français. *nez.*
- Allemand. *nase.*
- Anglais. *noss.*
- Slavon. *nass.*
- Espagnol. *naris.*
- Grec. *rhinos.*
- Hébreu. *nahirim* narines.

Langue
- Sanscrit. *delinga.*
- Malais. *talinga.*
- Latin. *lingua.*
- Hébreu. *loung.* avaller. *lissoun.* parler. langue.
- Allem. *zung.* p. ts.
- Anglais. *tongue.*

Oreille
- Latin. *aures.*
- Français. *oreille.*
- Italien. *orécchia.*
- Espag. *oreja.*
- Allemand. *ohre.*
- Anglais. *ear.*
- Sclavon. *ucho.*
- Grec. *ous otos.*
- Hébreu. *ozen.*

[illegible]
- Sanscrit. *maha.*
- Latin. *magn-us.*
- Italien. *magno.*
- Grec. *megas.*
- Espag. *mayor.*
- Français. *majeur.*
- Anglais. *much. more.*
- Espag. *mucho.*
- Jolof. *magnama.*
- Souli nègre. *mahudo.*

Grand Gros
- Français. *grand. gros.*
- Allem. *gross, grand.*
- Anglais. *great.*
- Grec. *acros.*

Petit
- Latin. *pusillus.*
- Italien. *picciolo.*
- Espagnol. *pequeno.*
- Français. *petit poulet poulain.*
- Anglais. *little.*
- Allemand. *klein.*
- Hébreu. *katon.*

Flamme
- Latin. *flamma.*
- Français. *flamme.*
- Allemand. *flamme.*
- Slaven. *plomien.*
- Grec. *phlox.*

Lumière
- Latin. *lux, lucis.*
- Italien. *luce.*
- Français. *lumière.*
- Anglais. *light.*
- Allemand. *licht.*
- Racine de Léger.
- Hébreu. *aur ur aurore.*

Sur dessus supérieur
- Latin. *super.*
- Grec. *huper.*
- Italien. *sopra.*
- Espagne. *sobre.*
- Français. *sur.*
- Anglais. *up.*
- Allemand. *uber.*

Sous dessous
- Latin. *sub.*
- Français. *sous.*
- Grec. *hupo.*
- Allemand. *unter.*
- Anglais. *under.*
- Sanscrit. *upa.*

Chat
- Arabe. *gat.*
- Hébreu. *khatul.*
- Italien. *gatto.*
- Latin. *cattus.*
- Allemand. *kats.*
- Sclavon. *kot.*
- Celtique. *cazès.*
- Grec. *galé.*

Porte
- Hébreu. *ssar.*
- Allemand. *tier tor.*
- Anglais. *door.*
- Persan. *doura.*

Chien
- Celtique. *Kyès.*
- Grec. *Kuon. Kunos.*
- Latin. *canis.*
- Français. *chien.*
- Chinois. *Kiuen.*
- Allemand. *hund.*

Rat
- Grec. *muos.*
- Latin. *mus.*
- Allemand. *maus.*
- Anglais. *mouse.*
- Sclavon. *mirz.*

Lion
- Grec. *leon.*
- Latin. *leo. leonis.*
- Italien. Espag. *leone.*
- Français. *lion.*
- Allemand. *lowe.*
- Egyptien. *labo.*
- Hébreu. *labiah.* lionne.

Loup
- Allemand. *wolf.*
- Danois. *ulf.*
- Nègre. *ulv.*
- Latin. *lupus.*
- Italien. *lupo.*
- Espagnol. *lobo.*
- Grec. *lukos.*

Renard
- Latin. *vulpis.*
- Italien. *volpe.*

Chameau
- Hébreu. *gimel.*
- Latin. *camel (us).*
- Grec. *kamel (os).*
- Allemand. *kamel.*
- Persan. *gamel.*
- Sanscrit. *kramelaga.*

Cochon
- Hébreu. *hazir.*
- Grec. *hus.*
- Latin. *sus.*
- Allemand. *saue swein.*
- Sclavon. *swin.*

Ane
- Hébreu. *omar. athin. annesse.*
- Latin. *asellus. asinus.*
- Anglais. *asil.*
- Allemand. *esel.*
- Sclavon. *osiel.*
- Italien. *asino.*
- Français. *âne. asne.*

Bœuf
- Grec. *bous.*
- Latin. *bos bovis.*
- Italien. *bove bauf.*
- Sclavon. *byk,* d'ou *bouc, buhk* etc.
- Celtiq. *beoch* ou *veoch,* vache.
- Hébreu. *bekar.*

Taureau
- Persan. *tor.*
- Arabe. Egypt. *athor.*
- Allemand. *tyr.*
- Grec. *taur (os).*
- Latin. *taur (us.*
- Italien. *toro.*
- Celtique. *toro.*

Vache
- Sanscrit. *Koh.*
- Allemand. *Kuh.*
- Anglais. *cow.*
- Et dans beaucoup d'autres langues.

Aigle
- Hébreu. *aeuilk.*
- Latin. *aquila.*
- Français. *aigle.*
- Allem. *arl. earl.*
- Turc. *aral.*

Poisson
- Latin. *piscis.*
- Italien. *pesce.*
- Allemand. *fish.*
- Français. *poisson.*
- Sanscrit. *ikan.*
- Malais. *ikan.*
- Grec. *ichtios.*
- Slavon. *riba.*
- Héb. *rebub.* multiplié.

Carpe
- Latin. *carpa, cyprinus.*
- Italien. Espag. *carpa.*
- Français. *carpe.*
- Allemand. *karpfe.*
- Sclavon. *karpa.*
- Grec. *kuprinos.*
- Général suivant Boch, Histoire des poissons.

Baleine
- Latin. *balena.*
- Italien. *balena.*
- Allemand. *wall.*
- Anglais. *wall.*
- Basque *valia.*

Oie
- Egypte. *hhon.*
- Grec. *chen.*
- Allemand. *gans.*
- Anglais. *goose.*
- Latin. *anser.*
- Sclavon. *gesz (gens).*

Huître
- Latin. *ostra.*
- Anglais. *oister.*
- Celtique. *kystren.*
- Sénégal. *oistra.*

Demi moitié
- Sanscrit. *middla.*
- Latin. *medium.*
- Italien. *mezzo.*
- Grec. *mezos.*
- Gothique. *mid.*
- Allemand. *mitt.*
- Sclavon. *pol.*

Cœur
- Latin. *cor, cordis.*
- Italien. *cuor.*
- Français. *cœur.*
- Grec. *kardios.*
- Hébreu. Arabe. *haleb, halb, lebeb.*
- Celtique. *kaloun.*

A ces mots on pourrait joindre plusieurs mots généraux à toutes les langues, comme *balle*, *boule*, *boulet*, *bulle*, *bille*, *balé*, indiquant la rotondité pleine ; *cercle*, *circulus*, *cycles*, *zirkll*, etc, indiquant le cercle, la rotondité vide.

Les mots *or*, *aurore*, *ur* en Allemand, indiquent la source, l'orient, l'origine et une infinité d'autres.

On pourrait joindre enfin à ce tableau les mots qui, sans se ressembler pour le son, se ressemblent pour les idées accessoires, comme *droit*, *rectitude*, indiquant le bien, la justice, l'adresse; *gauche*, indiquant la maladresse, l'injustice, etc., et cela dans toutes les langues.

J'ai évité aussi les mots de choses apportées d'un pays dans un autre, comme *papier*, *poivre*, *sucre*, *thé*, *café*, *tabac*, tous pareils.

Les pronoms personnels sont presque pareils dans toutes les langues : JE est I en Anglais, *ich* en Allemand, I en Hébreu, *io* en Italien. ME, MOI, est *mama* en Sanscrit, *me us*, *a*, *um*, en latin, *mein* en Allemand, *moy*, *moy a*, en Sclavon, *meo* en Américain, *me* en Celtique. TU, TOI est en Grec, *su*, latin *tu*, Allemand *du*, Anglais *thou*, Sclavon *twoy*, Aztèque *tata*, *aino*, Mandchou *tat*, Celtique *te*. Le verbe ÊTRE est presque pareil aussi ; il en est de même du verbe AVOIR, du verbe VOULOIR, du verbe LAISSER, du verbe DONNER et d'une infinité d'autres. On pourrait doubler, quadrupler cette liste. J'en ai écarté les onomatopées : le coucou dans toutes, la CHÈVRE appelée *bé* ou *bi* dans les langues nègres ; la CHOUETTE appelée *oul*, *owl*, *ulula*, etc : c'est la partie mécanique des langages. J'ai négligé les noms des métaux aussi pareils, des arbres, des plantes. L'interjection est la même partout. Cent mots environ peuvent paraître bien peu sur trente mille mots qui forment la plupart des langues actuelles; mais ce nombre est formé par un mélange de langages. Cinq mots se trouvent souvent pour exprimer une même idée. On ne compte guère que deux mille racines primitives dans chaque langue et les Chinois n'en comptent que 214, les sauvages encore moins. Plus de la moitié des racines se ressemble donc au premier coup d'œil. Que serait-ce si, au lieu de trois ou quatre langues sœurs, j'en savais un plus grand nombre.

Dans ce tableau des langues, on peut remarquer que les trois idiomes les plus anciennement connus sont ceux qui sont parlés par le plus grand nombre d'hommes, les autres ne sont qu'accessoires auprès du nombre imposant des dérivés de ces trois langues. Ce sont le Sanscrit ou les langues ses dérivées, ou ses sœurs parlées par plus de 540,000,000 d'âmes ; les langues de la famille Chinoise ou Thibétaine, s'élevant à 140,000,000 au moins. La troisième grande langue est la famille des langues Araméennes qui peut s'élever à 50,000,000 ; total 550,000,000 pour les dérivés de ces trois langues sur 600,000,000 ce qui parait être la population probable de la terre.

La première de ces grandes familles de langues sous le rapport de la population, le Sanscrit, est une langue extrêmement compliquée ; elle a des déclinaisons et est transposée.

Les dérivés ont entre eux un grand air de famille. Le Latin, le Grec, le Gothique, le Persan, le Slavon, ont tous des déclinaisons à peu près pareilles, des conjugaisons encore plus semblables, le verbe être irrégulier partout et se ressemblant ainsi que les noms de nombres, les pronoms etc. Toutes ces langues étaient aussi transposées, les dérivés modernes comme l'Anglais, le Français, l'Espagnol, l'Italien, ont repris la construction analogue et ont perdu les déclinaisons

Seconde famille. — Le Chinois ainsi que le Mongol ou Kalmouck ont entre eux et avec le Thibétain d'assez grands rapports ; le principal est d'être des langues presque toutes en monosyllabes et par conséquent peu riches. Le verbe à l'infinitif avec quelques participes, peu de conjonctions, de prépositions. On y est obligé d'avoir plusieurs idées ensemble pour avoir assez de mots pour exprimer toutes les choses et toutes les idées. Ces langues sont pleines d'images. C'est ainsi que le nom *pé* qui en Chinois signifie *nord*, signifie aussi *froid*, *âge*, *blancheur*, *nuit*, etc. ; de là provient qu'ils ont pu figurer ce petit nombre d'idées, par un pareil nombre de caractères qui s'unissent entre eux de la même sorte que leurs mots ; plus tard ils ont uni dans l'écriture des idées qui ne le sont pas dans la prononciation, d'où il résulte que leur langue écrite est plus riche que leur langue parlée. Ces langues n'ont que des mots indéclinables ; quelques-unes de ces langues ont une écriture provenant des Phéniciens et des Hindous, telles que celles des Mongols et des Mantchous qui ont adopté un alphabeth venant de l'Estranghélo, lequel vient du Syriaque, dérivé de l'Hébreu Les Thibétains ont adopté un alphabet qui vient de l'alphabet Sanscrit Les Chinois et en partie les Japonais seuls ont conservé cette écriture hiéroglyphique. *Voyez carte.*

Troisième famille. — La famille Araméenne parait dériver de l'Hébreu ou d'une langue dont il aurait été formé avec ses sœurs ; l'Hébreu a peu de mots, mais plus cependant que le Chinois : 17 à 1,800 racines. Presque tous ses mots radicaux s'écrivent avec trois lettres qui faisaient des mots à deux syllabes. Les verbes ont deux temps : le passé et le futur. Comme l'Anglais il n'a point de déclinaisons ; il a un duel et un pluriel, deux genres, masculin et féminin ; sa construction est analogue, c'est-à-dire, qu'il exprime d'abord le verbe, puis le nominatif, ex. : *créa Dieu le ciel et la terre, et dit Samuel à Saul* etc. ; ensuite le régime, comme l'Anglais, le Français, et la plupart des langues modernes ; un article de tout genre et de tout nombre rappelle encore le *the* Anglais. On retrouve des mots dérivés de ses racines dans presque toutes les langues. Elles sont nombreuses dans le basque, dans le latin : il y en a quelques unes dans le Malays. Dans le latin il faut souvent retourner le mot pour les trouver, ex : *Tunica* qui se retrouve dans *Ca te noth* (Khiton en Grec) et beaucoup d'autres, ce qui s'explique par la différence des écritures de droite à gauche, ou *vice versa*. Les pronoms s'ajoutent aux noms et aux verbes, ce que l'on nomme les affixes : *sari* mon prince, *sarka* ton prince, *saru* son prince, *sarnu* notre prince, *sarkem* votre prince etc. ; *Amari* je parle, *amareth* tu parle, *amarnu* nous parlons, *amarkem* vous parlez, *amarthem* ils parlent etc. L'Arabe en dérive, ou au moins est fort allié avec lui et présente la même forme de pronoms qui se retrouve dans les langues Coptes et Nègres. Peu de prépositions et de conjonctions comme dans les langues Mongoliques.

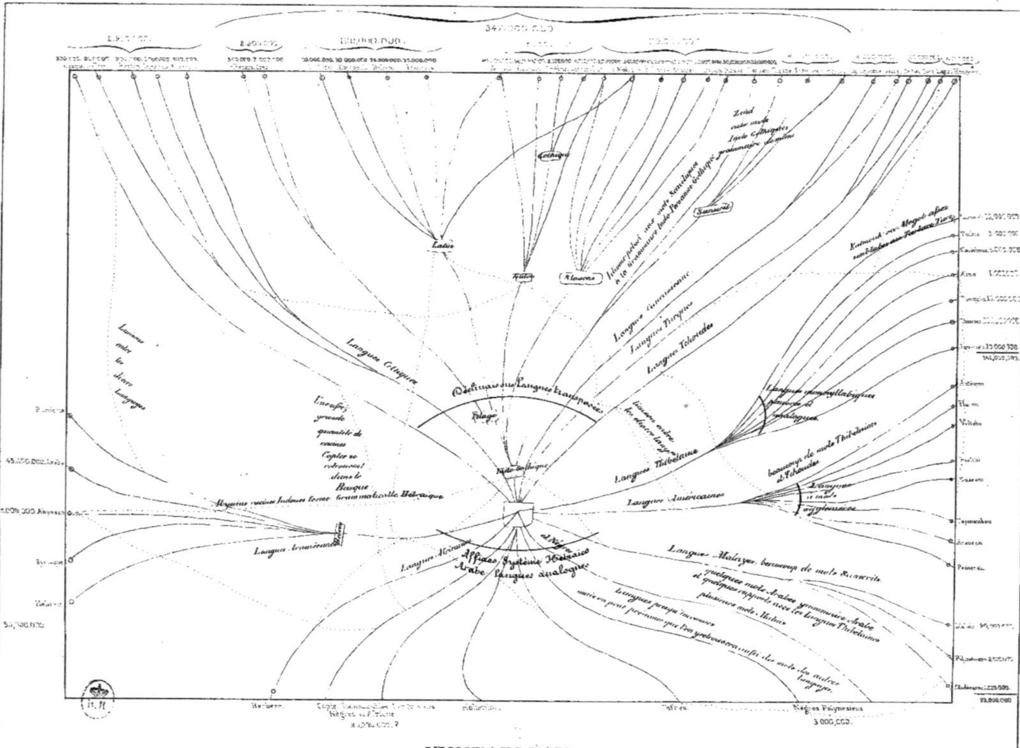

VIIIe TABLEAU.

La famille Américaine a quelques formes grammaticales inconnues aux autres langues ; il s'y trouve du Nord au Sud chez toutes les nations une quatrième personne dans les pronoms et dans les verbes au pluriel. Ils ont le pronom *nous* qui comprend celui qui parle et un autre pronom pour dire *nous* en excluant celui à qui l'on parle. Du reste les racines de leurs mots se rattachent aux langues Tchoudes, Aïnos, Mandchoues et Mongoliques pour la plupart. Toutes ces langues unissent plusieurs racines pour former de longs mots, ex : *kuligathise* formé de *ka wulli* *ta jolie* *gatte chize*. (1). *patte diminutif*.

Les autres langues n'ont point de caractères saillants. Les langues Européennes qui ont moins de rapport que les autres avec le Sanscrit telles que les langues Celtes, Tchoudes, Arméniennes, ont toujours les mêmes formes grammaticales et beaucoup de racines communes. Leurs grammaires s'expliquent les unes par les autres. Ex : Le pronom 3e personne pluriel (*ynt*) en Celtique explique la 3e personne pluriel en *int*, *ento*, *into* des langues Latines, Grecques, Sanscrites etc. J'ai déjà remarqué que ces langues Européennes sœurs ou filles du Sanscrit s'écrivaient avec des lettres dérivées de l'Hébreu, tandis que l'Abyssin dérivé de l'Arabe parait avoir tiré ses lettres du Sanscrit. La langue indique la race, et l'alphabet le lieu d'où provient la civilisation. La langue et l'écriture Chinoises sont confinées dans ce que j'appelle la seconde division de notre continent : les langues Araméennes et Indo-Gothiques, dans la région Méditerranéenne et des Indes.

Les formes grammaticales suivent ordinairement les formes étymologiques ; cependant on voit un dialecte abyssin nous présenter les racines Sanscrites avec les formes grammaticales Hébraïques. La Perse nous offre le dialecte pelhwy qui a ses mots dérivés de l'Hébreu ou Assyrien et la forme grammaticale Indo Gothique. Comme pour les alphabets on peut dire que les formes grammaticales indiquent les divers rapports de civilisation.

Quand deux peuples se confondent, il y a mélange des mots radicaux et altération de la grammaire des deux peuples. Les déclinaisons se perdent alors et souvent les conjugaisons. La langue franque, parlée sur les bords de la Méditerranée, n'a conservée que l'infinitif. Le Saxon et le Latin ont formé l'Anglais en revenant à la construction analogue. A Java, à Bali, les mots sont restés Hindous avec la grammaire analogue des Malais et des Chinois.

(1) Mot Delaware. Tocqueville, Démocratie. États-Unis.

IXe TABLEAU.

Planisphère un peu plus juste que les Mappemondes mais toujours fautif, surtout dans le milieu. La terre y est censée comme un globe ouvert et creux: les carrés compris entre les degrés égaux en réalité, y sont plus petits dans le centre étant censés plus éloignés.

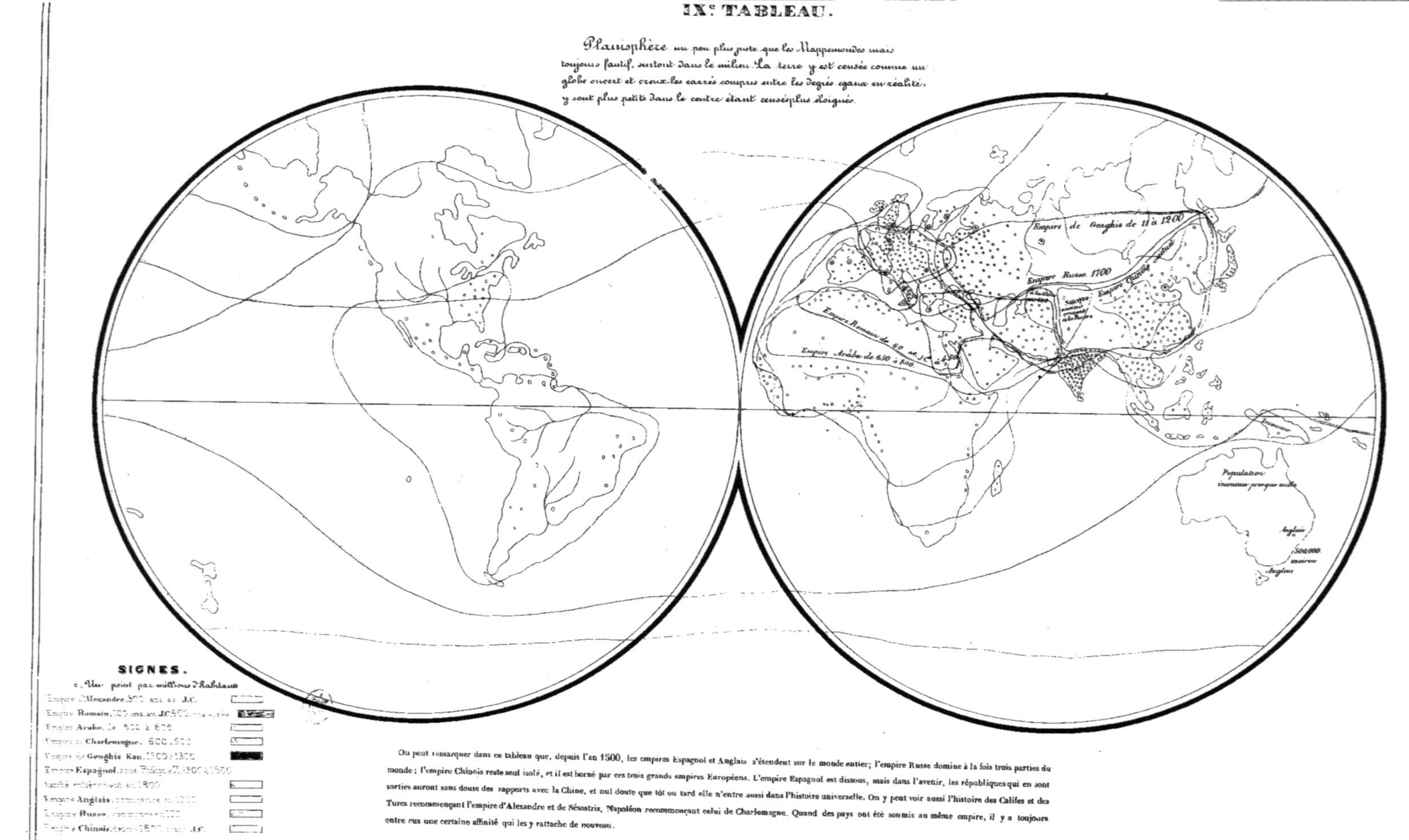

On peut remarquer dans ce tableau que, depuis l'an 1500, les empires Espagnol et Anglais s'étendent sur le monde entier; l'empire Russe domine à la fois trois parties du monde; l'empire Chinois reste seul isolé, et il est borné par ces trois grands empires Européens. L'empire Espagnol est dissous, mais dans l'avenir, les républiques qui en sont sorties auront sans doute des rapports avec la Chine, et nul doute que tôt ou tard elle n'entre aussi dans l'histoire universelle. On y peut voir aussi l'histoire des Califes et des Turcs recommençant l'empire d'Alexandre et de Sésostris, Napoléon recommençant celui de Charlemagne. Quand des pays ont été soumis au même empire, il y a toujours entre eux une certaine affinité qui les y rattache de nouveau.

TABLEAU X.

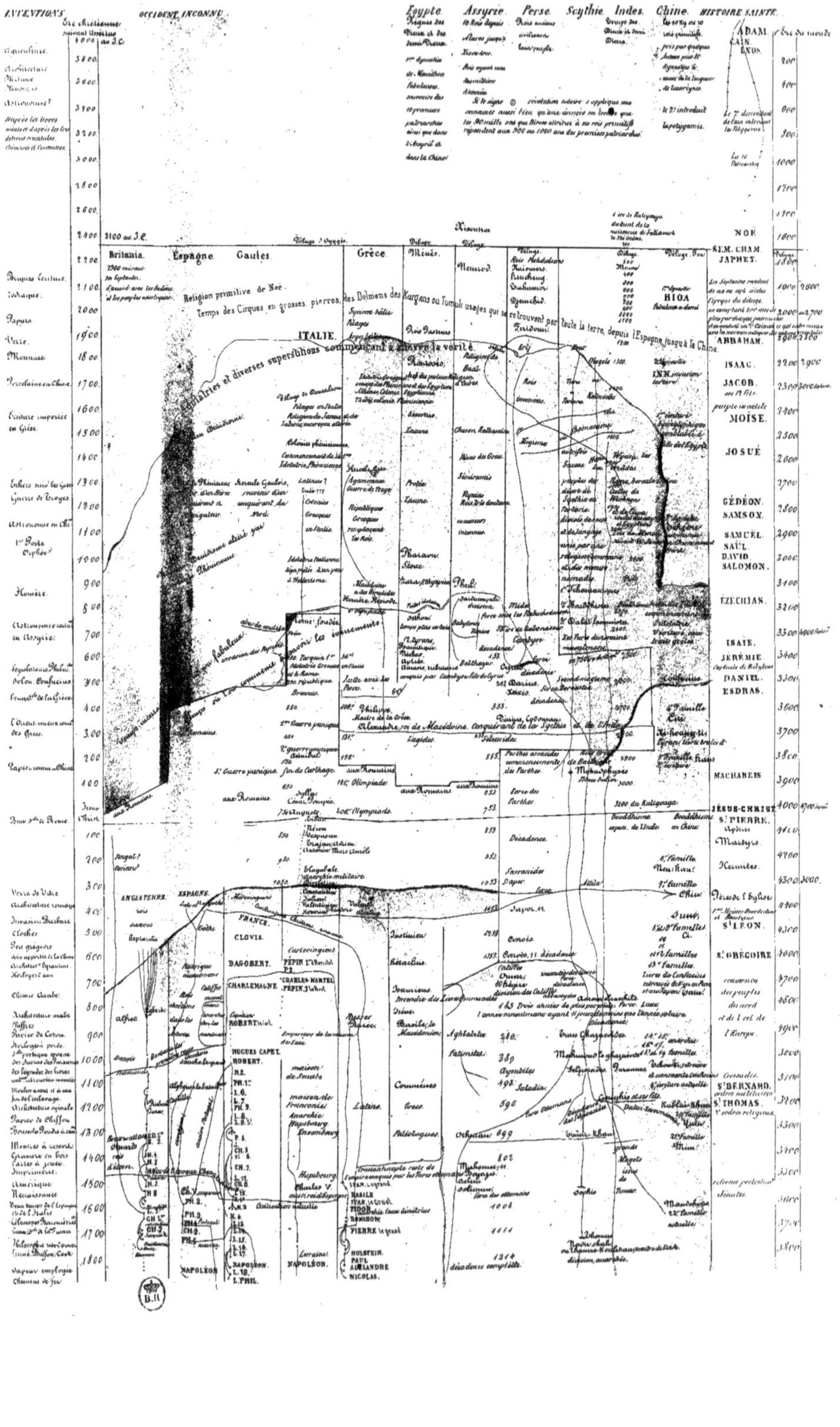

INVENTIONS — Ère chrétienne suivant Usserius — OCCIDENT INCONNU — Égypte — Assyrie — Perse — Scythie — Indes — Chine — HISTOIRE SAINTE — Ère du monde

4000 av. J.C.

Égypte : Règnes des Dieux et des demi-Dieux. 1res dynasties de Manéthon fabuleuses, souvenirs des 10 premiers patriarches ainsi que dans l'Assyrie et dans la Chine.

Assyrie : 10 Rois depuis Alorus jusqu'à Xisuthrus. Rois ayant vécu des milliers d'années.

Perse : Rois anciens civilisant leur peuple.

Indes : Règnes des Dieux et demi-Dieux.

Chine : Les 10 Kij ou 10 rois primitifs pris par quelques Auteurs pour 10 dynasties à cause de la longueur de leur règne. Le 7e introduit la polygamie.

Si le signe ☉ révolution solaire s'applique aux semaines aussi bien qu'aux années on trouve que les 90 mille ans que Bérose attribue à ses rois primitifs répondent aux 900 ou 1000 ans des premiers patriarches.

Histoire sainte : ADAM. CAIN. ENOS. Le 7e descendant de Cain introduit la polygamie. Les 10 patriarches.

2400 — 3100 av. J.C. — Déluge d'Ogygès. — Déluge. — Xisuthrus. — Déluge. — 1re ère de Kaliyouga datant de la naissance de Salivahana. — NOÉ. — 1600

Britania. — Espagne. — Gaules. — Grèce. — Minos. — Nemrod. — Déluge. Rois Pehdadiens. Kaiomors. Houscheng. Tahamors. Djemschid. Feridoun. — Déluge. — Déluge d'Yao. — BIOA — SEM. CHAM. JAPHET.

Religion primitive de Noé. Temps des Cirques en grosses pierres, des Dolmens des Kurgans ou Tumuli usagés qui se retrouvent par toute la terre, depuis l'Espagne jusqu'à la Chine.

Les Septantes revêtent de 1100 ans l'époque du déluge en comptant 100 ans de plus par chaque patriarche.

ITALIE. — Idolâtries et diverses superstitions commençant à altérer la vérité.

ABRAHAM. ISAAC. JACOB. MOÏSE. JOSUÉ. GÉDÉON. SAMSON. SAMUEL. SAUL. DAVID. SALOMON. EZÉCHIAS. ISAIE. JÉRÉMIE. DANIEL. ESDRAS. MACHABÉES.

Inventions : Agriculture. Architecture. Métaux. Musique. Astronomie? Briques. Écriture. Zodiaque. Papyrus. Verre. Monnaie. Porcelaine en Chine. Écriture importée en Grèce. Échecs. Guerre de Troyes. Astronomie en Chine. 1re Poète Orphée. Homère. Astronomie cultivée en Assyrie. Législateurs Thalès, Solon, Confucius. Grands hommes de la Grèce. Cadrans. Papier connu en Chine.

Thèbes. Pharaon. Sesac. Babylone. Mèdes. Cyrus. Cambyse. Darius. Xerxès. Alexandre, roi de Macédoine, conquérant de la Scythie et de l'Inde. Lagides. Séleucides. Parthes.

Rome fondée. Tarquin 1er. République. Brennus. 1re Guerre punique. 2e Guerre punique, Annibal. 3e Guerre punique, fin de Carthage. Sylla. César. Pompée. Auguste.

JÉSUS-CHRIST. S.T PIERRE. Apôtres. Martyrs. Ermites. Père de l'Église. S.T LÉON. S.T GRÉGOIRE. Croisades. S.T BERNARD. S.T THOMAS. Réforme protestante. Jésuites.

Tibère. Néron. Vespasien. Trajan, Adrien. Antonins. Anarchie militaire. Dioclétien. Constantin. Julien.

ANGLETERRE. ESPAGNE. FRANCE. CLOVIS. DAGOBERT. CHARLEMAGNE. PÉPIN. ROBERT. HUGUES CAPET. NAPOLÉON. L. PHIL.

Justinien. Héraclius. Basile le Macédonien. Comnènes. Latins. Grecs. Paléologues. Mahomet II.

Ottomans. Décadence complète.

Mahomet. Califes. Gengis-Khan. Timour. Mongols.

PIERRE le grand. PAUL. ALEXANDRE. NICOLAS.

Verre de vitre. Architecture romane. Invasion Barbare. Cloches. Feu grégeois. Chiffres Arabes. Boussole. Papier de chiffon. Poudre à canon. Imprimerie. Amérique. Renaissance. Vapeur employée. Chemins de fer.

TABLEAU Nº

Civilisation et Gouvernements.

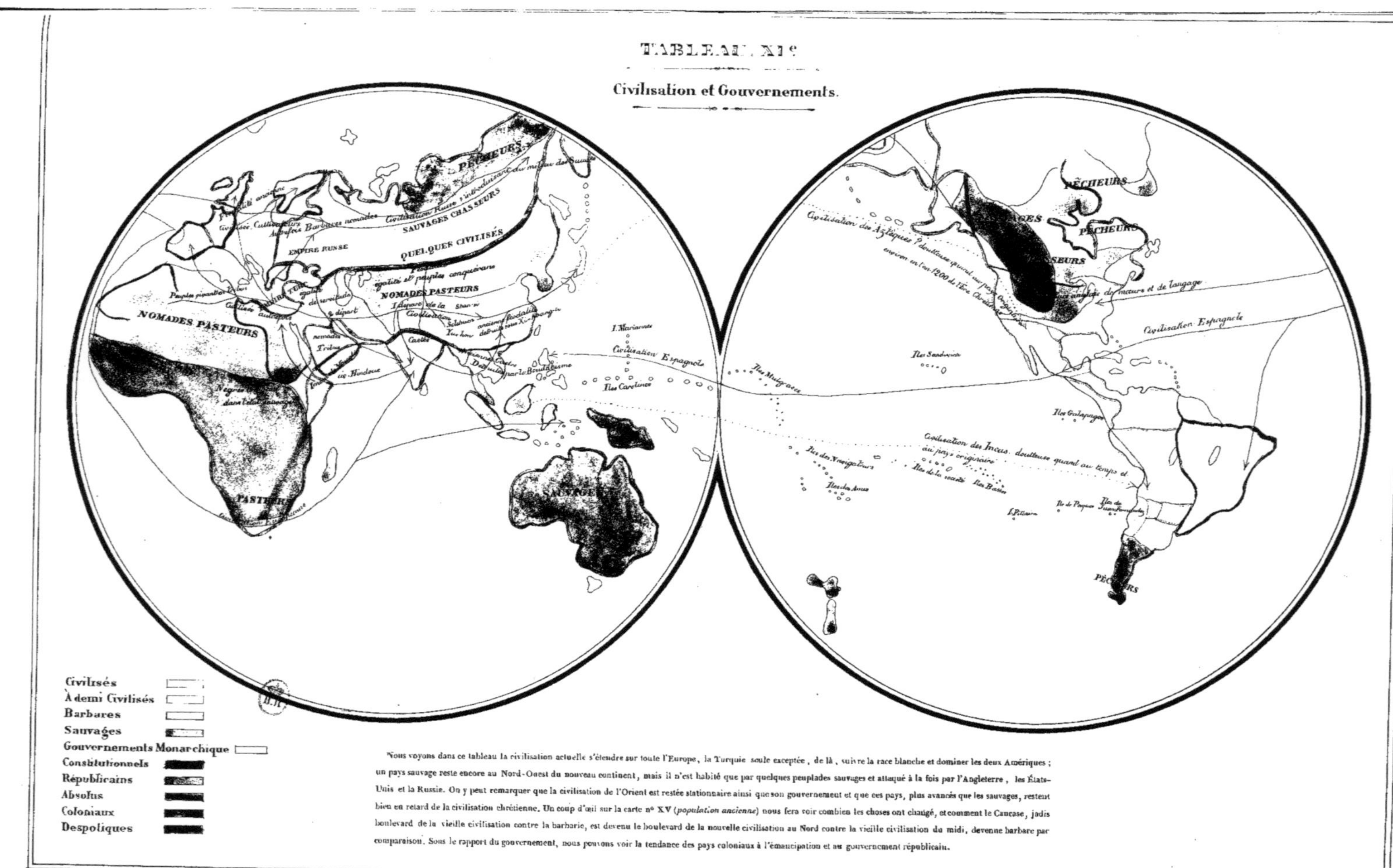

Nous voyons dans ce tableau la civilisation actuelle s'étendre sur toute l'Europe, la Turquie seule exceptée, de là, suivre la race blanche et dominer les deux Amériques ; un pays sauvage reste encore au Nord-Ouest du nouveau continent, mais il n'est habité que par quelques peuplades sauvages et attaqué à la fois par l'Angleterre, les États-Unis et la Russie. On y peut remarquer que la civilisation de l'Orient est restée stationnaire ainsi que son gouvernement et que ces pays, plus avancés que les sauvages, restent bien en retard de la civilisation chrétienne. Un coup d'œil sur la carte nº XV (*population ancienne*) nous fera voir combien les choses ont changé, et comment le Caucase, jadis boulevard de la vieille civilisation contre la barbarie, est devenu le boulevard de la nouvelle civilisation au Nord contre la vieille civilisation du midi, devenue barbare par comparaison. Sous le rapport du gouvernement, nous pouvons voir la tendance des pays coloniaux à l'émancipation et au gouvernement républicain.

XII TABLEAU.

Ce tableau réunit la plupart des alphabets connus. Leur ressemblance est frappante pour la plupart des caractères.

On peut penser que les plus anciens de ces divers alphabets dérivent ou de l'ancien Babylonien ou de l'alphabet hiéroglyphique Égyptien. Les plus anciens après ceux-ci sont les alphabets Phénicien, Samaritain, Hébreu ou Chaldéen. Ces trois derniers ont vingt-deux lettres et s'écrivent de droite à gauche. Les alphabets Persans à tête de clou paraissent dérivés du Phénicien. C'est aussi du Phénicien, du Samaritain et de l'Hébreu que sont dérivés les alphabets Grec, Latin et Runique; dans ces derniers quelques lettres ont été ajoutées, d'autres retranchées suivant le génie des langues. Ces trois alphabets s'écrivent de gauche à droite. Des alphabets Hébreu et Samaritain dérivent, mais avec une plus grande altération du caractère, l'alphabet Syriaque, d'où sont dérivés les alphabets Arabes, Turcs et Persans. Si le caractère a changé davantage, le nom, la valeur, le nombre et surtout l'écriture de droite à gauche sont restés les mêmes.

L'alphabet Mongol et celui des Mantchous dérivent d'un des alphabets Syriaque, l'Estranghélo. Ils s'écrivent de haut en bas comme le Chinois. L'alphabet Grec a produit les alphabets Coptes et Russes avec peu de différence.

L'alphabet Latin a produit les alphabets gothiques et celui des Irlandais et Celtes d'Écosse.

Monsieur Paravey retrouve ces vingt-deux signes primitifs dans les douze signes du zodiaque unis aux dix signes des nombres.

Il est facile en effet de retrouver l'A Grec, Latin, Runique et Phénicien dans l'a Samaritain ; le chiffre 2 dans le ב Hébreu ; le Γ Grec dans le Samaritain ainsi que le chiffre 3 et le signe du bélier ♈, le Δ Grec, le Runique, le chiffre 4, le signe taureau ♉, le Phénicien △ dans le Samaritain ; l'E Grec, Latin, Perse, Phénicien dans l' Samaritain; le chiffre 6 dans le signe cancer ♋ ; le chiffre 7 dans le ז Hébreu, ainsi que le ; le chiffre 8 et l'H dans le Samaritain, l'I dans le Jod ; le C latin dans le Hébreu ; l'L latin du ∠ Samaritain, ainsi que le Λ l' minuscule du latin du Babylonien, le □ Égyptien a produit le Samaritain, le Grec le , a produit le latin toujours suivant la différence de la gauche à la droite; le a produit le P Grec et vient du Babylonien.

Il est inutile d'insister davantage sur tous ces rapports, j'en ai assez dit pour mettre sur la voie.

Les alphabets Arméniens et Géorgiens sont nouvellement inventés et ne participent pas plus à la grande filiation que les écritures sténographiques.

Toutes ces formes diverses des lettres peuvent s'expliquer par des changements successifs. Nos lettres, par exemple, sont tirées de celles des Romains, sont les mêmes et cependant combien leur forme n'a-t-elle pas varié. Qui croirait au premier coup d'œil que les lettres gothiques soient les mêmes que les majuscules des anciens Romains. Voici quelques-uns de ces changements successifs.

L'A Romain s'est changé en A au 4e siècle puis en a au 8e en a au 11e d'où notre a et l'a minuscule. Le B a perdu sa boucle supérieure et a fait le b. Le D a été D puis d puis enfin d ou d. Le G a été G au 6e siècle puis g au 8e. L'H est devenu h en écriture cursive d'où notre h. L'I est devenu I par un simple alongement puis I gothique puis I. L'M est devenu m puis m du 14e siècle d'où l'm. L'N est devenue n. Le Q est devenu q puis q. L'R est devenu r au 7e puis r au 8e. L'S est devenu s puis ſ. Le T est devenu T puis t. L'V s'est changé en u. L'E surtout est devenu e puis e et dans le 14e siècle e. Cette écriture du 14e siècle est la plus éloignée des caractères Romains. Nous y sommes revenus dans les majuscules et un peu dans les minuscules, mais qui peut dire où l'on serait allé si l'on eût continué cette dégénération des caractères.

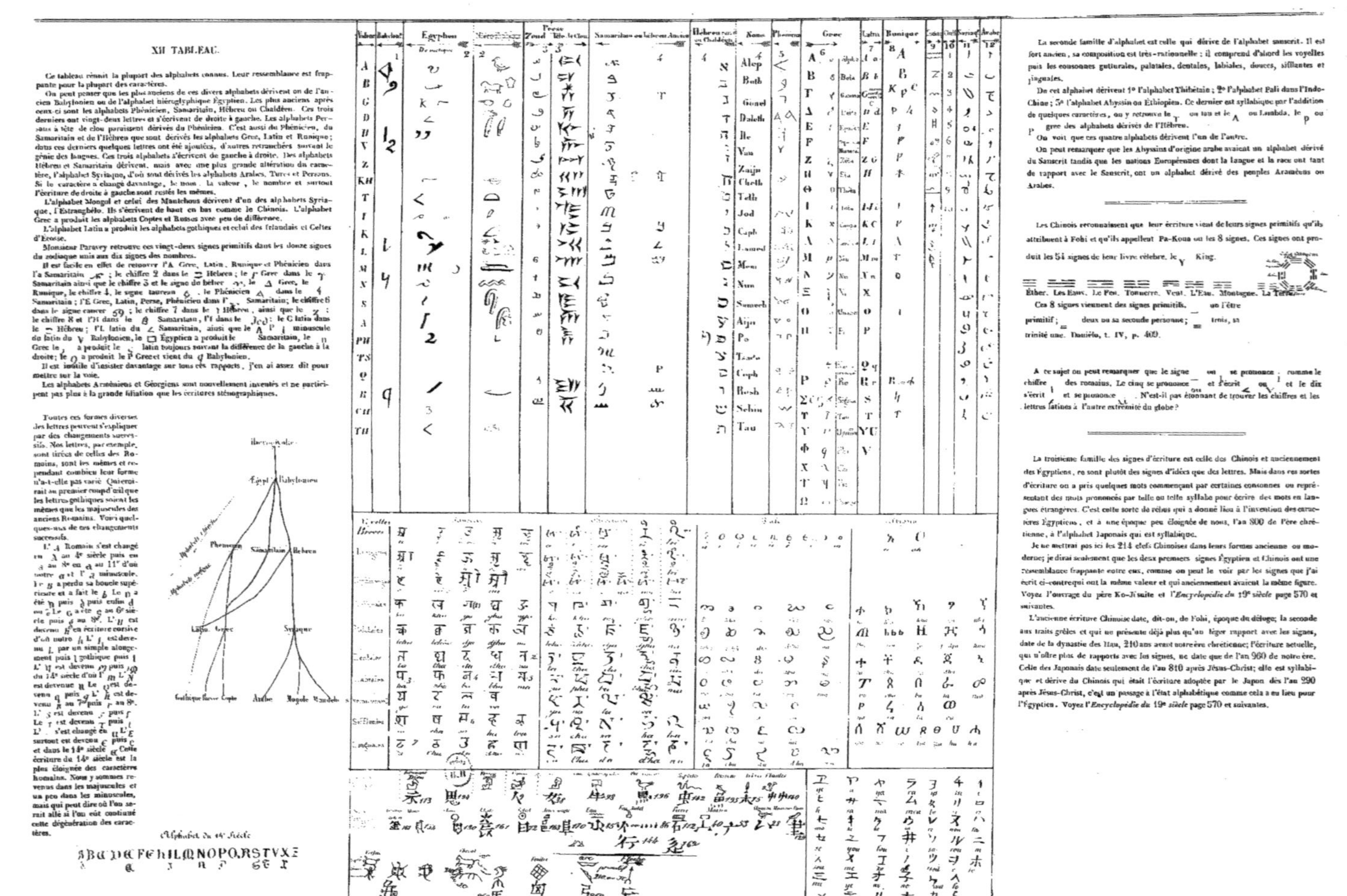

La seconde famille d'alphabet est celle qui dérive de l'alphabet sanscrit. Il est fort ancien, sa composition est très-rationnelle : il comprend d'abord les voyelles puis les consonnes gutturales, palatales, dentales, labiales, douces, sifflantes et linguales.

De cet alphabet dérivent 1° l'alphabet Thibétain ; 2° l'alphabet Pali dans l'Indo-Chine ; 3° l'alphabet Abyssin ou Éthiopien. Ce dernier est syllabique par l'addition de quelques caractères, on y retrouve le T ou tau et le Λ ou Lambda, le P ou P grec des alphabets dérivés de l'Hébreu.

On voit que ces quatre alphabets dérivent l'un de l'autre.

On peut remarquer que les Abyssins d'origine arabe avaient un alphabet dérivé du Sanscrit tandis que les nations Européennes dont la langue et la race ont tant de rapport avec le Sanscrit, ont un alphabet dérivé des peuples Araméens ou Arabes.

Les Chinois reconnaissent que leur écriture vient de leurs signes primitifs qu'ils attribuent à Fohi et qu'ils appellent Pa-Koua ou les 8 signes. Ces signes ont produit les 54 signes de leur livre célèbre, le Y King.

Éther. Les Eaux. Le Feu. Tonnerre. Vent. L'Eau. Montagne. La Terre.

Ces 8 signes viennent des signes primitifs, — un l'être primitif ; = deux ou sa seconde personne ; ≡ trois, sa trinité une. Danielo, t. IV, p. 409.

A ce sujet on peut remarquer que le signe — ou | se prononce I comme le chiffre I des romains. Le cinq se prononce — ou et s'écrit < ou V et le dix s'écrit | et se prononce . N'est-il pas étonnant de trouver les chiffres et les lettres latines à l'autre extrémité du globe?

La troisième famille des signes d'écriture est celle des Chinois et anciennement des Égyptiens, ce sont plutôt des signes d'idées que des lettres. Mais dans ces sortes d'écriture on a pris quelques mots commençant par certaines consonnes ou représentant des mots prononcés par telle ou telle syllabe pour écrire des mots en langues étrangères. C'est cette sorte de rébus qui a donné lieu à l'invention des caractères Égyptiens, et à une époque peu éloignée de nous, l'an 800 de l'ère chrétienne, à l'alphabet Japonais qui est syllabique.

Je ne mettrai pas ici les 214 clefs Chinoises dans leurs formes ancienne ou moderne; je dirai seulement que les deux premiers signes Égyptien et Chinois ont une ressemblance frappante entre eux, comme on peut le voir par les signes que j'ai écrit ci-contre qui ont la même valeur et qui anciennement avaient la même figure. Voyez l'ouvrage du père Ko-Jésuite et l'*Encyclopédie du 19e siècle* page 570 et suivantes.

L'ancienne écriture Chinoise date, dit-on, de Fohi, époque du déluge; la seconde aux traits grêles et qui ne présente déjà plus qu'un léger rapport avec les signes, date de la dynastie des Han, 210 ans avant notre ère chrétienne; l'écriture actuelle, qui n'offre plus de rapports avec les signes, ne date que de l'an 960 de notre ère. Celle des Japonais date seulement de l'an 810 après Jésus-Christ; elle est syllabique et dérive du Chinois qui était l'écriture adoptée par le Japon dès l'an 290 après Jésus-Christ, c'est un passage à l'état alphabétique comme cela a eu lieu pour l'Égyptien. Voyez l'*Encyclopédie du 19e siècle* page 570 et suivantes.

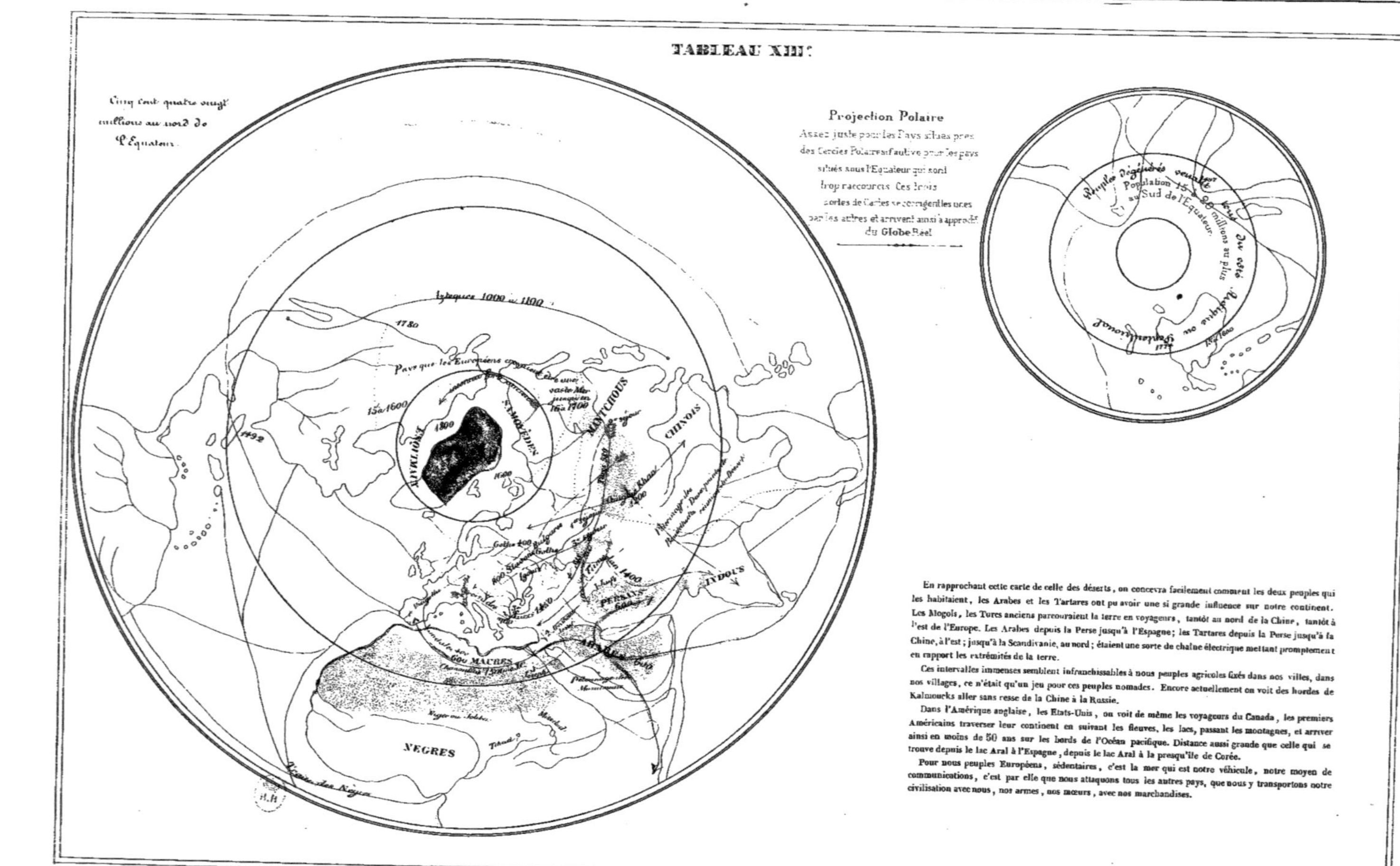

En rapprochant cette carte de celle des déserts, on concevra facilement comment les deux peuples qui les habitaient, les Arabes et les Tartares ont pu avoir une si grande influence sur notre continent. Les Mogols, les Turcs anciens parcouraient la terre en voyageurs, tantôt au nord de la Chine, tantôt à l'est de l'Europe. Les Arabes depuis la Perse jusqu'à l'Espagne; les Tartares depuis la Perse jusqu'à la Chine, à l'est; jusqu'à la Scandivanie, au nord; étaient une sorte de chaîne électrique mettant promptement en rapport les extrémités de la terre.

Ces intervalles immenses semblent infranchissables à nous peuples agricoles fixés dans nos villes, dans nos villages, ce n'était qu'un jeu pour ces peuples nomades. Encore actuellement on voit des hordes de Kalmoucks aller sans cesse de la Chine à la Russie.

Dans l'Amérique anglaise, les Etats-Unis, on voit de même les voyageurs du Canada, les premiers Américains traverser leur continent en suivant les fleuves, les lacs, passant les montagnes, et arriver ainsi en moins de 50 ans sur les bords de l'Océan pacifique. Distance aussi grande que celle qui se trouve depuis le lac Aral à l'Espagne, depuis le lac Aral à la presqu'île de Corée.

Pour nous peuples Européens, sédentaires, c'est la mer qui est notre véhicule, notre moyen de communications, c'est par elle que nous attaquons tous les autres pays, que nous y transportons notre civilisation avec nous, nos armes, nos mœurs, avec nos marchandises.

TABLEAU XIV.

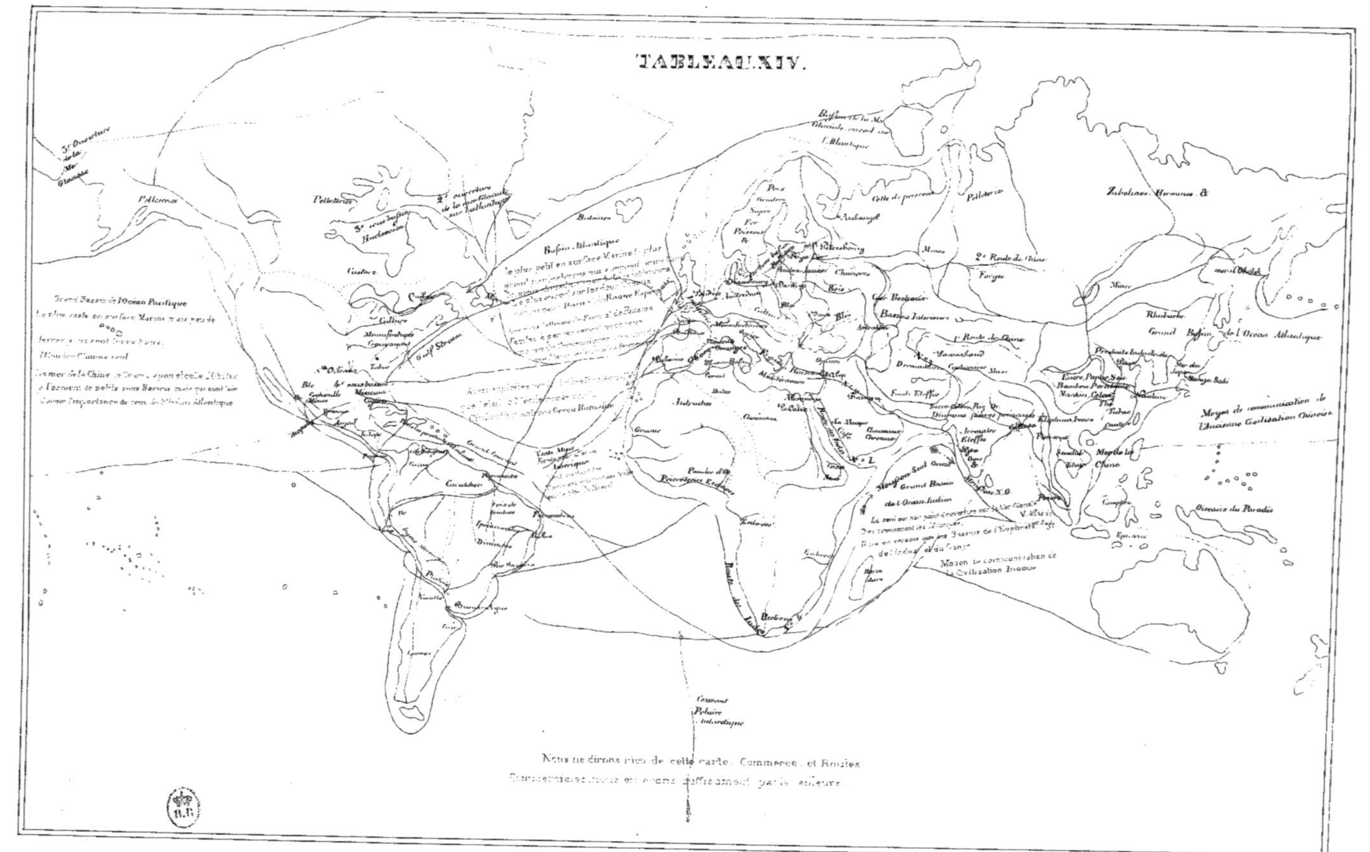

Nous ne dirons rien de cette carte, Commerce, et Routes Commerciales, nous en avons suffisamment parlé ailleurs.

TABLEAU XV.

Ancienne Civilisation Gréco-Romaine.

Géographies Antiques.

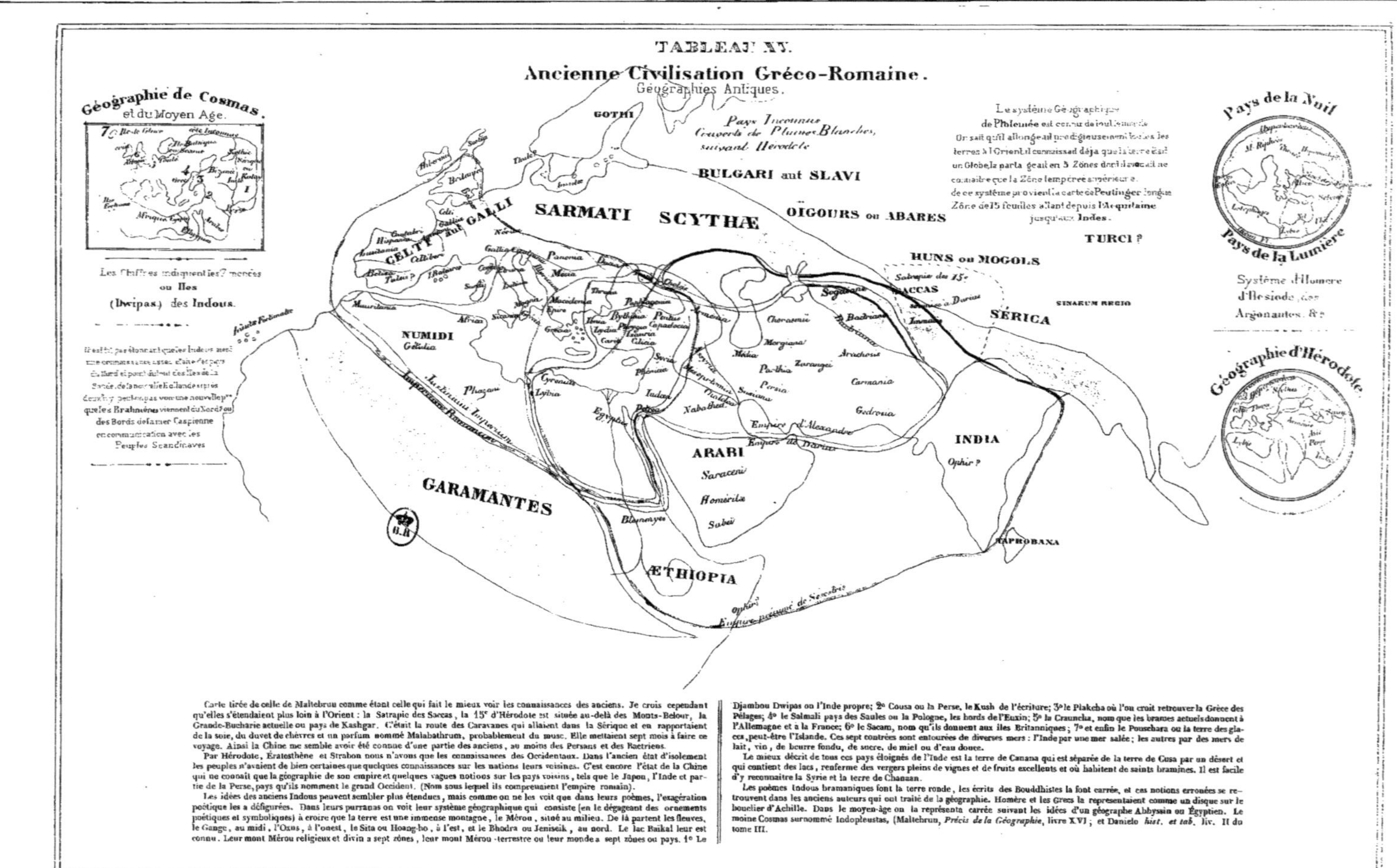

Carte tirée de celle de Maltebrun comme étant celle qui fait le mieux voir les connaissances des anciens. Je crois cependant qu'elles s'étendaient plus loin à l'Orient : la Satrapie des Saccas, la 15e d'Hérodote est située au-delà des Monts-Belour, la Grande-Bucharie actuelle ou pays de Kashgar. C'était la route des Caravanes qui allaient dans la Sérique et en rapportaient de la soie, du duvet de chèvres et un parfum nommé Malabathrum, probablement du musc. Elle mettaient sept mois à faire ce voyage. Ainsi la Chine me semble avoir été connue d'une partie des anciens, au moins des Persans et des Bactriens.

Par Hérodote, Ératosthène et Strabon nous n'avons que les connaissances des Occidentaux. Dans l'ancien état d'isolement les peuples n'avaient de bien certaines que quelques connaissances sur les nations leurs voisines. C'est encore l'état de la Chine qui ne connaît que la géographie de son empire et quelques vagues notions sur les pays voisins, tels que le Japon, l'Inde et partie de la Perse, pays qu'ils nomment le grand Occident. (Nom sous lequel ils comprenaient l'empire romain).

Les idées des anciens Indous peuvent sembler plus étendues, mais comme on ne les voit que dans leurs poëmes, l'exagération poëtique les a défigurées. Dans leurs purranas on voit leur système géographique qui consiste (en le dégageant des ornements poëtiques et symboliques) à croire que la terre est une immense montagne, le Mérou, situé au milieu. De là partent les fleuves, le Gange, au midi, l'Oxus, à l'ouest, le Sita ou Hoang-ho, à l'est, et le Bhodra ou Jeniseik, au nord. Le lac Baikal leur est connu. Leur mont Mérou religieux et divin a sept zônes, leur mont Mérou terrestre ou leur monde a sept zônes ou pays. 1° Le Djambou Dwipas ou l'Inde propre; 2° Cousa ou la Perse, le Kush de l'écriture; 3° le Plakcha où l'on croit retrouver la Grèce des Pélages; 4° le Salmali pays des Saules ou la Pologne, les bords de l'Euxin; 5° la Crauncha, nom que les brames actuels donnent à l'Allemagne et à la France; 6° le Sacam, nom qu'ils donnent aux îles Britanniques; 7° et enfin le Pouschara ou la terre des glaces, peut-être l'Islande. Ces sept contrées sont entourées de diverses mers : l'Inde par une mer salée; les autres par des mers de lait, vin, de beurre fondu, de sucre, de miel ou d'eau douce.

Le mieux décrit de tous ces pays éloignés de l'Inde est la terre de Canana qui est séparée de la terre de Cusa par un désert et qui contient des lacs, renferme des vergers pleins de vignes et de fruits excellents et où habitent de saints bramines. Il est facile d'y reconnaître la Syrie et la terre de Chanaan.

Les poëmes Indous bramaniques font la terre ronde, les écrits des Bouddhistes la font carrée, et ces notions erronées se retrouvent dans les anciens auteurs qui ont traité de la géographie. Homère et les Grecs la représentaient comme un disque sur le bouclier d'Achille. Dans le moyen-âge on la représenta carrée suivant les idées d'un géographe Abbyssin ou Égyptien. Le moine Cosmas surnommé Indopleustas, (Maltebrun, *Précis de la Géographie*, livre XVI ; et Danielo *hist. et tab.* liv. II du tome III.

TABLEAU XVI.

Monumens des Peuples primitifs.

2

Menhir ou Peulvan.

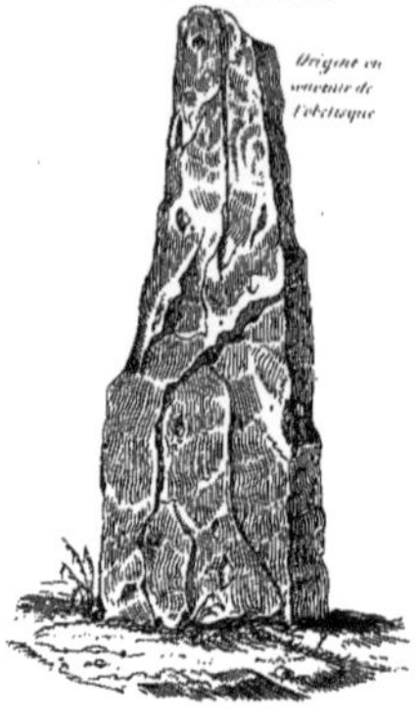

Origine ou souvenir de l'Obélisque

1.

Dolmen.

Probablement Autel Druidique

Kromlech,

Probablement temple ou enceinte sacrée.
On en trouve non seulement en Europe mais aussi en Perse en Arabie en Tartarie partout où le Sabéisme ou Schamanisme a régné. Ils étaient généralement sur des hauteurs de là le culte des hauts lieux

3

4

Allée couverte.

5.

Galgal; *il diffère du Barrow ou Tumulus parcequ'il est en pierre*

Origine ou souvenir de la Pyramide.

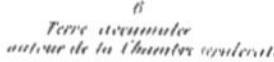

6

Terre accumulée autour de la Chambre sépulcrale.

Plan d'une allée couverte conduisant à un Tumulus sépulture ordinaire des Celtes des Galls ou Cimbres anciens habitans de la Scandinavie & les Huns avaient des Tumuli.

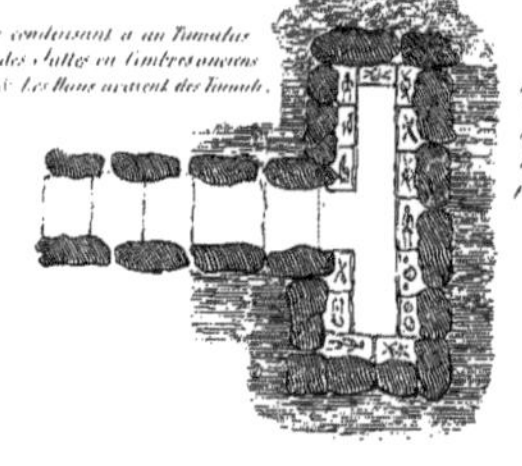

Pyramide Mexicaine.

On est incertain sur la destination des pyramides. L'opinion la plus répandue est que sont des tombeaux mais on croit y voir aussi des temples des Observatoires, des souvenirs du mont Merou des Hindous l'Ararat, le fait est qu'on en voit d'érigés partout en Asie comme en Afrique et en Amérique la plupart ont 7 étages de même que les tours Chinoises plusieurs sont terminées par un temple et Hérodote nous apprend que la tour de Belus qui avait aussi 7 étages était terminée par un temple placé au sommet.

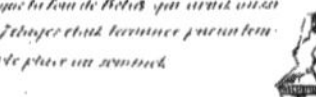

8.

9

Pyramides.

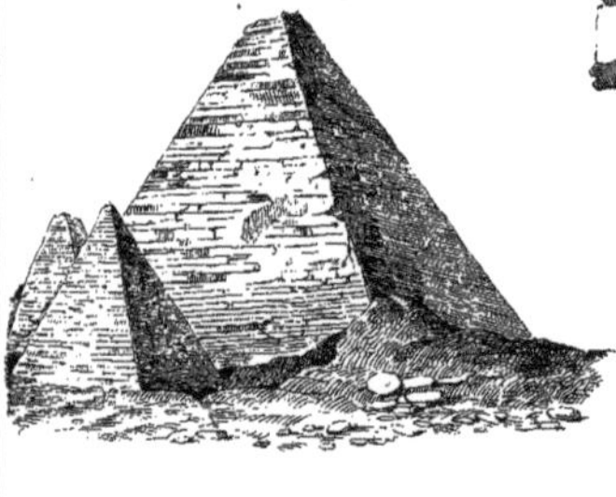

7

Architecture Cyclopéenne ou Pélagique.

TABLEAU XVII.
Temple
Colonne de Bellori.
11.
Colonne sur laquelle l'on voit la Statue de
Paradi femme de Ciwa la Vénus de l'Indoustan
10.
Temple Souterrain d'Ellora,
Consacré à Ciwa, l'un des trois grands Dieux des Hindous.
Ordres Romains
13.
Arcade
Ordres Grecs.
12
Sanctuaire
9 modules
Dorique
Ionique
Corynthien
14.
Architecture Romane.
16
15.
Architecture Byzantine.
St Marc de Venise

TABLEAU XVIIIme

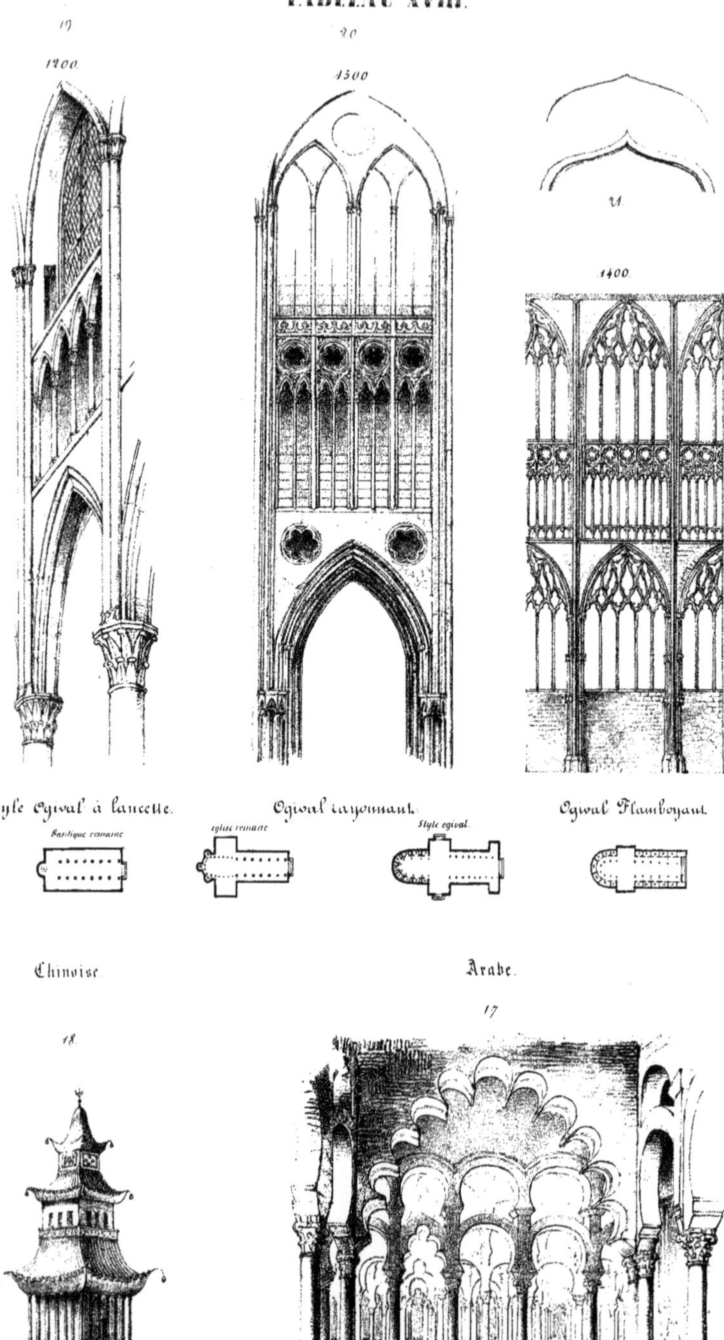

Mosquée d'Abdéram 770 depuis Cathédrale de Cordoue.

TABLEAU. XIX.

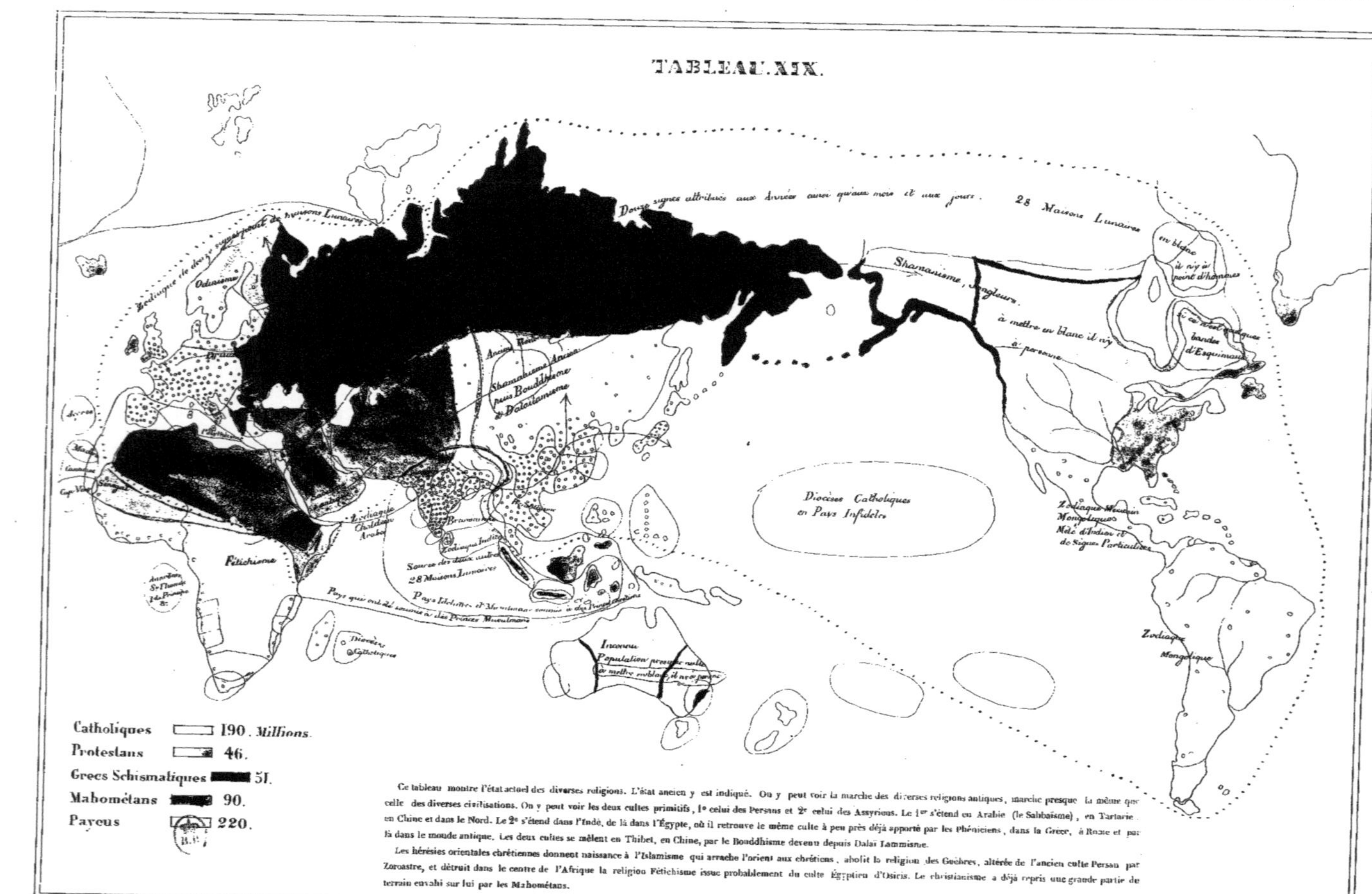

Catholiques		190. Millions.
Protestans		46.
Grecs Schismatiques		51.
Mahométans		90.
Payens		220.

Ce tableau montre l'état actuel des diverses religions. L'état ancien y est indiqué. On y peut voir la marche des diverses religions antiques, marche presque la même que celle des diverses civilisations. On y peut voir les deux cultes primitifs, 1° celui des Persans et 2° celui des Assyriens. Le 1er s'étend en Arabie (le Sabbaïsme), en Tartarie, en Chine et dans le Nord. Le 2e s'étend dans l'Inde, de là dans l'Égypte, où il retrouve le même culte à peu près déjà apporté par les Phéniciens, dans la Grèce, à Rome et par là dans le monde antique. Les deux cultes se mêlent en Thibet, en Chine, par le Bouddhisme devenu depuis Dalaï Lammisme.

Les hérésies orientales chrétiennes donnent naissance à l'Islamisme qui arrache l'orient aux chrétiens, abolit la religion des Guèbres, altérée de l'ancien culte Persan par Zoroastre, et détruit dans le centre de l'Afrique la religion Fétichisme issue probablement du culte Égyptien d'Osiris. Le christianisme a déjà repris une grande partie de terrain envahi sur lui par les Mahométans.

TABLEAU XX.

Ce tableau et le précédent nous présentent beaucoup à réfléchir. Nous y voyons la religion chrétienne, d'abord bornée à l'empire Romain, s'étendre en 400 dans l'Abyssinie, en 600 dans l'Asie par les Nestoriens, en 700 dans l'Angleterre et partie de l'Allemagne, de 8 à 900 dans l'Allemagne du nord et la Scandinavie ainsi que dans la Pologne, la Hongrie, dans l'an 1000 s'étendre sur la Russie; nous voyons de 600 à 800 le Mahométisme arracher au christianisme et à la civilisation, l'Égypte, la Syrie, le nord de l'Afrique et même l'Espagne; en 1200 en être repoussé par les croissades et s'étendre sur la Russie avec Genghis-Khan et surtout avec ses successeurs Mahométans, tandis que ce chef Mogol était Bouddhiste; en 1400 attaquer de nouveau la chrétienté sous les sultans Ottomans. Nous y pouvons voir combien ces divers avancements du christianisme et de l'islamime ont suivi les divers accroissements des empires. On y voit l'esprit qui animait les conquérants : Attila était le premier conquérant Mogol et le premier extenseur du vieux schamanisme; Mahomet Tamerlan, étendaient le principe Musulman tandis que Genghis a fondé l'empire spirituel du Dalaï-Lama ou le nouveau Schamanisme.

Charlemagne et ses successeurs ont christianisé et civilisé le nord de l'Europe tandis que Charles-Quint a christianisé et civilisé l'Amérique et partie des Indes en même temps qu'il défendait la chrétienté contre la troisième invasion musulmane et contre le protestantisme, ce mahométisme du nord allié en Hongrie à celui du midi, ennemi au centre de la citadelle chrétienne.

A présent le christianisme complet s'étend par toute la terre avec la race blanche; il est secondé dans son mouvement par l'extension des Anglais d'Europe et d'Amérique, par ces protestants les plus proches d'un retour au vrai christianisme.

Nous y voyons les pays qu'occupaient le vieux polythéisme, Grec, Romain, Égyptien, Gothique, Gaulois et Slavon, ainsi que les systèmes religieux du Pérou et du Brésil, toutes religions éteintes par le christianisme. Nous y voyons l'Islamisme enseigner un seul Dieu aux peuples Fétichistes de l'Afrique, Sabéistes de l'Arabie et Guèbres de la Perse; à présent il ne reste plus au Paganisme que le système braminique dans l'Inde et Bouddhiste dans la Chine ainsi que quelques sauvages dans le nord de l'Amérique et de l'Océanique, peuplades peu nombreuses, errantes et prêtes à céder la place aux *hommes*. L'Afrique est le plus en retard sous ce point comme sous tous les autres.

Ces mêmes cartes nous expliquent les anciennes relations qui ont existé entre l'Égypte, l'Assyrie et l'Inde et par là nous expliquent aussi les rapports étonnants entre les religions de ces trois peuples. Peut-être les anciennes expéditions douteuses de Sésostris, de Sémiramis en sont-elles la principale cause, suivant les anciennes opinions; peut-être c'est de l'Inde que vient aux Assyriens et surtout aux Égyptiens cette religion antique, suivant les savants modernes; l'Éthiopie alors aurait reçu des Indes sa civilisation et l'aurait transmise à l'Égypte avec ses castes et ses faux Dieux. Nous avons vu les religions Gauloises et Gothiques avoir des rapports avec celle des mages, une migration d'Asiatiques dans l'Europe expliquerait ces rapports, les langues de ces nations confirment ce fait et lui donnent même un grand degré de certitude, autant qu'on le peut quand il s'agit d'époques aussi éloignées.

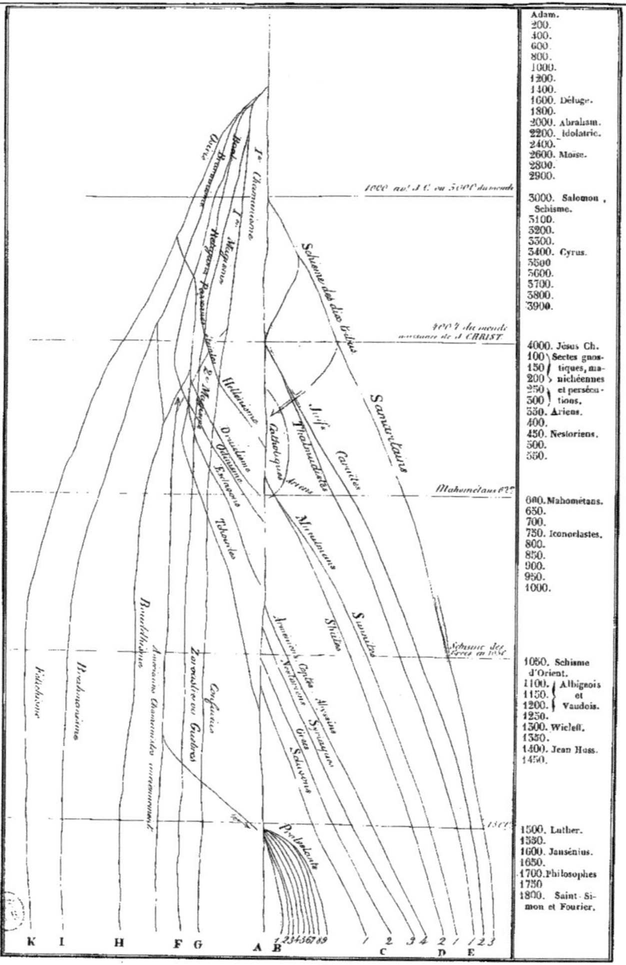

1er Chamanisme. Baal. Brahmanisme. Osiris. 1er Magisme. Hellénisme. Paganisme éteints. 2e Magisme. Druidisme. Odinisme. Esclavons. Tchoudes. Schisme des dix tribus. Juifs. Caraïtes. Thalmudistes. Samaritains. Catholiques. Ariens. Musulmans. Sunnites. Shiites. Arméniens, Coptes, Abyssins. Nestoriens. Syriaques. Grecs. Esclavons. Protestants. Confucius. Zoroastre ou Guèbres. Américains Chamanistes anciennement. Bouddhisme. Brahmanisme. Fétichisme.

1000 av. J. C. ou 3000 du monde. 4004 du monde avènement de J. CHRIST. Mahométans 622. Schisme des Grecs en 1054. 1517.

K I H F G A B 1 2 3 4 5 6 7 8 9 1 2 C 3 4 2 D 1 E 1 2 3

Adam.
200.
400.
600.
800.
1000.
1200.
1400.
1600. Déluge.
1800.
2000. Abraham.
2200. Idolatrie.
2400.
2600. Moïse.
2800.
2900.
3000. Salomon, Schisme.
3100.
3200.
3300.
3400. Cyrus.
3500.
3600.
3700.
3800.
3900.
4000. Jésus Ch.
100. } Sectes gnostiques, manichéennes et persécutions.
150.
200.
250.
300.
350. Ariens.
400.
450. Nestoriens.
500.
550.
600. Mahométans.
650.
700.
750. Iconoclastes.
800.
850.
900.
950.
1000.
1050. Schisme d'Orient.
1100. } Albigeois et Vaudois.
1150.
1200.
1250.
1300. Wicleff.
1350.
1400. Jean Huss.
1450.
1500. Luther.
1550.
1600. Jansénius.
1650.
1700. Philosophes.
1750.
1800. Saint-Simon et Fourier.

NOMBRE APPROXIMATIF DES SECTATEURS DE CHAQUE CROYANCE.

A	CATHOLIQUES		190,000,000
B	PROTESTANTS.		
1	Luthériens	12,000,000	46,000,000
2	Moraves	500,000	
3	Anabaptistes, Memmonistes etc.	500,000	
4	Calvinistes	8,000,000	
5	Zwingliens	1,000,000	
6	Mille sectes divers	1,000,000	
7	Anglicans	10,000,000	
8	Presbytériens	3,000,000	
9	Quakers et mille sectes diverses	10,000,000	
C	PHOTIENS.		
1	Diverses sectes	10,000,000	51,000,000
	Russes	30,000,000	
2	Grecs	3,000,000	
3	Nestoriens syriaques	1,000,000	
4	Arméniens, Coptes, Abyssiens	7,000,000	
D	MAHOMÉTANS.		
1	Ali et diverses sectes		90,000,000
2	Omar		
E	JUIFS.		
1	Talmudistes		5,000,000
2	Caraïtes		
3	Samaritains		
	Total		380,000,000
	Croyant au Dieu d'Abraham.		
F	ZOROASTRE		500,000
G	CONFUCIUS		500,000
H	SCHAMANISME ET BOUDDHISME		140,000,000
I	BRAHMANISME		60,000,000
K	FÉTICHISTES, IDOLATRES D'AFRIQUE, D'OCÉANIE.		20,000,000
	Total		221,000,000
	D'hommes qui ne connaissent point le vrai Dieu.		

www.ingramcontent.com/pod-product-compliance
Ingram Content Group UK Ltd.
Pitfield, Milton Keynes, MK11 3LW, UK
UKHW020344180726
13839UKWH00002B/912